Germà Bel

España, capital París

imago mundi

Germà Bel

España, capital París

Origen y apoteosis del Estado radial: del Madrid sede cortesana a la «capital total»

Ediciones Destino Colección Imago Mundi **Volumen 183**

Diagonal, 662-664. 08034 Barcelona
www.edestino.es

Primera edición: octubre de 2010
Séptima impresión: enero de 2011

ISBN: 978-84-233-4314-0
Depósito legal: B. 3.047-2011
Impreso por Book Print Digital, S.A.
Impreso en España-*Printed in Spain*

El papel utilizado para la impresión de este libro es cien por cien
libre de cloro y está calificado como papel ecológico.

ÍNDICE

A Milagros, por haber elegido llevar su capital a cuestas; a Anton, perquè és capital.

PREFACIO

> «No creo que sea completamente inútil para contribuir a la solución de los problemas políticos distanciarse de ellos por algunos momentos, situándolos en una perspectiva histórica. En esta virtual lejanía parecen los hechos esclarecerse por sí mismos y adoptar espontáneamente la postura en que mejor se revela su profunda realidad» (José Ortega y Gasset, *España invertebrada*, 1921, p. 29).

«Atando cabos» podría haber sido otro subtítulo para esta obra. Su origen está en la curiosidad —más bien necesidad— de entender unas características tan particulares como las que tiene la política de infraestructuras en España: un entusiasmo por la alta velocidad ferroviaria que nos convertirá en poco tiempo en los líderes europeos, con el horizonte de conectar Madrid con todas las capitales de provincia, al tiempo que se ha menospreciado el ferrocarril de mercancías; un modelo centralizado y conjunto de gestión de los aeropuertos que no tiene parangón entre los países comparables; un modelo mixto (peajes ¿sí o no?) y con gran asimetría territorial de financiación de las autopistas... Estas cuestiones se fueron revelando ante mí a través de mis actividades tanto académicas como políticas a finales de los noventa y comienzos de los 2000.

Un hecho me hizo pensar en la posibilidad de que existiese alguna regularidad histórica en la base de este tipo de políticas: la observación de algunos paralelismos llamativos entre los modelos de desarrollo y de financiación de las autopistas en la segunda mitad del siglo XX —a partir de mis propias investigaciones sobre la materia—[1] y de los ferrocarriles en la segunda mitad el siglo XIX —aprendidos en la tesis doctoral del profesor Alfonso Herranz Loncán,[2] de cuyo Comité formé parte en 2003—. Desafortunadamente, a pocos economistas les interesa la Historia; pero a casi todos nos entusiasman las regularidades. De ahí que me pareciese una excelente idea distanciarme de los problemas políticos del momento, para intentar comprenderlos, situándolos en una perspectiva histórica. Mis estancias como profesor visitante en Cornell University en 2004-2005 y como investigador visitante en Harvard University en 2005-2006 me ayudaron ciertamente a coger bastante distancia. Los mimbres de este proyecto estaban trenzados ya en 2007, y sólo la afortunada insistencia de Emili Rosales y Ramon Perelló, de Destino, ha evitado que pospusiera su ejecución en forma de libro hasta 2012, como era mi propósito inicial. El resultado lo tiene el lector en sus manos.

Para tomar perspectiva histórica, este libro le invita a realizar un viaje por la historia de España en los tres últimos siglos. Nuestro punto de partida es el Madrid de 1561, designado por Felipe II capital permanente de la corte de los Austrias. El viaje propiamente dicho se inicia en 1720 a través de las carreras de postas definidas por Felipe V, quien cambia por decreto —literalmente hablando— el mapa de las comunicaciones de España. Continuamos por las carreteras radiales pensadas por Fernando VI e impulsadas por Carlos III. Por ellas transitamos hasta llegar a la España del ferrocarril, a mediados del siglo XIX. El ferrocarril convencional nos lleva hasta las autopistas del siglo XX, el siguiente hito de nuestro viaje, que desemboca a una velocidad cada vez mayor en la España actual, caracterizada por el tren de alta velocidad y por el transporte aéreo.

Y, como predecía Ortega y Gasset, vistos desde la lejanía los hechos parecen esclarecerse por sí mismos y adoptar espontáneamente la postura en que mejor se revela su profunda realidad.

Madrid ocupa una posición central en este relato, como no podía ser de otra manera. La capital de España ha accedido al estatus de capital económica en las últimas décadas, lo que unido a su condición de capital política la ha convertido en «capital total». Un «París de España», como desearon desde los primeros monarcas borbónicos —de origen francés— hasta ilustres reformadores de la España contemporánea. En romántica expresión de Santos Juliá: «París es de nuevo, y será siempre, el espejo en que los madrileños, viajeros como Mesonero, exiliados como Fernando de los Ríos, o becarios para ampliar estudios como Azaña, contemplan su ciudad y les obliga a cambiar su mirada».[3]

Es preciso reconocer que algunas de las ideas que se exponen y documentan en este libro son buenas, pero no son nuevas. La idea de que Madrid debe su condición de capital económica a su situación, a la capitalidad político-administrativa y al sistema radial de transportes y comunicaciones ha sido ya expresada —y muy gráficamente por cierto— por autores como el profesor José Luis García Delgado, catedrático de Economía Aplicada de la Universidad Complutense de Madrid. La cita es larga, pero su plasticidad incuestionable: «Tres son los factores que, combinadamente, explican la importancia que alcanza la economía de Madrid [...]. El primero de dichos elementos no es otro que la *situación geográfica* que Madrid ocupa en el centro geométrico del territorio peninsular [...]. La *capitalidad político-administrativa* constituye el segundo factor explicativo de lo que ha alcanzado a ser la economía de Madrid [...]; para la economía de Madrid es determinante su elección como capital de la burocracia pública con competencias en todo el territorio nacional [...]. Los dos mencionados resortes del destino de Madrid acabarán por decidir el tercero, ya sugerido: el *sistema radial de transporte y comunicaciones* interiores, al que responden básicamente los trazados postal, ferroviario y de carreteras (y del tráfico aéreo regular, más tarde)».[4]

Los efectos de esta combinación han sido ciertamente decisivos en la conformación del París de España, como se desprende de la conclusión al efecto del profesor García Delgado: «Más aún: situación, capitalidad político-administrativa y estructura radial de transportes y comunicaciones generan a través de sus múltiples interacciones otras posiciones ventajosas para la economía de Madrid [...]. La suerte estará entonces definitivamente echada: Madrid, capital económica de España, en sentido pleno y en términos estrictos».[5] Es decir, capital total, y con carácter irreversible.

Ratificado el *qué* y los factores que lo explican, el reto principal es entender el *porqué*. Para este propósito, en esta obra se proponen algunas ideas quizá más novedosas, y que tengo la esperanza de que además sean buenas:

Primero, la idea de que las políticas radiales en infraestructuras de transporte, al responder primordialmente a objetivos políticos y administrativos, no podían ser soportadas por la dinámica de la actividad económica. Por ese motivo exigieron una intensa asignación de recursos presupuestarios en forma de subvenciones y ayudas que hicieron posible aquello que la legislación por sí sola no podía conseguir. Esto fue así, y así sigue siendo.

Segundo, estas políticas responden a un patrón histórico regular y continuado en la política española, iniciado con el acceso a la Corona de la dinastía borbónica a comienzos del siglo XVIII; traducen en la práctica el proyecto de hacer un país como Francia, con una capital como París.

Tercero, la vigencia continuada de este patrón histórico permite entender por qué las políticas de infraestructuras en la España actual son tan singulares y diferentes a las de los países de nuestro entorno.

Creo cumplido de forma suficientemente satisfactoria mi propósito de entender —y contribuir a que se entienda— la naturaleza de la política de infraestructuras en España, mediante su contextualización en un proyecto político más general de país: lograr una España como Francia, con una capital como París. Por supuesto, y como mandan los cánones teológicos, entre entender y comprender media una gran distancia. Y cuando el entendimiento no basta para la comprensión, el acto de fe se convierte en imprescindible. Dejo a la voluntad del lector tal acto de fe, que queda lejos de mi naturaleza —más bien poco confesional— en materia de políticas públicas.

En este punto, una precisión es obligada para evitar malentendidos. Ésta es una obra con vocación explicativa e interpretativa. No tiene, sin embargo, una pretensión propositiva. Por varios motivos. Primero, para no aburrir al lector más de lo estrictamente imprescindible; de ahí que no crea necesario repetir propuestas de política pública en este ámbito, que ya he publicado en ocasiones anteriores, algunas de ellas muy recientes y de fácil acceso para el lector interesado.[6]

Segundo, y más importante: porque no existe demanda relevante de alternativas a la actual política de infraestructuras en España. Este ámbito es el único en que existen acuerdos sistemáticos entre el partido del Gobierno y el principal de la oposición (y única alternativa fáctica de gobierno). La reforma de la Ley de Puertos del Estado, tramitada en el Parlamento en 2010, ha sido pactada por PSOE y PP, poniendo de manifiesto la semejanza de sus planteamientos. Asimismo, la coincidencia en el modelo de gestión y financiación de aeropuertos es total en la práctica, como se documenta en el capítulo 6. Del mismo modo, coinciden PSOE y PP en su modelo ferroviario, pues el actual Gobierno había asumido las prioridades establecidas por el anterior del PP en materia de corredores ferroviarios de mercancías y su conexión con la red europea,[7] y en la extensión de la red de ferrocarril de alta velocidad. En suma, no existen discrepancias en la naturaleza territorial de los modelos de infraestructuras.

Dicho en términos contables: 323 de los diputados en el Congreso, de los grupos Socialista y Popular, más UPyD, coinciden en los ejes fundamentales de la política de infraestructuras aplicada. Esta cifra supone el 92 por ciento del Congreso, y reúne el 85 por ciento de los votos emitidos en las últimas elecciones legislativas de 2008. Por supuesto, esto no implica necesariamente que todos y cada uno de los 323 parlamentarios la secunden en su integridad; pero éste es un matiz que carece de relevancia práctica en un sistema electoral y parlamentario como el español. Es lo que hay, y a las alternativas no se las espera. De ahí que su formulación, que puede tener un cierto interés intelectual, carezca de relevancia práctica.

En su magnífico análisis de los aspectos geográficos y territoriales de la política española actual, Enric Juliana se interroga hacia dónde irá ese «país vigoroso y desorientado» que es España.[8] En mi opinión, en el ámbito de la política territorial, estamos asistiendo hace tiempo a un período de recuperación del rumbo, mucho más que de desorientación. De retorno al patrón histórico, al proyecto de hacer una España como Francia, ahora que la capital ya es como París; proyecto que ha gozado de apoyo mayoritario en España en los tres últimos siglos. Dando, por tanto, por clausurado el paréntesis que supuso la Transición y los primeros años de democracia, y propiciando el retorno de las aguas a su cauce. Cauce que, por cierto, nunca ha abandonado realmente la política de infraestructuras.

Y así llegaremos al final de nuestro viaje, al punto final de esta historia. En las últimas páginas de este libro, de carácter mucho más especulativo, me tomo la libertad de aventurar qué dirección pueden tomar algunas discusiones sobre políticas públicas en un futuro que ya ha comenzado. Como es bien conocido, los economistas tenemos una gran tendencia a equivocarnos cuando hacemos predicciones, y una vez acaecido el futuro debemos explicar por qué erramos al predecirlo. Deseo sinceramente que ése sea también mi caso en esta ocasión.

GERMÀ BEL,
Les Cases d'Alcanar, Les Terres de l'Ebre,
15 de junio de 2010.

CAPÍTULO 1

¿UN MADRID COMO PARÍS?

La idea principal que se sustenta en esta obra es que Madrid se ha convertido en capital total de España, adquiriendo un papel similar al que una capital como París desempeña en un país como Francia.

Madrid adquirió el estatus de capital administrativa de la monarquía de los Austrias en 1561, cuando Felipe II designó a la ciudad como sede permanente de la Corte. Un siglo y medio después, tras la guerra de Sucesión que acaba en 1714 y los Decretos de Nueva Planta, Madrid adquirió el estatus de capital política de España, al extender su poder a los territorios de la antigua Corona de Aragón como consecuencia de la supresión de los fueros políticos de los mismos, y de la centralización del poder político. Mucho más recientemente, a finales del siglo XX, Madrid adquiere el estatus de capital económica de España. El resultado de la concentración de la capitalidad política y la capitalidad económica es la transformación de Madrid en capital total, en el París de España.

Este proceso responde a un proyecto político puesto en marcha en el siglo XVIII, tras el acceso de la dinastía de los Borbones a la Corona. Su origen francés, y el hecho de que Francia fuese una gran potencia de la época —seguramente la gran potencia— y París una gran capital —seguramente la gran capital— fueron determinantes para la adopción del modelo francés como pauta a seguir para España. Tiene su lógica: la España de finales del siglo XVII se hallaba en decadencia, que se había acentuado a partir de la batalla de Rocroi el 19 de mayo de 1643, precisamente contra los ejércitos franceses. Ésta fue la primera derrota en campo abierto de los ejércitos de España desde el inicio de su período imperial, y simbolizó la caída del sistema militar que había sostenido a España.[1] Culminada la guerra de Sucesión en 1714, la nueva dinastía se propondrá superar la decadencia de España mediante el proyecto de construir un país como Francia, con una capital como París.

Tal proyecto forma parte medular de la política española desde inicios del siglo XVIII. Es una corriente de fondo potente, que ha experimentado algunos altibajos, el último de los cuales ha sido la reciente transición democrática y los primeros años de la democracia. La vigencia tan constante de este proyecto de organización del país y del poder sólo se entiende si se considera que ha gozado de un apoyo mayoritario amplio y continuado de las élites y de la población de España. De ahí que, tras altibajos puntuales, las aguas hayan vuelto siempre a su cauce.

Con mayor o menor intensidad, esta corriente de fondo ha tenido un peso determinante en la formulación y aplicación de diversas políticas públicas. Entre ellas destaca la política de infraestructuras y de transportes, muy importante para la ordenación del territorio y, por ello, con un gran potencial para determinar la ordenación del poder político. A su vez, la existencia de esta lógica de fondo —de este patrón— en la historia de la política de infraestructuras permite entender por qué tal política reviste unos rasgos tan singulares en España, cuando la comparamos con las políticas aplicadas en los países de nuestro entorno geográfico y económico.

Las políticas de transporte en los países de nuestro entorno han tendido a priorizar la aportación de las infraestructuras a la productividad y a la actividad económica. En el caso de España, por el contrario, el objetivo de ordenación territorial en el marco de una preferencia específica por la ordenación del poder político —la centralización— ha sido dominante. El desarrollo de este capítulo ilustra estas consideraciones, y las pone en contacto con los principales aspectos de la reciente política de infraestructuras.

¿«*Spain is different*»?

Esta frase hizo fortuna en las décadas de los sesenta y setenta, cuando por motivos de apertura económica al exterior y crecimiento del turismo cada vez más europeo se iba conociendo la España de la época. El «España es diferente» daba fe de la pervivencia de un régimen dictatorial en un entorno —Europa occidental— presidido por las libertades políticas y la democracia. Tal lastre imponía una carga pesada en los ámbitos de las libertades civiles, la economía, la cultura y las relaciones sociales. Por eso, a raíz de la restauración de la democracia, tanto en la transición política como en los años posteriores, uno de los objetivos que suscitaron más consenso político y social fue, precisamente, dejar de ser diferente. Es decir, ser más parecidos a nuestros vecinos —más recientemente socios— europeos. Un hito importante en este camino fue el acceso en 1986 a la Unión Europea —entonces Comunidad—. Visto con perspectiva, la conclusión es indiscutible: lo hemos logrado. España es —y parece, en general— un país europeo más. Tiene sus particularidades, como todos. Pero en lo sustancial, España es un componente más del modelo social, económico y político de Europa. Lo queríamos, y lo hemos conseguido.

España ya no es *different*..., pero algunas particularidades son todavía bastante llamativas. En el terreno de la política de infraestructuras y transporte, España tiene tanta singularidad, es tan única en tantos aspectos, que se ha convertido en uno de los últimos vestigios de la casticidad y de la diferencia respecto a nuestros socios. Porque ningún otro país ha hecho un objetivo de Estado la «idea» de conectar en tren de alta velocidad todas —todas— las capitales de provincia con la capital política. Porque tenemos un sistema mixto de financiación de autopistas (entre peajes y presupuesto) singular en Europa. Porque tenemos un modelo de gestión centralizado de aeropuertos que es único entre los países de un cierto tamaño, población y mercado aéreo en el mundo desarrollado. Porque... Pero mejor vayamos paso a paso.

Un principio rector de la política de infraestructuras de todos los gobiernos españoles durante toda la década de los 2000 ha sido el de establecer en España la red de ferrocarril de alta velocidad más larga del mundo (en expresión explícita del presidente del Gobierno José Luis Rodríguez Zapatero). Y, en efecto, en poco tiempo seremos los campeones europeos de la alta velocidad ferroviaria (lo que no es poco: ¿quién podría con China?). Superaremos incluso a Japón y Francia, países pioneros en el desarrollo de la alta velocidad. Para conseguirlo, la inversión en ferrocarriles en España se ha convertido en la más alta entre todos los modos de transporte desde 2007,[2] como se puede apreciar en el gráfico 1. Esto es un verdadero hito de la política de infraestructuras, después de muchas décadas de predominio de la carretera. Y, por supuesto, la inversión ferroviaria en España se ha convertido en la más alta de la Unión Europea, en términos relativos a la riqueza de España. O, como decimos los economistas, «en términos del PIB» (Producto Interior Bruto).

GRÁFICO 1

Evolución de la inversión en infraestructuras interurbanas 2000-2008. El tanto por ciento indica el porcentaje del total.

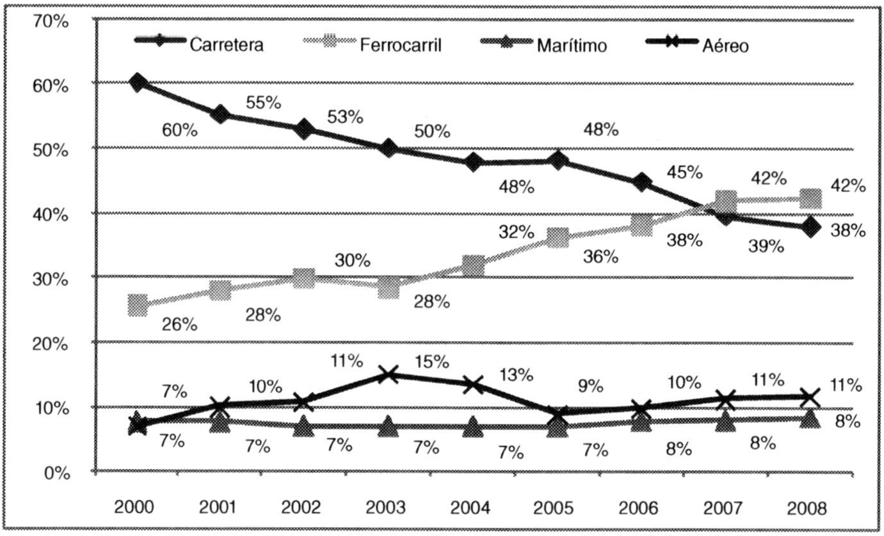

Fuente: Elaboración a partir de información sobre inversión en los Anuarios del Ministerio de Fomento (varios años).

Esto ha implicado —e implica— un gran esfuerzo del presupuesto público, ya que el grado de recuperación mediante pago de los usuarios de la inversión en infraestructura ferroviaria es extremadamente bajo, a diferencia de lo que sucede en otros modos, como los aeropuertos. Aunque sea todavía poco conocido, es necesario tener en cuenta que el coste de la inversión en líneas de ferrocarril (también en las del AVE) está financiado en su práctica totalidad por los presupuestos públicos, mientras que el coste de la inversión en los aeropuertos está financiado en general por los usuarios —mediante tasas de diferentes tipos—, y no recibe aportaciones significativas de los presupuestos (al menos hasta ahora).

No obstante, no deja de ser bastante paradójico que, a pesar de tan gran esfuerzo presupuestario, la cuota del transporte de mercancías por ferrocarril no ha dejado de disminuir en España. Entre 2000 y 2008 el porcentaje de mercancías transportadas en tren ha pasado de más del 7 por ciento a menos del 4 por ciento. Por tanto, la caída de la cuota del ferrocarril ha superado ampliamente el 40 por ciento. Esta caída es muy superior a la del conjunto de la UE, donde la cuota del ferrocarril se redujo un 10 por ciento, y donde el tren sigue transportando casi una quinta parte de las mercancías.[3] Y, desafortunadamente, no se puede afirmar que la cuota del ferrocarril en el transporte de viajeros haya compensado esta evolución. Los datos para 2008, con las últimas líneas de AVE ya en servicio, sugieren que la cuota del ferrocarril en pasajeros habría crecido entre tres y cuatro décimas en el último año (a gran coste económico) y se mantenía en sus niveles de inicio de la década. Algo que, por cierto, se ha conseguido también en el conjunto de la UE, pero a un coste económico muy inferior.

La degradación del ferrocarril como medio de transporte de mercancías en España, además de paradójica, es muy preocupante: la principal aportación económica y social del ferrocarril en la movilidad interurbana es el transporte de mercancías. Una buena oferta de este tipo de transporte, segura y fiable, evita congestión en la carretera y reduce el impacto ambiental y la siniestralidad. Por el contrario, el impacto económico y social del tren de alta velocidad es muy inferior, como se discute más ampliamente en el capítulo 5. La gran inversión en ferrocarril en España (recordemos: la mayor de UE en porcentaje del PIB) se ha correspondido con una peor contribución a la productividad y al bienestar social.

¿Qué puede explicar esto? Quizá no sea tan paradójico, después de todo. A pesar de la gigantesca inversión efectuada, en España no se ha prestado atención a las necesidades del ferrocarril de mercancías, pues casi todas las energías y recursos materiales y humanos han estado volcados en el AVE de pasajeros. Por ello, por ejemplo, subsisten graves problemas de deficiencia en las conexiones entre los grandes puertos peninsulares de España y la red de ferrocarril. Son graves porque la conexión intermodal entre transporte marítimo y transporte ferroviario es crucial para aumentar la eficacia del ferrocarril. Pero no sólo esto; provoca una gran sorpresa que la prioridad establecida en 2003 por el Gobierno como línea de ferrocarril en la red transeuropea para mercancías fuese el trayecto Algeciras-Madrid-Zaragoza-Pirineos-Francia.

España es única en el sentido de que no existen otros países tan «costeros» en que las prioridades del ferrocarril de mercancías se sitúen a más de 300 kilómetros de los principales puertos por volumen de carga. ¿Por qué no se dio prioridad a la conexión de Algeciras a Francia a través del corredor mediterráneo? Éste es, con diferencia, el corredor con mayor volumen de tráfico de mercancías en España, aún más si consideramos las que se dirigen *a* y proceden *del* resto de Europa. Por dar sólo un dato, cuando estas decisiones fueron tomadas, a principios de los 2000, casi el 40 por ciento de las exportaciones españolas se originaban en las regiones del Mediterráneo (sin considerar Andalucía).[4] Pero su red ferroviaria todavía presenta lagunas inexplicables, como la ausencia de conexión entre Almería y Murcia, la muy deficiente conexión desde Murcia hacia el norte, o la existencia de una única vía entre Vandellòs y Tarragona.[5] Todo esto en el contexto de la necesidad de modernización general del conjunto del corredor mediterráneo. En consonancia con las posiciones expresadas por la Comisión Europea y por el gobierno francés, el gobierno español solicitó en junio de 2010 la inclusión del corredor mediterráneo como prioritario en la red transeuropea. ¿Aceptará la comisión la existencia de dos prioridades en el caso de España? ¿Cuál será la opción en el caso de que haya que elegir? Para conocer la respuesta a estas preguntas habrá que esperar a finales de 2011, cuando se van a tomar las decisiones finales de la Unión Europea a este respecto.

La peculiaridad de España no es menor por lo que respecta a la forma de financiar las carreteras de gran capacidad: carreteras de doble calzada, autovías y autopistas libres de peaje, y autopistas de peaje (autopistas de peaje y autopistas libres de peaje, en adelante). Los peajes cubren aproximadamente el 20 por ciento del total de las autopistas en España. Este porcentaje sube al 25 por ciento en el caso de la red de autopistas a cargo del Estado, todas ellas sometidas a explotación mediante concesión a empresas privadas.[6] El resto de autopistas son libres de peaje.

El caso del sistema mixto de España es singular. Entre los países de la Unión Europea, algunos tienen un modelo de financiación de autopistas fundamentalmente basado en los peajes, que cubren casi toda la red y están distribuidos regularmente a lo largo de su territorio: Francia, Italia, Portugal, Grecia y Eslovenia. En el resto de países de la Unión Europea tienen una presencia muy poco relevante (Austria y Finlandia), marginal o nula los peajes directos.[7] En los casos de Austria (desde 2004) y Alemania (desde 2005), se han introducido recientemente peajes para vehículos pesados en toda la red de autopistas.

Tenemos, pues, un sistema mixto de financiación de las autopistas muy peculiar en el contexto de la Unión Europea, y con un rasgo diferencial de carácter aún más excepcional: la gran variabilidad interterritorial del peso de los peajes. Estas características confieren una gran singularidad al modelo español de financiación de autopistas en el marco de la Unión Europea. En el capítulo 4 se analiza la superposición de modelos de políticas de infraestructuras viarias que ha llevado a este resultado.

Pero es todavía mayor la excepcionalidad del sistema de gestión de los aeropuertos en España. Prácticamente todos los aeropuertos comerciales de España están gestionados por el ente público Aeropuertos Españoles y Navegación Aérea —AENA—, dependiente del Ministerio de Fomento (que también gestiona hasta ahora el control del tráfico aéreo). Las únicas excepciones —más bien anecdóticas en términos de dimensión— son los aeropuertos de Ciudad Real, de propiedad mixta privada-pública (territorial), que entró en servicio el 18 de diciembre de 2008, y de Lleida-Alguaire (de propiedad pública autonómica), cuyo primer vuelo comercial se produjo el 5 de febrero de 2010. Además, está previsto el inicio de operaciones en un futuro próximo en el aeropuerto Región de Murcia, promovido por el Gobierno regional y cuya gestión se ha concesionado a un grupo de empresas privadas. Con todo, los 47 aeropuertos gestionados por AENA han movido más de 187 millones de pasajeros en 2009, más del 99,9 por ciento del total.

El de España es el único caso entre los países comparables —por su superficie, estructura de ciudades y tamaño del mercado aéreo— de la Unión Europea (y de la OCDE) en que una empresa pública y centralizada gestiona de forma conjunta los aeropuertos comerciales, a diferencia de lo que sucede en Alemania, Australia, Canadá, Estados Unidos, Francia, Italia, Japón y Reino Unido.[8] Sólo en el caso de Rumanía, entre los países de dimensión y población relativamente comparables (aunque con un mercado aéreo de tamaño muy inferior), se da un sistema de gestión similar al español. En este momento se halla en curso un proceso de reforma (relativa) de los aeropuertos españoles, cuyo aspecto fundamental es la separación del control de tráfico (que se gestiona generalmente a nivel centralizado) y la gestión de los aeropuertos. Sin embargo, los ejes fundamentales de este sistema (fijación de tasas, decisión de inversiones y asignación de franjas horarias para las operaciones de vuelo) se mantendrán bajo control estrictamente centralizado. ¿Por qué se mantiene con tozudez el sistema centralizado de gestión de los aeropuertos españoles, en contra de lo que es habitual en nuestro entorno? En el capítulo 6 se ofrece una discusión más amplia de estas cuestiones.

¿Por qué somos tan especiales?

¿Cómo pueden entenderse una serie de propiedades tan peculiares como las relatadas? ¿Cómo explicar que la política de infraestructuras en España tenga unas características tan singulares? Una manera de abordar la respuesta a estas cuestiones sería la propia de los períodos más autosuficientes de una gran potencia mundial como Estados Unidos (por ejemplo el de la reciente presidencia de George W. Bush). En este sentido, cabría preguntarse: ¿por qué el resto del mundo es diferente a nosotros? Pero no me parece una estrategia de análisis adecuada para un país mediano como España (seguramente tampoco lo es para Estados Unidos).

Creo que es más apropiado formular la cuestión siguiente: ¿por qué somos tan diferentes al resto del mundo? Responder a esta pregunta es el propósito principal de esta obra. Y la respuesta que se ofrece es la siguiente: el español es un caso extremo de uso de la política de infraestructuras al servicio de la jerarquización territorial y de la ordenación del poder en España. Este objetivo ha tenido en España mucha más importancia que el servicio a las necesidades prioritarias de transporte, tanto del sistema productivo como de la movilidad interurbana cotidiana, que es la orientación primordial de la política de infraestructuras y de transporte en los países de nuestro entorno.

En síntesis, la explicación que propongo es que la política de infraestructuras en España ha estado al servicio de un objetivo que, formulado en el transcurso del siglo XVIII, está desde entonces en el trasfondo de la política española: conseguir un país como Francia, con una capital como París. El capítulo 2 de este libro revisa esta cuestión.

Por supuesto, la intensidad con que se ha perseguido tal objetivo ha estado sujeta a los avatares y a las circunstancias políticas y económicas de la reciente historia de España. Diferentes períodos han enfatizado o postergado su prosecución. Pero la tendencia de fondo se ha mantenido en esa dirección. A mi juicio, en los inicios del siglo XXI, es difícil afirmar que España ha conseguido ser un país como Francia. No obstante, me parece ponderado afirmar que la capital política, Madrid, ha llegado a conseguir un estatus en España similar al que tiene París en Francia.

El asunto me parece relevante y actual porque una característica distintiva de la España reciente es que el proceso de transformación de Madrid en París se ha convertido en irreversible. Como se ha dicho, Madrid, capital administrativa desde mediados del siglo XVI, logra la capitalidad política real sobre toda España en el siglo XVIII. La capitalidad administrativa y política, sin embargo, no había llevado aparejado el estatus de capital económica... hasta hace poco.

En las dos últimas décadas, Madrid ha accedido al estatus de capital económica de España.[9] La Comunidad de Madrid es la región española con mayor producto interior bruto per cápita; en 2009, su PIB per cápita fue un 38 por ciento más alto que el del conjunto de España.[10] Aquí se hallan las sedes de la gran mayoría de las empresas multinacionales españolas; la región atrae una proporción muy alta de la inversión exterior; se han desarrollado sectores de gran valor añadido como el audiovisual, y cuenta con una gran proporción de la actividad vinculada a las altas tecnologías y al conocimiento.

Como consecuencia de todo esto, más del 30 por ciento de las 5.000 principales empresas españolas tienen su sede social en Madrid, y estas empresas generan en la actualidad más de la mitad del total de ingresos de esas 5.000. Cataluña ocupa el segundo lugar, al tener su sede social en esa región el 23 por ciento de las empresas, que generan el 18 por ciento de los ingresos. La Comunidad Valenciana, Andalucía y el País Vasco se sitúan a continuación, en un abanico entre el 6 por ciento y 8 por ciento de sedes sociales, y entre el 4 por ciento y el 6 por ciento de los ingresos generados.[11]

En términos de poder económico, la localización de sedes de las mayores empresas del país ofrece una información muy relevante. Más que en la sede social, que tiene indudables efectos fiscales, es pertinente fijarse en la sede operativa (es decir, el cuartel general operativo, que puede ser diferente a la sede social). En el caso de España, por ejemplo, la sede social del Banco de Santander está en Santander, la del BBVA e Iberdrola está en Bilbao, y la de Iberdrola Renovables (empresa en que el 80 por ciento del capital es de Iberdrola) en Valencia. Esto tiene gran importancia por lo que respecta a la satisfacción de obligaciones fiscales. Pero lo realmente relevante desde el punto de vista del impacto económico de la sede y de la clasificación y concentración de poder económico es la localización de la sede operativa.

En este sentido, el proceso de concentración de las sedes operativas en la capital política acaecido en España en las dos últimas décadas no tiene parangón entre los países comparables y ha sido resultado de una mezcla de procesos de privatización y de fusiones empresariales entre grandes empresas financieras y de servicios públicos. La consecuencia es que por comparación con otros países tenemos un grado superlativo de diferencia entre sede social (fiscal) y sede operativa (real).

La tabla 1 muestra la sede operativa[12] de las diez primeras empresas con sede en el propio país, en las cinco mayores economías de la Unión Europea: Reino Unido, Francia, España, Italia y Alemania. De la información incluida en esta tabla se desprende que el *ranking* de la localización de las mayores empresas en España se parece mucho más al patrón que se observa en el Reino Unido y en Francia (países en los que la concentración de sedes en la capital es secular), que al de Italia y Alemania.

En efecto, todas y cada una de las sedes operativas de las diez mayores empresas francesas por capitalización bursátil están en la capital, París. En el caso del

Reino Unido, son ocho las mayores empresas con sede operativa en Londres; las dos restantes están en Berkshire (condado contiguo al Gran Londres y que de hecho forma parte de su área metropolitana real). En el caso de España, siete entre las diez mayores tienen su sede operativa en Madrid.

Los casos de Italia y de Alemania son sustancialmente diferentes. En el primero, son sólo tres las mayores empresas que tienen su sede en Roma (otras tres en Milán, dos en Turín, una en Trieste y una en Bérgamo). Y en el caso alemán la dispersión es extrema; ninguna de las mayores empresas por capitalización bursátil tiene su sede operativa en la capital federal, Berlín: dos empresas están en Múnich, dos en el área de Francfort y el resto en diferentes ciudades.

TABLA 1
Las diez empresas con mayor capitalización en la Bolsa de valores y lugar de su sede operativa

	Reino Unido		Francia	
Ranking	**Empresa**	**Sede operativa**	**Empresa**	**Sede operativa**
1	Hsbc Hldgs	Londres	Total S. A.	París
2	British Petroleum	Londres	Sanofi-Aventis	París
3	Vodafone	Newbury-Berk.	GDF Suez	París
4	Glaxosmithkline	Londres	BNP Paribas	París
5	British A. Tobacco	Londres	L'Oréal	París
6	RIO Tinto REG	Londres	France Telecom	París
7	BHP Billiton	Londres	Lvmh Moët	París
8	Astrazeneca	Londres	AXA	París
9	BG Group	Reading-Berk.	Soc. Générale	París
10	Tesco (BC)	Londres	Danone	París

	España		Italia	
Ranking	**Empresa**	**Sede Operativa**	**Empresa**	**Sede operativa**
1	Banco Santander	Madrid	ENI	Roma
2	Telefónica	Madrid	Unicredit ORD	Roma
3	BBVA	Madrid	Intesa Sanpaolo	Turín
4	Iberdrola	Madrid	Enel	Roma
5	Inditex	Arteixo-A Coruña	Assicurazioni Gen.	Trieste
6	Endesa	Madrid	Telecom Italia	Milán
7	Repsol YPF	Madrid	Saipem ORD	Milán
8	Iberdrola Renovables	Madrid	Snam Rete GAS	Milán
9	Gas Natural	Barcelona	Fiat ORD	Turín
10	Criteria Caixacorp	Barcelona	UBI Banca	Bérgamo

	Alemania	
Ranking	**Empresa**	**Sede operativa**
1	Siemens Ag-Reg	Múnich
2	E.On AG	Düsseldorf
3	Deutsche Telekom	Bonn
4	Bayer AG	Leverkusen
5	SAP AG	Walldorf-Francfort
6	Basf SE	Ludwigshafen
7	RWE AG	Essen
8	Allianz-Se-Reg	Múnich
9	Daimler AG	Stuttgart
10	Deutsche Bank-Rg	Francfort

Fuentes: • El *ranking* de las empresas se ha elaborado a partir de su capitalización bursátil (Francia, Alemania y España) y capital flotante en el mercado (Reino Unido e Italia) el 12 de febrero de 2010. Se han excluido las empresas cuya sede no está en el propio país.

• Las sedes operativas se han obtenido a partir de las páginas web de las correspondientes empresas.

Con la evolución de Madrid en las últimas décadas, el estatus de capital administrativa y política se ha reforzado con el logro de la capitalidad económica. Madrid se ha acercado a lo que las dos grandes metrópolis europeas, París y Londres, representan en sus respectivos países, y al papel que ambas metrópolis desempeñan como ciudades-sede del sector financiero, de grandes servicios públicos en red (como telecomunicaciones o energía), y de medios de comunicación..., aunque la similitud es mucho menor en otros aspectos. La tabla 2 compara algunos indicadores relacionados con la capitalidad política de —otra vez— los principales países de la Unión Europea: Reino Unido, Francia, España, Italia y Alemania. En los casos de Londres y París se toman como referencia sus áreas metropolitanas funcionales, mientras que para Madrid, Roma y Berlín se toma como referencia el equivalente a la provincia, que es algo más amplia que la propia área metropolitana funcional.

Tabla 2
Datos demográficos y económicos de la aglomeración metropolitana de la capital, y comparación con la mayor aglomeración del país, excluida la capital (2008)

	Metro-área de Londres	París-Isla de Francia	Madrid	Roma	Berlín
Población (millones)	14,9	11,6	6,1	3,8	3,4
% Población país	24,4%	18,8%	13,5%	6,5%	4,1%
Población (Capital/Alter)	5,81	6,02	1,14	0,99	0,80
PIB (millones euros)	616.508	468.978	144.796	111.504	79.033

	Metro-área de Londres	París-Isla de Francia	Madrid	Roma	Berlín
% PIB país	32,3%	28,9%	17,8%	8,7%	3,5%
PIB per cápita ppa (EU27=100)	157	174	132	135	96
PIB per cápita (Capital/Alter)	1,45	1,55	1,13	0,85	0,58

Nota: «Alter» indica la aglomeración metropolitana en el país con mayor población, excluida la de la capital política. Se trata, respectivamente, de Gran Manchester (Reino Unido), Marsella-Bocas del Ródano (Francia), Barcelona (España), Milán (Italia), y Múnich-Oberbayern (Alemania).

PIB per cápita ppa: PIB per cápita en paridad de poder adquisitivo.

Fuente: Elaboración propia a partir de los datos proporcionados por Cambridge Econometrics. *European Regional Database*, Cambridge 2008.

La posición de las áreas metropolitanas de Londres y de París-Isla de Francia en la estructura demográfica y económica de sus respectivos países es muy similar: su peso demográfico es de casi el 25 por ciento en el caso de Londres y casi el 20 por ciento en el de París. Ambas aglomeraciones multiplican por seis la población de la segunda área metropolitana (Gran Manchester en el Reino Unido, y Marsella-Bocas del Ródano en Francia). Ambas concentran el 30 por ciento del PIB de sus países. Su PIB per cápita es muy superior al promedio de la Unión Europea (entre el 50 por ciento y el 75 por ciento más), y alrededor de un 50 por ciento superior al de las segundas áreas de sus países.

El caso de Italia es diferente; Roma tiene un peso más moderado en la población de Italia, su población es similar (el 99 por ciento) al de la otra gran aglomeración italiana —Milán—, y el PIB per cápita de ésta es incluso algo superior al de Roma. El caso de Berlín es mucho más cercano al de Roma que al de Londres y París; no obstante, su PIB per cápita es inferior al alemán, debido a la confluencia en el área de zonas de la antigua Alemania del Este, lo que la sitúa muy por debajo de Múnich-Oberbayern.

Por último, el caso de Madrid/España se sitúa, en términos de posición demográfica y económica, relativamente más cerca del de Roma/Italia, aunque en España el peso demográfico y económico de la capital política es algo superior al de la segunda aglomeración, Barcelona; en cambio, Milán tiene un peso en Italia ligeramente superior al de Roma. Claramente, la posición absoluta y relativa de Madrid en la demografía y en la creación de riqueza en España se encuentra lejos de la que tienen Londres en el Reino Unido y París en Francia.

En conjunto, el logro de la capitalidad económica por Madrid es un hecho indiscutible, y permite superar una de las tensiones tradicionales que por largo tiempo dominó la política territorial española: la contradicción entre poder político y poder económico. La posición de Madrid ya es como la de París: la capital total. Se ha cumplido lo que Santos Juliá[13] considera «pretensión secular de los reformadores madrileños, hacer de Madrid, con Madrid, algo similar a lo que ya se había hecho con París».

Lógicamente, algunas tensiones de tipo territorial subsistirán,[14] aunque a escalas cada vez más limitadas en intensidad y alcance. Al fin y al cabo, España no es del todo parecida a Francia, como revela la información sistematizada en la tabla anterior y una mera inspección superficial de su estructura territorial y urbana. Pero, con todo, el nuevo escenario confiere una característica autocausativa al estatus de capital total de Madrid, en el sentido de que su entidad actual se convierte en su causa.[15] O, como diría Willard Van Orman Quine,[16] *es lo que hay*.

La lógica del kilómetro cero

> La mayor parte de las obras públicas pueden ser gestionadas fácilmente de forma que obtengan unos ingresos específicos suficientes para sufragar el propio gasto que generan, sin imponer cargas a los ingresos generales de la Sociedad [...]. Cuando las carreteras grandes [...] se hacen de esta forma y están financiadas por el tráfico comercial que las usa, sólo pueden hacerse cuando la actividad comercial lo requiere. Asimismo, el gasto que imponen, su grandeza y magnificencia, deben estar ajustados a lo que la actividad económica puede sufragar [...]. Una carretera magnífica no se puede hacer a través de un territorio desierto donde hay poco o ningún comercio, sólo porque sucede que lleva a la capital del administrador de la provincia, o a la de algún gran Señor a quien el administrador considera conveniente hacerle la Corte (Adam Smith, *La riqueza de las naciones*, 1776, la traducción es del autor).[17]

El acceso de Madrid a la posición de capital total se debe tanto a méritos propios como al impulso recibido por algunas políticas públicas. Los primeros, por supuesto merecedores de reconocimiento,[18] no son objeto de este estudio, pero sí se presta atención al impulso que han desempeñado en ese proceso las políticas públicas, y más en concreto la política central de infraestructuras de transporte. Con la finalidad de ilustrar tal impulso, se desgranan sucesivamente algunos aspectos de la política seguida en diferentes períodos históricos respecto a diversos modos de transporte.

Primero, la reordenación de las carreteras y de su financiación en el siglo XVIII. Segundo, la implantación de las infraestructuras ferroviarias en España, en la segunda mitad del siglo XIX. Tercero, la gran modernización de la red de carreteras en España realizada en las cuatro últimas décadas del siglo XX. Cuarto, la segunda «modernización» de la red ferroviaria, realizada mediante la implantación del tren de alta velocidad en ancho internacional de vía (aquí denominado Alta Velocidad Española —AVE—), desde la última década del siglo XX. Por último, en unos tiempos en que la gestión y el conocimiento desplazan progresivamente la importancia del cemento, el modelo de gestión de aeropuertos en España.

Es interesante observar que el desarrollo de la red ferroviaria convencional y el desarrollo de la red de autopistas, siguen procesos dominados por una dinámica común. El desarrollo inicial de ambas redes se produce fundamentalmente con recurso a la financiación por usuarios. Esto convierte la posibilidad de financiar la infraestructura con ingresos propios (que depende crucialmente del volumen de tráfico de mercancías y de pasajeros) en un factor primordial al seleccionar las prioridades de la inversión. En ambos casos, por tanto, las primeras líneas ferroviarias y las primeras autopistas (de peaje) se implantan en los principales trayectos de tráfico ferroviario y viario. En una segunda fase, la financiación de la inversión y el servicio pasa a descansar fundamentalmente sobre el presupuesto público, y se radializan las respectivas redes, implantando todos los corredores que convergen en Madrid, convertido en kilómetro cero de las infraestructuras de transporte interurbano. Este proceso es el que configura la fisonomía sustancialmente radial actual de nuestras redes de infraestructuras terrestres.

El tercer episodio, la implantación de la red ferroviaria de alta velocidad, supone la primera gran modernización de una red de infraestructuras de transporte en los dos últimos siglos que ha sido financiada en su práctica totalidad por el presupuesto público. Y, por primera vez también, el desarrollo de la red tiene desde su mismo origen características radiales, extendiéndose en todas direcciones desde el kilómetro cero.

El cuarto episodio, centrado en los aeropuertos, presenta unos rasgos diferentes. A pesar de la insistencia con que en España se habla de una «red de aeropuertos» por parte de las autoridades políticas y burocráticas responsables de la gestión aeroportuaria, el concepto de red es técnicamente inaplicable a los aeropuertos, pues —a diferencia de los ferrocarriles y las carreteras— éstos son equipamientos singulares que potencian la operación punto a punto. Y, en su caso, las operaciones en red son características de las compañías aéreas convencionales que ofrecen conexiones, más allá de las propias características de los aeropuertos. En este caso, por tanto, es la propia gestión del equipamiento del aeropuerto la que permite el control sobre las decisiones estratégicas que condicionan la conectividad por el lado de la oferta de la infraestructura. De ahí que la preservación de un modelo de gestión centralizado e integrado sea el instrumento apropiado para aplicar una lógica de política territorial, por encima de la propia lógica derivada de las necesidades de transporte.

La política de infraestructuras aplicada en las dos últimas décadas ha estado profundamente imbuida de esta lógica territorial. Así lo han reconocido de forma explícita, con gran claridad, eminentes protagonistas de la política española. Ilustrar este punto nos ocupará más tarde. Antes procede prestar atención al análisis de la aportación de las infraestructuras de transporte al sistema productivo y al bienestar social.

Infraestructuras y productividad

Comprender de qué forma contribuyen las infraestructuras a mejorar la productividad de la economía permite entender el criterio básico que ha seguido la política de infraestructuras en muchos países de nuestro entorno. Por ello, me parece conveniente discutir aquí cómo, por qué y bajo qué condiciones se producen tales impactos de las infraestructuras sobre la actividad económica. Esto nos proporciona un marco interpretativo que permitirá enjuiciar las motivaciones que, como veremos en apartados posteriores, han presidido la política de infraestructuras en los últimos años.

Los economistas se han interesado desde hace mucho tiempo por el impacto de las infraestructuras y el sistema de transporte sobre la organización del sistema productivo y, por tanto, sobre la productividad y el crecimiento de la economía. Así fue ya reflejado en la obra germinal de la ciencia económica, *La riqueza de las naciones*, aparecida en 1776, y que conviene citar aquí por segunda vez. En ella, Adam Smith expone de forma muy precisa la relación entre transporte y organización del sistema productivo:

> Mediante el transporte por agua se abre a todo tipo de industria un mercado más extenso que el que proporciona el transporte terrestre [...]. Un gran vagón rodado [...] lleva y trae entre Londres y Edimburgo alrededor de cuatro toneladas de mercancías en seis semanas. En más o menos el mismo tiempo, un barco operado por seis u ocho hombres [...] transporta habitualmente doscientas toneladas de bienes [...]. Si sólo existiese la comunicación por tierra entre ambas ciudades [...] no se podrían transportar bienes [...] excepto aquellos de un precio muy considerable [...] se podría transportar sólo una pequeña parte del comercio que realmente existe entre ellas, y por tanto sería mucho menor

> el estímulo que se proporcionarían recíprocamente la industria de una y otra ciudad (Adam Smith, *La riqueza de las naciones*, 1776, la traducción es del autor).[19]

Ciertamente, la cita es larga, pero es difícil explicar con mayor claridad el impacto de las infraestructuras y de los servicios de transporte sobre la productividad. En sustancia, la eficacia en la provisión de la oferta de transporte origina beneficios en el sistema productivo, que se ponen de manifiesto principalmente por dos vías: (1) la reducción de los costes de distribución de los productos de los sectores productivos; y (2) la expansión del producto y de las áreas de mercado, lo que facilita la emergencia de economías de escala en la producción.

Sin embargo, esta visión clásica del efecto del sistema de transporte, y por tanto de las infraestructuras, sobre la economía, quedó escondida durante muchos años por aproximaciones de tipo más macroeconómico. En esta visión, el impacto de las infraestructuras sobre la actividad económica se analiza poniendo énfasis en el efecto de la inversión pública. Así, inversión es vista ante todo como un *shock* de *demanda* sobre la economía. Este *shock* de demanda aumenta la actividad económica y tiene efectos positivos sobre la creación de empleo —sobre todo si se produce en una situación de crisis económica— además de otros efectos de tipo macroeconómico que no es necesario detallar ni discutir aquí. Éste es un legado que los economistas han recibido de la obra de John Maynard Keynes, entre cuyos trabajos es especialmente conocido e influyente la *Teoría general del empleo, el interés y el dinero*, publicado en 1936. Una nota que procede destacar es que estos efectos se producen a corto plazo, y derivan del propio proceso de ejecución de la inversión. Una vez finalizada la construcción, su efecto se diluye progresivamente en el tiempo, hasta desvanecerse totalmente. Por ello, si se han hecho inversiones en infraestructuras de poca utilidad, no hemos logrado mucho.

Sólo a finales de los ochenta vuelve a situarse el énfasis en la discusión del impacto de las infraestructuras sobre los costes del sistema productivo. El análisis económico reciente da mucha más importancia a los efectos a largo plazo de las infraestructuras. Esto implica una perspectiva diferente (aunque no opuesta ni excluyente), en la medida en que se mira la inversión en capital público como un *shock* de *oferta* sobre la economía.

Sus características más importantes son las siguientes: (1) la actividad relevante es la utilización de la infraestructura, una vez que la misma ha entrado en servicio; (2) la entrada en servicio de la infraestructura —nueva— hace posible transportar personas y mercancías. La entrada en servicio de la infraestructura —mejora/ampliación— hace posible reducir los costes del tiempo de transporte de personas y mercancías; (3) por lo que respecta a los costes monetarios del transporte, la dimensión de la reducción de los mismos depende de cómo se financia la infraestructura. ¿Se financia con presupuesto público, o con pago de peajes y tasas?

Por lo que respecta a los efectos, se puede destacar:

1. El uso de la infraestructura implica una disminución de los costes de distribución (y de producción) en la economía. La reducción de costes afecta sobre todo al sector privado, que se encarga de producir los bienes y servicios comerciales.
2. La disminución de costes del sector privado implica un aumento de la productividad general de la economía, porque: (a) se pueden hacer más actividades con iguales costes: más producción. O (b) se

pueden hacer las mismas actividades con menos costes. El ahorro de costes en actividades realizadas permite hacer otras nuevas: más producción.
3. El aumento de la productividad se traducirá en una combinación de aumento de beneficios empresariales, aumento real de salarios y aumento de empleo. Aumentan las bases fiscales de la economía. Aumenta la recaudación de impuestos (sobre beneficios, sobre la renta, etc.).

Podemos, por tanto, resumir los efectos de una mejora de las infraestructuras de la siguiente forma: (1) aumenta la productividad general de la economía; (2) aumenta la actividad económica y disminuye el paro a largo plazo; (3) aumenta el potencial de recaudación de ingresos por la administración pública. Lo más destacado de estos efectos es que son efectos a largo plazo, y derivan de la utilización de la infraestructura. Duran mientras la infraestructura está en buena condición de servicio.

Este tipo de efectos se puede concretar con ejemplos sencillos, como la distribución de cítricos por carretera desde Valencia. Antes de que hubiese autopista entre Valencia y Madrid, un camión podía tardar bastante más de diez horas en hacer el viaje de ida y vuelta por la antigua carretera general N-III. Esto sólo posibilitaba un viaje al día, el pago de más de diez horas de salario al conductor, y un determinado nivel de consumo de combustible. La entrada en servicio de la autopista A-III deja el tiempo del viaje en alrededor de ocho horas. Esto permite un uso más intenso del camión, la reducción de casi un tercio de los costes salariales del viaje, y un ahorro en combustible, dada la mayor eficiencia energética de conducciones por autopista a velocidades en el rango 90-100 km/h. En suma, la autopista proporciona la posibilidad de soportar menos costes por transportar cítricos de Valencia a Madrid o, alternativamente, la posibilidad de una mayor distribución si se mantiene el nivel cuantitativo de costes (monetarios y temporales) anteriores.

Para que esta secuencia de resultados funcione adecuadamente existe un factor crítico: la mejora de la infraestructura ha de servir para prevenir o resolver algún cuello de botella. Así, el efecto será máximo cuando se amplíe la capacidad de una infraestructura congestionada y, en cambio, será mínimo cuando se amplíe la capacidad de una infraestructura que tenía una intensidad de uso baja. En este sentido, conviene alertar contra las excesivas expectativas que en muchas ocasiones genera una mejora, como si del solo hecho de aumentar la calidad se indujera un gran aumento del uso. Al fin y al cabo, la demanda de transporte depende de una gran variedad de factores, y no sólo ni principalmente de la oferta de infraestructura. Por eso, una decena de aeropuertos gestionados por AENA han tenido siempre un tráfico de pasajeros muy pequeño (por debajo de los 100.000 al año), y en algunos casos meramente marginal.

En suma, los efectos analizados más arriba son los que explican la importancia de las infraestructuras para la competitividad de un territorio. Tanto por su impacto sobre la productividad de su economía, como por las posibilidades de ampliación de sus mercados, y por tanto de sus espacios de interrelación económica, social y cultural.

La ¿lógica? política de las infraestructuras en España

> Es preciso, pues, que nos acostumbremos a entender toda unidad nacional, no como una coexistencia interna, sino como un sistema dinámico. Tan esencial es para su mantenimiento la fuerza central como la fuerza de dispersión [...] la energía unificadora, central, de totalización —llámesele como quiera—, necesita, para no debilitarse, de la fuerza centrífuga, de la dispersión, del impulso centrífugo perviviente en los grupos. Sin este estimulante, la cohesión se atrofia, la unidad nacional se disuelve, las partes se despegan, flotan aisladas y tienen que volver a vivir cada una como un todo independiente (José Ortega y Gasset, *España invertebrada,* 1921).[20]

La restauración de la democracia en España y la transición política alumbraron un proceso de descentralización que implicó un cierto cambio en la distribución territorial del poder político. Las estructuras centralistas heredadas del régimen franquista fueron reemplazadas por el sistema autonómico. Algunas políticas que exigen el empleo de grandes volúmenes de recursos públicos, como la sanidad y la educación, son gestionadas a nivel regional, aunque su ordenación básica y su financiación se deciden a nivel central. Si bien existe una diversidad de opiniones sobre la profundidad política real del proceso de descentralización en España, es indudable que éste generó tensiones lógicas; todo proceso de redistribución del poder las origina. Estas tensiones se acentuaron en el transcurso de la primera mitad de los noventa, en el contexto del proceso de agria confrontación política que acabó con el relevo del Partido Socialista Obrero Español por el Partido Popular en el Gobierno central en 1996.

Aparentemente, los responsables del nuevo Gobierno no habían leído a Ortega y Gasset. La política de infraestructuras de transporte impulsada por el Ministerio de Fomento[21] fue un claro exponente del nuevo enfoque de la política territorial que se adoptó. El ministro de Fomento Rafael Arias-Salgado se reunió el 29 de septiembre de 1997 con la Comisión Nacional de Infraestructuras para las Comunicaciones del Partido Popular. Diversos medios de comunicación, como *El País* (22 de febrero y 3 de marzo de 1998) y *La Vanguardia* (25 de febrero), entre otros, dieron cumplida cuenta del contenido de la intervención del ministro, recogido en el Acta de la Reunión de la Comisión Nacional de Infraestructuras para las Comunicaciones, de 29 de septiembre de 1997, del Partido Popular. Ésta es la fuente que se usa aquí para las referencias a la intervención del ministro.

Según expuso Arias-Salgado, la política de infraestructuras del Gobierno estaba presidida por «la intención de un fortalecimiento del centro peninsular». Y declaró sin ambages su visión sobre la evolución de la ordenación territorial de España: «Creo que en los últimos treinta años el país se ha ido desequilibrando hacia el Mediterráneo, y esto, que no tiene a corto plazo una importancia decisiva, puede llegar a tener una importancia política estable».[22] De ahí que, con el objetivo de «reequilibrar el mapa español de infraestructuras», el ministro señalara el eje prioritario de la política de su ministerio: «Poner en marcha una serie de inversiones que tengan en cuenta lo que podríamos denominar los 200 kilómetros a la redonda de Madrid y la conexión de ciertas regiones de España con el centro peninsular».

Ciertamente, Arias-Salgado no había leído a Ortega y Gasset, pero seguramente estaba familiarizado con el Proyecto de Ley del ministro de Fomento Miguel de Reinoso, de diciembre de 1851, en el que se proponía la construcción por cuenta del Estado de cuatro líneas de ferrocarril de *primera clase*, de Madrid hacia Andalucía, Castilla, La Mancha y Aragón que conectaran Madrid con los territorios a 200 y 300 kilómetros. A partir de la terminación de estas líneas, seguirían las *líneas de segunda clase* o ramales, que arrancarían del término de las líneas de primera hasta el mar y las fronteras.[23] Más tarde, en el capítulo 3, regresamos al origen de la red ferroviaria española.

Es cierto que una flor no hace mayo. Pero también lo es que tras mayo suele llegar junio. Seguramente por eso, el presidente del Gobierno José María Aznar, en el debate de investidura celebrado el 25 de abril de 2000, tras la mayoría absoluta conseguida en las elecciones de marzo de ese año, exponía sus prioridades en inversiones en infraestructuras, entre las que destacaba «una red ferroviaria de alta velocidad que, en diez años, situará a todas las capitales de provincia a menos de cuatro horas del centro de la península».[24] Se sobreentendía que el presidente se refería a las capitales de provincia peninsulares, y el horizonte de diez años se ha revelado como excesivamente optimista. Aunque cabe precisar que también se tardó más de diez años en hacerse realidad el objetivo de conectar todas las capitales de provincia con Madrid en los inicios de la red ferroviaria española, deseo expresado por primera vez en 1864.[25] Por lo demás, la concreción práctica de las orientaciones que había avanzado el anterior ministro de Fomento en septiembre de 1997 adquirió la mayor relevancia, y ha sido el eje básico de la política de infraestructuras de transportes hasta la fecha.

Efectivamente, las prioridades definidas en la recta final de los noventa han mantenido su vigencia, como si las orientaciones de aquel gobierno hubiesen mantenido una hegemonía —aunque sea implícita— a prueba de cambios de partido en el gobierno. Es difícil dar mejor interpretación al contenido del discurso del presidente de Gobierno José Luis Rodríguez Zapatero en el Teatro Real de Madrid, el 1 de febrero de 2007, con motivo del acto de celebración del número 100 de la revista *La Aventura de la Historia*: «El incremento y la actualización de las facultades de autogobierno de las Comunidades Autónomas que se está produciendo en estos últimos años corre parejo, de un lado, con el fortalecimiento de la musculatura del Estado, en lo que podemos considerar sus pilares básicos; y, de otro, *con un aumento de la cohesión que se hace descansar en la política de infraestructuras*».[26] Por ello, de acuerdo con el presidente Rodríguez Zapatero, la planificación de las infraestructuras y transportes prima a las zonas más necesitadas. Expresión de objetivos de política que conservan reminiscencias de los del Gobierno que elaboró la Ley de Ferrocarriles de 1870, que enfatizaba la necesidad de incluir en la red a las «provincias desheredadas» y de superar la «desigualdad escandalosa» que había afectado a las diferentes provincias.[27]

La solidaridad, la cohesión territorial como objetivo de la política de transportes gana énfasis en esta aproximación, menos esencialista, aunque quizá más estatista. Se instituye al Estado como garante de una política de transporte cuyo objetivo fundamental declarado es la cohesión territorial, mucho más que las necesidades del sistema productivo, o la aportación de las infraestructuras a la productividad. Sin embargo, más allá de las intenciones, el resultado práctico es muy similar. Se pretende llevar el AVE a todos los rincones de España para —se dice— reforzar la cohesión y la vertebración territorial. Como expuso claramente el ministro de Fomento, José Blanco, en su intervención ante «Ágora» del diario *El Economista*, el 1 de junio de 2010, «con las líneas de alta velocidad construidas hasta la fecha ya hemos avanzado mucho en la conectividad entre la mayoría de Comunidades Autónomas. Por tanto, con el objetivo de asegurar la cohesión territorial, necesitamos avanzar, sobre todo, en las líneas troncales del país que todavía no han sido finalizadas. Finalizar esas líneas supondría que todas la Comunidades estarían a menos de tres horas y media del centro peninsular en su punto más lejano». Ciento cuarenta años después de 1870, la cohesión territorial en España sigue significando estar conectado con Madrid.

En la misma lógica, se preserva el control centralizado de las decisiones estratégicas que afectan a los puertos de mar considerados de interés general, cuyo número en España es elevadísimo, incluso teniendo en cuenta las características geográficas de la península y los archipiélagos. Se mantiene la gestión de los aeropuertos bajo control centralizado para —se dice— garantizar la viabilidad de los aeropuertos más pequeños que no podrían mantenerse por sí mismos. ¿En qué medida la realidad se corresponde con esta retórica? La respuesta a esta cuestión se irá desgranando a lo largo de esta obra.

¿Qué ha pasado en España en los últimos cuarenta años? Economía y demografía regional

¿Se correspondía la visión de Arias-Salgado, fundamento de la política de «fortalecimiento del centro peninsular» [*sic*] impulsada por Aznar, con la evolución real en lo económico y lo demográfico de España desde la década de los sesenta? La fundación BBVA publicó en 2007 el trabajo *El stock y los servicios del capital en España y su distribución territorial (1964-2005). Nueva metodología*, dirigido por Matilde Mas, Francisco Pérez y Ezequiel Uriel, donde se ofrecen datos a nivel regional sobre infraestructura pública, producto interior bruto y población en la primera mitad de los sesenta y en 2004, datos con los que se ha elaborado la tabla 3.

A partir de los datos compilados en esta tabla se puede apreciar que de las cinco regiones en que más crece la participación de su infraestructura pública en el total de España, sólo una —la Comunidad Valenciana— está situada íntegramente en el corredor mediterráneo. También crece el peso de la infraestructura en las provincias mediterráneas de Andalucía. Sin embargo, la región que experimenta un mayor aumento en su cuota de infraestructura pública es Madrid (+ 3,39 puntos porcentuales —pp.—), y también el mayor aumento en el peso en el producto interior bruto (+ 3,79 pp.) y en la población (+ 2,23 pp.).

De hecho, el aumento del peso de la vertiente mediterránea en el PIB español es muy moderado, pues el crecimiento de la Comunidad Valenciana, Murcia y Baleares (+ 1,78 pp.) se ve casi compensado por la pérdida de peso de Cataluña (-1,11 pp.), y el aumento de peso en la población de esta última región es superado por el de Madrid, Comunidad Valenciana y Canarias. Parece, por todo ello, un tanto arriesgado atribuir a la vertiente mediterránea la responsabilidad de la pérdida de peso de las regiones de la meseta, excepto la región de Madrid, líder —con diferencia— de las mejoras en todos y cada uno de los registros observados.

Tabla 3
Infraestructuras públicas, producto interior bruto y población entre 1964 y 2004

	% Infraestructuras públicas			% Producto Interior Bruto			% Población		
	1964	2004	Cambio en pp.	1965	2004	Cambio en pp.	1970	2001	Cambio en pp.
Madrid	8,02	11,41	3,39	13,92	17,71	3,79	11,09	13,32	2,23
C. Valenciana	6,60	8,99	2,39	9,01	9,71	0,70	9,08	10,23	1,15
Canarias	2,57	3,83	1,26	2,47	4,08	1,61	3,32	4,16	0,84
Andalucía	14,17	15,26	1,09	12,69	13,73	1,04	17,66	18,07	0,41
País Vasco	4,86	5,61	0,75	7,73	6,14	-1,59	5,51	5,12	-0,39
Cataluña	13,01	13,63	0,62	19,93	18,82	-1,11	15,06	15,58	0,52
Murcia	1,62	2,21	0,59	1,97	2,52	0,55	2,45	2,94	0,49
Asturias	3,33	3,50	0,17	3,24	2,15	-1,09	3,10	2,61	-0,49
Cantabria	1,49	1,64	0,15	1,59	1,26	-0,33	1,38	1,31	-0,07
La Rioja	0,94	0,88	-0,06	0,83	0,74	-0,09	0,69	0,68	-0,01
Baleares	1,70	1,53	-0,17	1,97	2,50	0,53	1,57	2,07	0,50
Navarra	2,34	1,58	-0,76	1,58	1,71	0,13	1,38	1,37	-0,01
Galicia	7,05	6,09	-0,96	5,90	5,06	-0,84	7,89	6,62	-1,27
Castilla-La Mancha	6,73	5,28	-1,45	3,94	3,36	-0,58	5,11	4,32	-0,78
Extremadura	4,40	2,79	-1,61	2,20	1,66	-0,54	3,45	2,60	-0,85
Aragón	7,25	4,92	-2,33	3,62	3,09	-0,53	3,40	2,96	-0,44
Castilla y León	13,03	7,89	-5,14	7,22	5,41	-1,81	7,87	6,03	-1,83

Nota: Cambio en pp. = Cambio en puntos porcentuales.

Fuente: Para infraestructuras y PIB, Matilde Mas Ivars, Francisco Pérez García y Ezequiel Uriel Jiménez (dirs.). *El stock y los servicios del capital en España y su distribución territorial (1964-2005). Nueva metodología*, Fundación BBVA, Bilbao, 2007, pp. 138-143. Para población, se usan datos de censos compilados en Francisco Goerlich Gisbert, Matilde Mas Ivars (dirs.); Joaquín Azagra Ros y Pilar Chorén Rodríguez, *La localización de la población española sobre el territorio, un siglo de cambios; un estudio basado en series homogéneas (1900-2001)*, Fundación BBVA, Bilbao, 2006, pp. 65-66.

¿Es solidaridad o es centralización?

El análisis de los economistas ha dedicado una atención creciente al estudio de los factores que explican la distribución regional de la inversión pública en infraestructuras. A partir de trabajos pioneros que se centraban en la contradicción (*trade-off*) entre eficiencia y equidad,[28] se han desarrollado estudios que extienden el análisis incluyendo el papel de los factores políticos como determinantes de la inversión pública en infraestructuras.[29] En estos estudios se acostumbra a considerar la inversión en las regiones menos ricas como indicador de equidad (expresión de la «solidaridad»).

Pero ¿realmente se puede considerar como «solidaridad» la multimillonaria inversión en línea de AVE en la provincia de Guadalajara, que tiene una estación que dista más de ocho kilómetros de la ciudad y no está conectada con la estación de cercanías? ¿Es ésta una inversión que sirve a la provincia de Guadalajara, cuando en 2009 usaron el AVE un promedio diario aproximado de 15 viajeros, frente a los más de 10.000 que usaron la estación y la línea de cercanías? Parece que en algunas ocasiones se confunde qué es la solidaridad. En este caso concreto (y no es el único) sucede que la línea ferroviaria de alta velocidad entre Madrid y Barcelona (la de mayor densidad de tráfico, por otra parte) tenía que pasar por la provincia de Guadalajara, a la que en realidad no presta un servicio significativo. Por ello, resulta poco acertado computar el importe de la inversión en Guadalajara como solidaridad interterritorial, por el simple hecho de que ésta sea una provincia de renta relativamente menor.

Veamos el caso de España más en general, para ilustrar esta idea.[30] La tabla 4 muestra diversos ratios de inversión en infraestructura del Gobierno central en cada región española peninsular en 1991-2004, con respecto al producto interior bruto de la región: (1) inversión total; (2) inversión en carreteras; y (3) inversión en ferrocarriles. La tabla incluye una columna que muestra la distancia promedio entre Madrid y las capitales provinciales de cada región. La tabla no incluye a las regiones en las que los gobiernos territoriales tienen competencias exclusivas —o casi— en transporte terrestre: islas Canarias, islas Baleares, País Vasco y Navarra.

Tabla 4
Inversión del Gobierno central en infraestructuras terrestres (1991-2004)

Región	Distancia km promedio desde Madrid (1)	Inversión total (% PIB) (2)	Inversión en carreteras (% PIB) (3)	Inversión en ferrocarriles (% PIB) (4)
Castilla-La Mancha	146	1,9	1,0	0,5
Castilla y León	210	1,7	1,0	0,4
La Rioja	321	0,9	0,6	0
Aragón	330	2,5	0,9	1,2
Extremadura	351	2,3	1,2	0,1
Cantabria	387	2,1	1,6	0
Murcia	387	1,3	0,5	0,1
C. Valenciana	393	0,9	0,4	0,2
Asturias	435	2,3	1,3	0,3
Andalucía	498	1,4	0,6	0,2
Galicia	550	1,6	1,0	0,2
Cataluña	563	0,7	0,2	0,2
España (agregado)	-	1,1	0,5	0,2

Fuente: Los datos de inversión se han tomado de Esther Sànchez, «La inversió de l'Estat en infraestuctures per comunitats autònomes», *Nota d'economia. Revista d'economia catalana i de sector públic*, 2006, 83/84, 51-67. Los datos de distancias entre Madrid y las capitales de provincia se han tomado del Ministerio de Fomento y de la Guía Campsa (ruta más corta).

Cuando se mira la inversión total (columna 2) no se observa una relación sistemática entre el ratio inversión/PIB regional (en tantos por ciento) y la distancia con Madrid. Sin embargo, la conclusión es bastante diferente cuando se mira a las carreteras (columna 3). En este caso, todas y cada una de las seis regiones más próximas a Madrid presentan ratios más altos que el agregado para el conjunto de España. En el caso de las regiones más alejadas de Madrid, encontramos una mayor diversidad de ratios. Algo similar sucede cuando nos fijamos en la inversión en ferrocarriles (columna 4): las regiones más cercanas a Madrid presentan mayores ratios inversión/PIB regional, y lo contrario sucede con las regiones situadas en la periferia.

Los casos de Castilla-La Mancha y de Castilla y León son especialmente interesantes. Estas dos regiones son las que envuelven a la Comunidad de Madrid: la primera, hacia el sur, sureste y suroeste; la segunda, hacia el norte, noreste y noroeste. Ambas regiones presentan unos ratios inversión/PIB regional que son más del doble que el agregado español en transporte terrestre (carretera y ferrocarril). Y ambas regiones tienen un PIB per cápita inferior al PIB per cápita para el conjunto de España.

La pregunta clave aquí es: ¿recibieron estas regiones una inversión relativamente alta porque son relativamente pobres, o porque las deben necesariamente cruzar las infraestructuras que tienen por objetivo desarrollar una red radial? Por supuesto, ambos motivos son teóricamente compatibles. Pero existen muy buenas razones para pensar que la política de centralización ha tenido un papel muy importante en la determinación de este tipo de distribución regional de la inversión en infraestructuras.

El mapa 1 muestra la situación de la red de autopistas del Estado en 2004, año en que acaba la serie temporal comprendida en la tabla 1. El mapa ofrece una visión

MAPA 1
Red estructurante de carreteras en 2004

clara de lo que significa este tipo de red radial de infraestructuras de transporte terrestre. Las principales autopistas de la red del Estado en España convergen en la ciudad capital. Las dos excepciones más importantes son el corredor mediterráneo y el valle del Ebro (y algunos trayectos de menor entidad). Nótese que éstas son autopistas de peaje, cuya inversión fue financiada básicamente con capitales privados, mientras que las que convergen en Madrid son autopistas libres de peaje, financiadas con el presupuesto público, excepto el tramo Villalba-Adanero, en el corredor Madrid-Noroeste (además, a principios de 2004 comenzaron a entrar en servicio algunos de los accesos radiales de peaje a Madrid).

Para la red de ferrocarril de alta velocidad la visión sería aún más expeditiva: ninguna excepción a las líneas centro-periferia.

El caso de la inversión en aeropuertos, decidida en España por el Gobierno central, ha sido analizado empíricamente en un trabajo de Germà Bel y Xavier Fageda. Sus resultados muestran que —además de factores de identidad política entre Gobierno central y regional— la distribución de la inversión aeroportuaria a nivel regional ha estado relacionada positivamente con el PIB per cápita de la región y con la demanda de transporte aéreo.[31]

Desde luego, la redistribución o la equidad no ha sido el principal factor que ha orientado la inversión en aeropuertos en España. Es oportuno añadir aquí que la existencia de razones de eficacia (quizá no demasiado bien aplicadas) no significa que la centralización no haya sido también un objetivo de la política aeroportuaria. El gráfico 2 muestra el porcentaje de inversión en cada región del total de la inversión en aeropuertos en el período 1985-2008 (último año disponible); nótese que este período de 24 años supera ampliamente un ciclo de inversión normal en un aeropuerto, y en algunos casos llega incluso a comprender dos reformas. Así, por ejemplo, este período incluye para el aeropuerto de Barcelona-El Prat las inversiones previas a los Juegos Olímpicos de 1992 y la práctica totalidad de la expansión iniciada en 2002 y culminada en junio de 2009.

Del gráfico se desprende que la región de Madrid ha recibido una fracción desproporcionadamente alta de la inversión total en el período 1985-2008, el 44,5 por ciento, casi el doble que la cuota de la capital en el tráfico aéreo total de pasajeros, del 22,2 por ciento. También presenta un cierto «exceso» de inversión Cataluña,

Gráfico 2
Participación de cada región en la inversión en aeropuertos (1985-2008, euros constantes de 2008) y pasajeros (1985-2008)

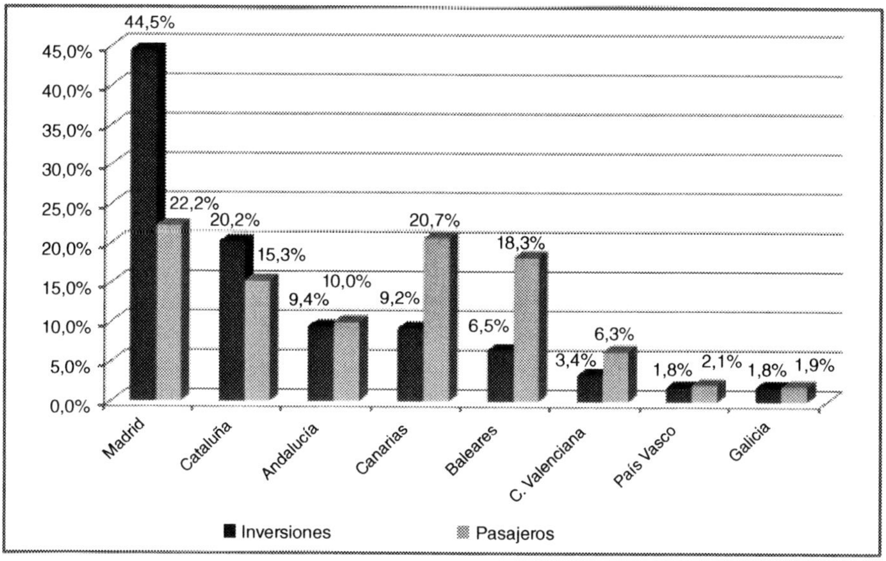

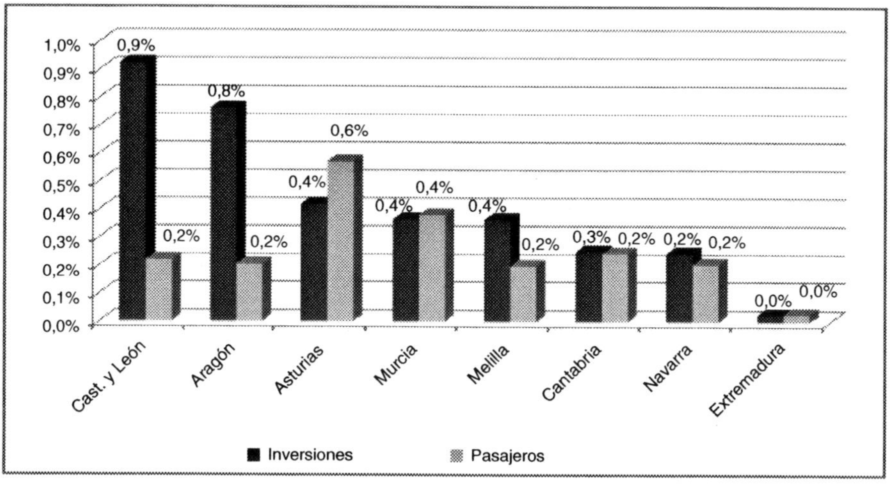

Nota: En la actualidad están también operativos los aeropuertos de Albacete y Logroño, pero las regiones de Castilla-La Mancha y La Rioja no están incluidas porque esos aeropuertos no estuvieron operativos en todo el período comprendido. Ambos aeropuertos representan una cantidad muy pequeña tanto de inversiones como de pasajeros.

Fuente: Datos del Ministerio de Fomento para inversiones, y de AENA para pasajeros. Factores para la actualización por IPC obtenidos del INE.

aunque de dimensión bastante más moderada (20,2 por ciento de inversión y 15,3 por ciento de tráfico). El resto de regiones con aeropuertos de tráfico relevante presentan «déficit» de inversiones —relativo a los pasajeros—, que es especialmente agudo en el caso de las regiones insulares. Por lo que respecta a las regiones con menor tráfico y menores aeropuertos, no se encuentra un patrón sistemático; en algunas, la inversión supera al tráfico (sobre todo en Castilla y León y en Aragón), mientras que en otras sucede lo contrario.

Por otra parte, a la centralización sirve también el mantenimiento del sistema completamente centralizado de gestión de los aeropuertos españoles, único entre los países desarrollados comparables por tamaño, estructura urbana y dimensión de mercado aéreo.

De hecho, el caso de los aeropuertos ofrece una muestra muy ilustrativa del empleo —con escaso fundamento— del argumento de la solidaridad para justificar el mantenimiento de estructuras centralizadas de control de la inversión y la gestión. En el transcurso de la década de los 2000 ha arreciado con intensidad creciente la discusión sobre la reforma del modelo de gestión de los aeropuertos en España, a raíz de las propuestas para pasar del modelo centralizado a un modelo de gestión individual, a nivel de cada aeropuerto.

En los compases iniciales de ese debate, el 4 de junio de 2002 el entonces ministro de Fomento, Francisco Álvarez Cascos, declaraba que si los doce aeropuertos españoles más importantes se segregasen, los otros 33 provocarían pérdidas al Estado, «y alguien debería explicar cómo se financiaban».[32] De ahí, se seguía, la solidaridad con los aeropuertos no-principales obligaba a mantener el sistema centralizado. En fecha mucho más reciente, el 16 de diciembre de 2008, en un debate en el

Congreso de los Diputados sobre la reforma de la gestión de aeropuertos, el portavoz del Grupo Socialista, Salvador de la Encina, sostenía que «excepto los aeropuertos de Madrid, Barcelona, Málaga y Palma, el resto de los aeropuertos españoles son deficitarios. ¿Cómo no va a mantener un Gobierno socialista con esa situación la solidaridad e igualdad?».[33]

La apreciación del portavoz socialista sobre el número de aeropuertos sin déficit era demasiado pesimista. En la Comisión de Fomento celebrada el 12 de enero de 2010, el ministro José Blanco entregó la cuenta de explotación (previsión) a nivel de aeropuerto correspondiente a 2009.[34] De acuerdo con la información suministrada,[35] eran nueve los aeropuertos con resultado operativo positivo..., pero entre ellos no estaban los dos principales aeropuertos españoles. De hecho, de los 433 millones de euros de déficit operativo del conjunto de aeropuertos gestionados por AENA, 42 millones de déficit (9,7 por ciento) correspondían a Barcelona-El Prat, y 301 millones de déficit (69,5 por ciento) correspondían al aeropuerto de Madrid-Barajas. Esto resulta contradictorio en relación con los resultados de los mayores aeropuertos europeos, generalmente positivos, lo que dice muy poco de la eficiencia del sistema español. Pero, sobre todo, desmiente abiertamente el manido argumento de que el sistema centralizado de gestión se utiliza para financiar el déficit de los aeropuertos más pequeños. Que sean los dos mayores aeropuertos españoles los principales beneficiarios de la solidaridad —con el objetivo de financiar sus recientes expansiones— no deja de ser una aplicación práctica bastante sui géneris de tan respetable —por otra parte— concepto.

En suma, y a modo de recapitulación: el análisis económico de la distribución de la inversión en infraestructuras ha mostrado que la eficiencia y la redistribución son razones importantes de las decisiones que los gobiernos centrales toman con respecto a la inversión. Los factores políticos relativos a la fortaleza electoral del partido del Gobierno en cada región y a la identidad de partidos en el Gobierno (central y regional) también desempeñan un papel importante.

Además de todo esto, es necesario prestar atención a factores relacionados con objetivos metapolíticos que el Gobierno central puede perseguir mediante políticas específicas como la de infraestructuras. El caso de España ilustra que la centralización puede ser un factor determinante de la distribución de la inversión en infraestructuras de transporte terrestre. Puede muy bien darse el caso de que, en algunas ocasiones, se tome como redistribución o solidaridad lo que realmente es la conexión de la ciudad-capital (el centro geográfico en nuestro caso) con regiones periféricas, porque esta conexión tiene que cruzar necesariamente regiones relativamente pobres.

La «solidaridad interterritorial» ha sido uno de los principales eslóganes que el poder central ha empleado secularmente para argumentar su política territorial. La sociedad española es muy igualitarista en lo interterritorial. De hecho, se preocupa mucho más por la igualdad entre territorios que por la igualdad entre las personas dentro de cada territorio. De ahí que «garantizar» la igualdad entre territorios haya sido un cemento efectivo y un elemento de legitimación social del poder central en España. Aunque, en la práctica, en muchas ocasiones, mucho más que solidaridad se ha estado haciendo centralización. Sin duda, éste ha sido uno de los grandes impulsos que la política pública ha ofrecido a la transformación de Madrid en París.

CAPÍTULO 2

DE LA CAPITALIDAD ADMINISTRATIVA A LA CAPITALIDAD POLÍTICA

Antes de la mitad del siglo XVII, la ciudad de Madrid era una de las más pobladas de Castilla, aunque estaba lejos de ser la más populosa. Según los datos recopilados por David Ringrose,[1] la población de Madrid en 1530 era de unos 20.000 habitantes, cifra muy inferior a los 30.000 de Valladolid o los 28.000 de Toledo, y muy similar a los 19.000 de Medina del Campo. La sede de la corte de la monarquía era entonces itinerante, y Felipe II decidió trasladarla de Toledo a Madrid en 1561. Esta decisión acabó convirtiendo a esta ciudad en sede permanente de la corte y, por tanto, en capital administrativa de la monarquía.

Tras la guerra de Sucesión, que acabó en 1714, la dinastía borbónica —procedente de Francia— adoptó el modelo francés como referencia para la ordenación territorial y el ejercicio del poder. Como consecuencia del cambio de orientación del poder monárquico, la Corona adquirió jurisdicción política plena sobre todos los territorios de España. Por tanto, Madrid añadió la condición de capital política plena a la capitalidad administrativa. A lo largo del siglo XVIII se desarrollaron diferentes políticas públicas para traducir los proyectos de los sucesivos monarcas, y entre estas políticas ocupó un lugar destacado la de obras públicas para el transporte terrestre.

Las comunicaciones terrestres se convirtieron en un elemento fundamental para asentar la posición política y económica de Madrid, puesto que era la única capital de Europa occidental que —por su posición geográfica— no disponía de comunicación marítima directa ni por vía navegable. El problema del avituallamiento de Madrid surgió tan pronto como la ciudad fue designada capital administrativa, y creció continuamente en paralelo al crecimiento demográfico de la capital. Por ello, sería un factor determinante de las políticas públicas desarrolladas desde el siglo XVIII.

Madrid, sede permanente de la corte

Durante todo el reinado de Carlos I, hasta 1556, la corte se había trasladado de ciudad en ciudad, situación que se prolongó durante los primeros años del reinado de su sucesor, Felipe II. En 1561, la corte fue trasladada desde Toledo a Madrid. Este cambio quizá no se consideró como definitivo inicialmente.[2] De hecho, Felipe III, que había sucedido a Felipe II en 1598, fijó la corte en Valladolid entre 1601 y 1606. Pero la sede de la corte regresó a Madrid tras ese paréntesis, con lo que esta ciudad quedó convertida en capital permanente.

No existe un motivo unánimemente aceptado como fundamental para la decisión de establecer en Madrid la capital. Ciertamente, parece claro que sólo las ciudades de Castilla estaban dentro del menú de opciones. Como señala Alfredo Alvar Ezquerra, «habría sido inconcebible establecer la Corte fuera de Castilla, en el *extranjero* —pues tanto el castellano era un extranjero en Aragón o Portugal como el aragonés o el portugués en Castilla—».[3] Una de las razones alegadas más habitualmente ha sido la posición geográfica central de la ciudad en la Península.[4] Pero este factor no parece explicar por qué no se prefirió Toledo, pues esta ciudad ocupa una posición tan central como Madrid, y era más grande antes de 1561 y tenía mayor tradición como corte. De hecho, el argumento de la centralidad geográfica de Madrid sólo llega a esgrimirse más tarde, y por comparación con Valladolid (ciertamente más excéntrica), en la polémica por la sede de la corte desatada entre 1601 y 1606,[5] período en el que la corte estuvo en Valladolid.

La seguridad defensiva que ofrecía una localización de este tipo ha sido también esgrimida como un factor favorable a Madrid,[6] pero esto no hubiese excluido a otras ciudades de la meseta como Toledo y Valladolid. O incluso a Sevilla, alejada de la costa pero conectada al mar por vía navegable. Es difícil que en el principal imperio militar occidental del siglo XVI la seguridad militar de la corte hubiese sido una restricción fundamental para la designación de una ciudad como sede permanente.

Es interesante, por el contrario, la sugerencia de Cristina Segura,[7] para quien la posición central de Madrid no fue un factor decisivo, y pudo tener mucho mayor peso el que fuese una ciudad relativamente nueva, con muchos menos poderes instituidos —tanto nobiliarios como eclesiásticos—, y que ofrecía un activo importante como era la existencia de un importante aparato administrativo dedicado al gobierno local.

Sean cuales fuesen los motivos para la designación de Madrid como sede permanente de la corte, su condición de capital se consolida en el siglo XVII. Desde su designación inicial, en 1561, Madrid experimentó un gran crecimiento, y en el curso de sólo setenta años, entre 1560 y 1630, la ciudad pasa de ocupar una posición de categoría secundaria en la red urbana jerarquizada en torno a Toledo, a una posición de predominio como la mayor ciudad de España.[8] Hacia mediados del siglo XVII, en 1646, la población de Madrid había alcanzado los 150.000 habitantes, casi ocho veces más que un siglo antes. Esta cifra era diez veces la de Toledo y más de once la de Valladolid, aunque ambas ciudades habían tenido más población que Madrid tan sólo un siglo antes.[9] De hecho, la población conjunta de las ocho principales ciudades castellanas (Toledo, Valladolid, Segovia, Salamanca, Burgos, Palencia, Ávila y Medina del Campo) descendió de forma abrupta y dramática en la primera mitad del siglo XVII: de 207.000 habitantes en 1594, a 88.500 en 1646, período en el que Madrid crece de 65.000 a 150.000. El crecimiento de la capital se nutrió de la población del resto de ciudades castellanas, así como de las zonas rurales.

El crecimiento de Madrid se desarrolló casi exclusivamente alrededor de sus funciones como sede de la corte. Ha hecho fortuna en la historiografía de la capital la expresión «Sólo Madrid es Corte», que indica una doble realidad: por una parte, Madrid era la única corte de un imperio inmenso; por otra, de la presencia de dicha corte dependía casi toda su actividad social y económica.[10] Sin la corte, Madrid hubiese seguido siendo una ciudad de modesta importancia.[11]

El siglo XVII fue un siglo de decadencia general, y especialmente económica. La decadencia tuvo mucha más intensidad en las regiones de la meseta española: en Extremadura y las dos Castillas, el producto por habitante decreció de forma más acentuada. La función económica desempeñada por Madrid condujo al colapso de la economía comercial de la España interior.[12] En expresión de Gil Novales, gran parte de la responsabilidad reside en la doble polarización económica y social de Madrid, «centro del Imperio, las clases altas, administrativas y parasitarias mantienen una economía de calidad, en contacto con las producciones de la España periférica y las del Imperio, mientras que las clases bajas se surten de la pobre economía de la Castilla de alrededor; es más, la doble condición de Madrid fuerza hacia el subdesarrollo la economía castellana».[13] En suma, la administración de todo un imperio precisaba una capital, y la grandeza imperial de España impuso como precio «un subsidio social colectivo para Madrid».[14]

Por contraposición a los territorios de la meseta, el producto por habitante creció en el siglo XVII en regiones periféricas como Andalucía, Murcia, Cataluña y Galicia.[15] El efecto de absorción ejercido por Madrid estaba limitado a su *hinterland* de Castilla. No en vano, en ese período «los lazos administrativos entre Madrid y «España» eran extremadamente tenues».[16] Además, Madrid era una capital eminentemente administrativa, como sede del aparato de la monarquía, pero su jurisdicción política era más limitada, especialmente por lo que respecta a las regiones comprendidas en la Corona de Aragón (Aragón, Baleares, Cataluña y Valencia), que tenían sus propias instituciones políticas, económicas, tributarias y judiciales. Sin embargo, esta situación experimentaría un profundo cambio en el siglo XVIII.

La capitalidad política

En 1700 muere Carlos II, último rey de los Austrias, al que sucede Philippe de Bourbon (Felipe V en adelante), duque de Anjou y nieto de Luis XIV —el Rey Sol—, que reinaría en Francia hasta 1715. Felipe V llegó a Madrid en enero de 1701, y reorganizó la corte de acuerdo con las características de la corte de Francia. Como señala Elliott,[17] el gobierno también fue sometido a una reorganización general, adoptando las pautas de los ministerios franceses y otorgando posiciones de alta relevancia en el gobierno a personal llegado de Francia con el nuevo rey.

Muy poco después del acceso de Felipe V al poder, en 1702 estalló la guerra de Sucesión, al reclamar el imperio austríaco los derechos sucesorios de España. Esta guerra comenzó como un conflicto internacional, y adquirió también una dimensión interna, pues los territorios de la Corona de Castilla y Navarra se alinearon con el partido francés, mientras que los de la Corona de Aragón dieron su apoyo al partido austríaco. La guerra, que en su vertiente interna «adquirió la forma de una conquista borbónica de Cataluña, Aragón y Valencia»,[18] finalizó en 1714, y a partir de ese momento la nueva dinastía borbónica consolidó su control sobre toda España.

En el transcurso de la guerra se había promulgado un decreto de Nueva Planta, en junio de 1707, que suprimió las instituciones propias de los reinos de Valencia y Aragón, y reorganizó las plantas judiciales. Poco después de finalizada la guerra se publican sendos decretos en noviembre de 1715 y enero de 1716, que tuvieron idéntico efecto, respectivamente, para las islas Baleares y Cataluña. Mediante este conjunto de decretos se impuso el uso del castellano como lengua administrativa. Por otra parte, los territorios de la Corona de Aragón comenzaron a pagar impuestos a Madrid, lo que supuso el mayor factor de alivio a la hacienda de la Corona, junto a la liberación de gastos que conllevó la pérdida de Italia y de los Países Bajos por el Tratado de Utrecht en 1713.[19] En el ámbito institucional, como señala Ringrose, «fueron abolidas las Cortes locales, la Corona empezó a vender los puestos de regidor en los Consejos municipales, los tribunales se incorporaron al sistema castellano y los corregidores fueron nombrados desde Madrid. De este modo, la autoridad real no sólo quedó fortalecida dentro de Castilla, sino que las prácticas castellanas se extendieron a la Corona de Aragón».[20] España quedó transformada de hecho y de derecho en un Estado centralizado.[21]

La orientación centralizadora y castellanizadora de la nueva dinastía, que se había manifestado ya desde el acceso de Felipe V al trono, se acentuó tras la guerra. La nueva dinastía procedía de Francia y, lógicamente, adoptó el modelo francés como referencia de ordenación del poder. Al fin y al cabo, Francia era la principal potencia europea, y su capital, París, era la principal ciudad europea en ese momento. Como París en Francia, Madrid se convierte en capital política en un Estado en que el poder político era monopolizado por las instituciones centrales.

Arranca en ese momento el proyecto de convertir España en un país como Francia, y Madrid en una capital como París. Como explica Álvarez Junco, dada la situación de decadencia de la España que recibe la nueva dinastía borbónica, ésta se embarca en proyectos de reforma. Para ello, «el programa adoptado pareció, en principio, poco problemático: se trataba de imitar el modelo francés, de tan deslumbrador éxito bajo Luis XIV. Lo cual significaba reconstruir la armada, centralizar la administración, mejorar las carreteras, hacer canales [...]. Lo bueno para la monarquía era bueno para España. Y lo que había fortalecido la francesa no podía por menos de beneficiar a la española».[22]

El nuevo proyecto no tuvo apenas oposición,[23] pues consiguió el apoyo de las élites españolas, para quienes seguir el modelo administrativo y cultural francés fue visto como una vía para fortalecer la organización política de la monarquía y superar la decadencia de España.[24] En este sentido, señala Borja de Riquer, las élites políticas optaron por unificar y centralizar como método para nacionalizar.[25] En suma, el reformismo borbónico es la adaptación de lo francés a España,[26] por lo que la influencia francesa será omnipresente. Esto se hace muy patente en el caso de conocidos reformadores ilustrados, como el marqués de la Ensenada.

El modelo a imitar se concretó en París. Un ejemplo muy interesante lo ofrece Ignacio de Luzán, secretario de la embajada de España en París entre 1747 y 1750, que glosó en *Memorias literarias de París* sus impresiones sobre la capital francesa. Luzán veía en París «el centro de las ciencias y de las artes, de las bellas artes, de la erudición, de la delicadeza y el buen gusto».[27] Por tanto, es el modelo que debería tomar España para salir de su decadencia.

El impulso a la transformación de Madrid en una capital europea, siguiendo el modelo de París, cobró fuerza bajo el reinado de Carlos III (1759-1788), lo que le valdría ser calificado como «el mejor alcalde de Madrid». El reinado de Carlos III supuso el momento de mayor influencia del reformismo ilustrado en España. En su esfuerzo por modernizar Madrid, impulsó la realización de paseos urbanos, la mejora de la iluminación pública y del saneamiento, y promovió realizaciones monumentales como la nueva Puerta de Alcalá (1778) y el Museo del Prado (iniciado en 1786). Asimismo, impulsó la construcción de las carreteras radiales desde Madrid a diferentes puntos de la península, tema que trataremos después con más detalle.

Carlos III muere en 1788, sólo un año antes de la Revolución francesa. Precisamente, este episodio histórico marcó el reinado de su sucesor, Carlos IV, y supuso el fin del reformismo ilustrado. Francia dejó de ser un ejemplo a seguir para la dinastía borbónica en España. La invasión napoleónica en 1808 y la subsiguiente guerra de la Independencia hasta 1814 cavaron una fosa emocional entre España y Francia, pero el influjo francés era demasiado fuerte como para desaparecer a causa de estos episodios históricos. Así, por ejemplo, la Constitución de Cádiz de 1812, al declarar en su artículo tercero que «La soberanía reside esencialmente en la Nación española», reproduce literalmente un artículo de la Constitución francesa de 1791.[28] En la misma dirección, se puede apuntar que el debate probablemente más intenso durante la elaboración de la Constitución fue la forma que habían de adoptar las Cortes. ¿Debían tener dos cámaras, como en el Reino Unido y Estados Unidos, o una sola, como en Francia?[29] La emulación de Francia fue también el criterio decisivo en este terreno, por lo que se optó por una sola Cámara.

Inicialmente, la derrota de Napoleón en España supuso la derrota de los defensores de la Ilustración —«afrancesados»—, cuyo núcleo principal en la guerra de la Independencia habían sido políticos de la época de Carlos III.[30] Pero la desaparición del reformismo ilustrado no implicó la desaparición del proyecto unitario y centralizador que seguía el modelo francés. Por cierto, procede notar en este punto que algunos ilustrados españoles en el pasado —y en el presente— han tendido a confundir Ilustración con centralización. La Ilustración era —es— sinónimo de libertad de pensamiento y de actitud crítica hacia el poder político, de tener el valor de servirse de la propia razón, según formulación de Emmanuel Kant. También fecundó —y en mayor medida— en muchos países no unitaristas.

En España, desaparecido el reformismo ilustrado, persistió la centralización, tanto durante el reinado absolutista de Fernando VII como en las etapas posteriores. En el siglo XIX se consolida la idea de que para la construcción político-administrativa del Estado español moderno «todo ello debía estar planeado, ordenado y supervisado desde un centro neurálgico, una capital, sede del gobierno».[31] El primer campo de pruebas para el desarrollo político-administrativo siguiendo el modelo francés fue la homogeneización jurídica y territorial. La homogeneidad territorial era fruto de una visión nacionalista, pues perseguía el «objetivo no explícito (y posiblemente inconsciente, de tanto como creían en la realidad de la nación) que era dar una «imagen única» del cuerpo social».[32] Es decir, lograr la nación compacta y homogénea, que es el principal fundamento ideológico de cualquier nacionalismo.

La consecuencia práctica de la emulación nacionalista de la ordenación territorial francesa fue la copia del sistema francés de prefecturas o departamentos. Este modelo había sido implantado en Francia a finales de la década de 1770 por el ministro de Hacienda Jacques Necker, y había tenido ya una cierta influencia en la España de su época.[33] El proceso llegaría a su hito principal con la instauración de las provincias por Javier de Burgos en 1833.[34] Las Diputaciones provinciales se instauraron poco después, en 1836. Las provincias se convirtieron, en expresión de Vicens Vives, en «la quintaesencia del liberalismo centralizado».[35] En la década siguiente, la de los 1840, se establece un Estado efectivo controlado por los intereses centralizados en Madrid,[36] capital a la que «el liberalismo había de convertir en el eje de una maquinaria gubernamental centralizada».[37]

La transposición de los modelos de organización administrativa, civil, mercantil y penal implantados en Francia fue una constante a lo largo del siglo XIX. Así, aún durante el reinado de Fernando VII se introduce el Código Mercantil; el Penal, en el reinado de Isabel II; las Leyes de Enjuiciamiento Civil y Criminal, en el Sexenio Democrático, y el Código Civil a finales de siglo, durante la Restauración. Sin duda, Francia ha sido el modelo permanente y continuado, cuya influencia ha sobrevivido a regímenes y gobiernos, lo que es buena muestra de los apoyos fuertes y diversos de que ha gozado la idea de hacer de España un país como Francia.[38]

El origen del Estado radial

La red de caminos de la España de los Austrias tenía su origen en la red de calzadas romanas de los siglos III-IV d.C., y presentaba unas características básicas de conexiones en malla, formando una red descentralizada,[39] cuya densidad era mucho menor en el noroeste de la Península (Galicia y Asturias) y en la parte suroeste de la meseta, como se puede observar en el mapa 1, basado en el *Repertorio de caminos* de Juan Villuga, publicado en Medina del Campo en 1546. La red se caracterizaba por itinerarios de este a oeste que discurren por los valles de los grandes ríos, itinerarios de norte a sur enlazados con los este-oeste, y algunos itinerarios diagonales que conectaban también con los anteriores.[40] En sustancia, éste es el mapa de caminos recibido al comienzos del siglo XVIII por la dinastía borbónica:

MAPA 1
Los caminos en 1546

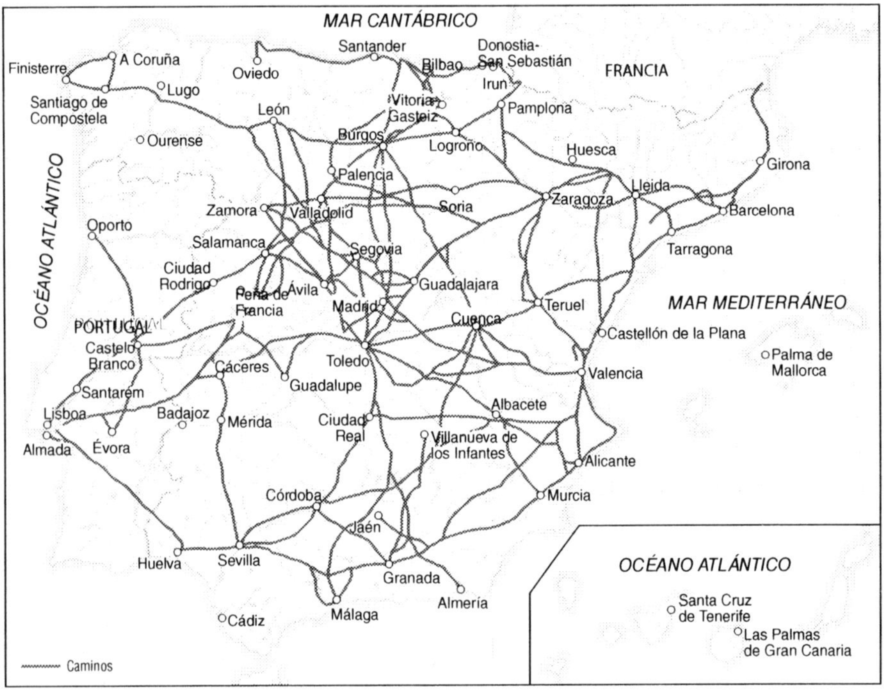

Tras la consolidación de su poder político, la nueva dinastía emprende la reforma del servicio de Correos, que desde el siglo XVI había sido concesionado a sucesivos intereses privados. Felipe V internaliza el servicio, que será en adelante prestado directamente por la Corona, de forma definitiva a partir de 1716. Asimismo, «como consecuencia de la política centralizadora de los Borbones [...] emprenden con cargo a la Corona la construcción de la red de carreteras modernas en España».[41]

Las bases de este proceso se plasman legalmente en el Reglamento General para la Dirección y Gobierno de los Oficios de Correo Mayor y Postas de España, en los viajes que se hicieren, expedido el 23 de abril de 1720.

Entre otras cuestiones, el reglamento establece la Relación de las Carreras de Postas, con indicación del origen y destino de cada carrera. La relación configura una red radial centralizada en Madrid,[42] para ir a (1) Bayona, por Irun y por Pamplona; (2) a Barcelona y la frontera con Francia; (3) a Valencia; (4) a Murcia y Cartagena; (5) a Cádiz por Sevilla; (6) a Badajoz; y (7) a Galicia por Medina del Campo (con un ramal a Salamanca). La red se completa con una carrera paralela al Mediterráneo entre Barcelona y Alicante (con un ramal a Teruel), otra paralela a la frontera portuguesa, entre Benavente y Sevilla, y la conexión entre Burgos y Medina del Campo por Valladolid. El mapa 2 presenta estas carreras.

MAPA 2
Carreras de postas de 1720

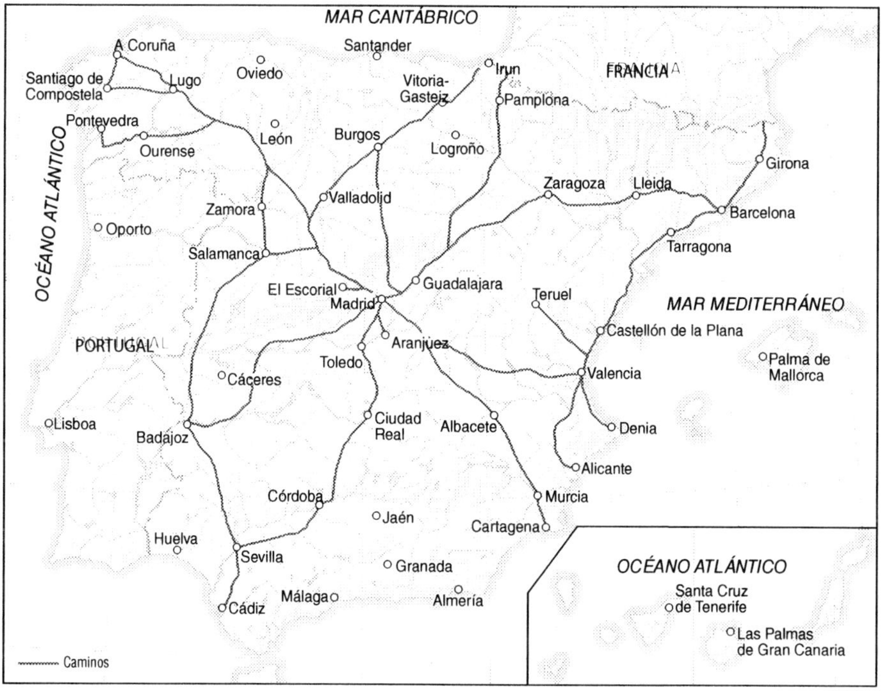

El trazado de la red de carreras de postas servía fundamentalmente al gobierno de la monarquía, y tenía como misión facilitar el envío de órdenes desde la corte y recibir informaciones en la capital. Y establecía una red radial cuyas características han permanecido inalteradas hasta la actualidad. Siguiendo la tradición asentada en los siglos anteriores, la apertura y conservación de los caminos era función de los municipios, que debían correr con los costes, en un proceso que era autorizado por la Corona y supervisado por los corregidores. Esta fórmula de financiación no era demasiado efectiva para lograr las mejoras que la Corona pretendía en las carreras de postas. Por ello, en 1747, bajo el reinado de Fernando VI, se emitió una Real Cédula que planteaba por primera vez la posibilidad de construir los caminos reales —los de las principales carreras de postas— con cargo al erario de la Corona (es decir, con lo que hoy denominaríamos los Presupuestos Generales del Estado). Por primera vez en la Historia de España, por tanto, el Estado asume directamente la responsabilidad financiera por la construcción de caminos, en este caso los reales.[43]

A mediados del siglo XVIII, los caminos de ruedas de España plasmados en el *Tratado legal y político de caminos públicos*, de Thomas Manuel Fernández de Mesa (Valencia, 1755), y en *Caminos de ruedas en 1758*, de José Matías Escribano, reflejaban ya —en opinión de G. Menéndez Pidal— «el criterio centralista que la nueva dinastía borbónica iba imprimiendo a toda la vida española».[44] Los itinerarios de Escribano, considerado el mejor trabajo, se muestran en el mapa 3.

En el *Tratado* de Fernández de Mesa se había postulado que el gasto en la formación de los caminos reales fuese por cuenta del Rey, y el resto de los caminos —los

MAPA 3
Caminos de ruedas en 1758

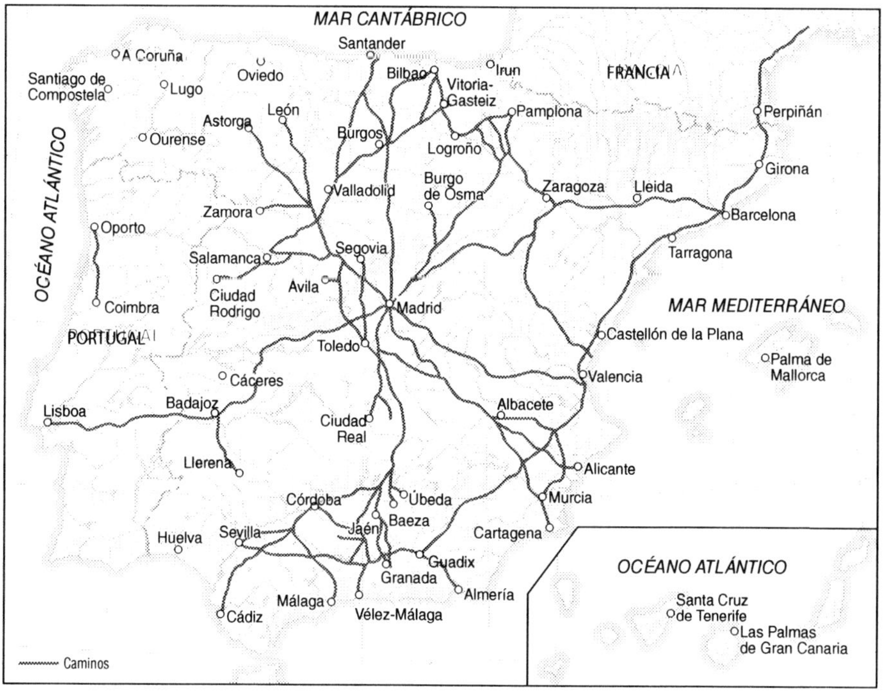

no radiales— debían ser financiados por quienes obtuvieran beneficio de los mismos, sobre todo los municipios.[45] La posibilidad de financiar caminos con el tesoro de la Corona, que se había usado de forma incipiente y limitada, fue empleada con mayor intensidad en el reinado de Carlos III, iniciado en 1759. Quizá no carezca de sentido señalar la coincidencia histórica de esta política con los trabajos de Adam Smith en *La riqueza de las naciones* de 1776. Como se ha visto ya en el anterior capítulo, Smith advertía que cuando las carreteras no tenían que ser financiadas con los frutos del comercio (de la actividad económica, por tanto) sino con los presupuestos generales, podían ser dirigidas prioritariamente a comunicar la corte y la residencia del aparato administrativo del Gobierno. ¿Estaría Adam Smith al corriente de la experiencia española en carreteras reales radiales cuando preparaba su magna obra?

En efecto, en 1761 se puso en marcha un plan general de carreteras, inspirado por las recomendaciones de Bernardo Ward a partir de una solicitud realizada por la Corona, terminado en 1760, y publicado poco después (1762) con el título *Proyecto Económico*.[46] En el trabajo de Ward se proponían las seis carreteras radiales básicas, coincidentes con las carreras radiales de postas del Reglamento de 1720:

> «Necesita España de seis caminos grandes, desde Madrid a La Coruña, a Badajoz, a Cádiz, a Alicante y a la Raya de Francia, así por la parte de Bayona como la de Perpiñán, y éstos se deben sacar al mismo tiempo para varios puertos de mar y otras ciudades principales: uno del de La Coruña para Santander, que es el más esencial y urgente en el día, otro para Zamora hasta Ciudad Rodrigo; del de Cádiz, otro para Granada, y así de todos los demás» (Bernardo Ward, 1672).[47]

Ward insistía en la necesidad de ejecutar con cargo a la Hacienda la construcción de estos caminos, y en la participación de los usuarios en los costes de su mantenimiento mediante peajes. Las propuestas de Ward —conocidas ya antes de su publicación— fueron plasmadas en Decreto de 10 de junio de 1761, que incluía asignaciones específicas de los Fondos del Tesoro para los caminos a Andalucía, Cataluña, Galicia y Valencia.[48] Para la financiación de estos caminos se creó una tasa de dos reales sobre cada fanega de sal, que debía estar vigente por veinte años, y fue prorrogada sucesivamente hasta 1801.[49] Éste fue el mecanismo de financiación básico de la red radial de carreteras planteada por Ward, con la excepción de los tramos en Álava, Guipúzcoa, Vizcaya y Navarra, financiados por las propias Haciendas forales, que gozaban en la época de una situación tan singular como la actual, que habían podido preservar gracias a su alineamiento con el partido Borbón, triunfante en la guerra de Sucesión.

En definitiva, el mapa de carreras de postas de Felipe V fue asentado definitivamente como mapa radial de carreteras de España por medio del Decreto de 1761, que fijaba los seis ejes principales con sus seis carreteras generales. Los motivos básicos que llevaron a este diseño han sido expresados con precisión y claridad por Gómez Mendoza: «Por medio de una red de esas características, los legisladores borbónicos intentaron satisfacer objetivos administrativos (correo e información), militares y de orden público (abastecimiento de Madrid). Dejaron de lado cuestiones de índole puramente económica como la baratura y la regularidad de los acarreos».[50] Ciertamente, las cuestiones relacionadas con la eficiencia del transporte y la contribución a la productividad del sistema económico fueron postergadas en beneficio de objetivos de tipo administrativo y político,[51] a los que se concedió un rango superior, sentando las bases de un patrón que devendrá permanente en España.

Finalmente, es interesante constatar aquí que el 16 de enero de 1769 se emitió una Real Resolución que establecía que las leguas para camino se contasen desde Madrid, y desde la puerta más próxima a la línea del camino,[52] lo que constituye el origen histórico de lo que llegará a ser el concepto —de uso práctico— del kilómetro cero.

El volumen de gasto en carretera efectuado por el presupuesto general en el reinado de Carlos III fue muy importante, y benefició sobre todo a los territorios del *hinterland* de Madrid, donde el Estado financiaba la construcción. Tal política pudo tener una contribución significativa al crecimiento económico de Castilla la Nueva. Esta región, que aparte de la capital había acusado un marcado declive económico en el siglo XVII, encabezó la lista de regiones por crecimiento del producto por persona en el siglo XVIII.[53]

Este tipo de política llegó a suscitar protestas significadas, como la de Jovellanos en 1795 (*Informe sobre la Ley Agraria*), quien postulaba que antes de interconectar las provincias era preferible dar prioridad a la vertebración interna de las mismas, y «que no se gaste más en carreteras generales, sino en caminos locales y pide (esto con buen sentido) que el poco dinero disponible se gaste con criterio utilitario y no con miras a la ostentación».[54] No son consideraciones diferentes de las que se hacen cada vez más en la actualidad española sobre los impresionantes volúmenes de inversión en el tren de alta velocidad; volveremos más tarde a este asunto.

Un problema crucial y persistente: el abastecimiento de la capital

El problema del abastecimiento de Madrid fue un gran condicionante de las políticas públicas desde el propio momento en que la ciudad fue designada sede permanente de la corte en la segunda mitad del siglo XVI,[55] y no hará más que agudizarse con los años y el crecimiento urbano de la capital. Un factor es fundamental para comprender las restricciones impuestas por el avituallamiento de Madrid: es la única capital de Europa occidental que no tiene comunicación marítima ni directa ni por vía navegable. El resto de capitales europeas, tanto las que ya lo eran cuando Madrid es designada, como las que accederán a ese estatus en los tres siglos siguientes, no tienen el problema de la carencia de tráfico marítimo/fluvial. El mapa 4 es aquí muy ilustrativo:

MAPA 4
Capitales políticas de Europa occidental y su posición marítima

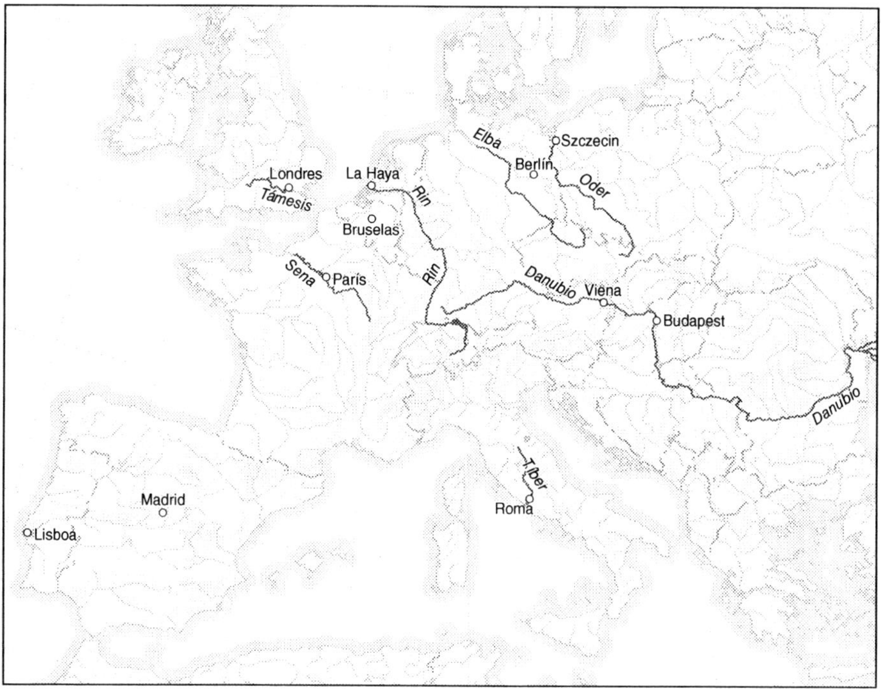

En el siglo XVIII la capital creció con el aumento de su poder político, y con la orientación mucho más intervencionista de la Corona en los asuntos económicos. Según estimaciones de Ringrose,[56] en la década de los 1750 la Corona mantenía unas cinco mil familias, considerando conjuntamente la Casa Real y la burocracia. Estas familias recibían rentas que la Corona recaudaba en todos los territorios sometidos a su jurisdicción. Lógicamente, tales rentas tenían un impacto muy importante sobre la economía de la ciudad. Esta pauta se acentuará aún más en el período de Carlos III, con su impulso decidido en pos de la transformación de Madrid en una ciudad *à la* París. A finales del siglo XVIII se gastaba en Madrid del 15 por ciento al 20 por ciento del presupuesto de la Corona,[57] aunque por entonces la población de la de la capital apenas superaba el 1,5 por ciento del total de la de España. De hecho, durante mucho tiempo el aparato administrativo fue, con el servicio doméstico, el único sector de la población activa que tuvo un crecimiento continuado; el porcentaje de la población activa madrileña dependiente del Estado creció del 7,1 por ciento al 11 por ciento a lo largo de la segunda mitad del siglo XVIII, y continuará creciendo hasta el 12,5 por ciento en 1857.[58]

Las tensiones causadas por las crecientes necesidades de abastecimiento de Madrid, agravadas por la escasa dimensión de las actividades productivas desarrolladas en la capital, se añadieron a otras necesidades de transporte como las militares, o la distribución de productos de monopolio público como la sal y el tabaco. La consecuencia fue una intervención masiva de la Corona en el funcionamiento de los sistemas de abasto y de transporte. El gobierno central —más que el local— asumió la responsabilidad por el suministro de las necesidades de transporte de la capital, a diferencia de lo que sucedía en el resto de ciudades del país, en las que las autoridades locales seguían siendo responsables de esta función. El resultado fue que el Gobierno devino responsable de una parte sustancial de la demanda de transporte en Castilla.[59]

La asunción por el gobierno de la Corona de la responsabilidad del suministro de Madrid tuvo algunas consecuencias destacadas. Por lo que respecta al funcionamiento del sistema de abasto, es interesante destacar que el de la capital tenía dos privilegios muy importantes: (a) los agentes del abasto de la Corona tenían derecho de tanteo en las subastas de ganado; y (b) se disponía la reserva de pastos en los caminos para los rebaños conducidos desde las ciudades de feria a Madrid, privilegio que no existía para otras ciudades.[60] Los incentivos para concentrar en Madrid el mercado nacional de abastos eran, por tanto, irresistibles.

En general, el volumen del transporte *a la capital* fue de grandes dimensiones y asimétrico, pues no había prácticamente transporte de mercancías *desde la capital*, situación que se extendería hasta bien entrado el siglo XX.[61] Aunque en Madrid se desarrollaron algunas manufacturas, como la producción textil para suministros militares, el suministro de manufacturas y productos de lujo a la capital se añadió a las necesidades para su avituallamiento. En este sentido, es muy ilustrativa la información proporcionada por un estadillo de 1789, analizada por Ringrose,[62] que revela importaciones de la capital por valor de 433 millones de reales, mientras que las exportaciones de Madrid sumaban sólo 6,5 millones de reales, esto es, el 1,5 por ciento de las importaciones.

De ello se desprende que la economía madrileña dependía crucialmente de unas estructuras políticas y económicas no orientadas por las fuerzas del mercado. Por un lado, la capital no proporcionaba servicios comerciales o industriales a su *hinterland* (ni más allá) que le permitiese financiar su déficit comercial; al contrario, el factor básico para sufragar ese déficit comercial era la capacidad del Gobierno y la clase alta urbana para transferir a la capital y gastar en ella tributos, rentas y diezmos.

Por otro lado, la subvención colectiva para el abastecimiento de Madrid fue el factor de cierre que hizo posible sostener el crecimiento de la capital. Para dar respuesta a las demandas del gobierno y para abastecer Madrid en cuanto capital administrativa y política se establecieron subvenciones oficiales al sector del transporte, especialmente a los carreteros, en la capital y en toda Castilla. Esto provocó, por un lado, un gran crecimiento de este sector, pero por otro perjudicó la disposición de sus servicios para la economía privada. Como explica Ringrose,[63] Madrid dependía crucialmente de la ayuda del Gobierno, y sin la intervención del mismo en el sistema de transporte la ciudad no hubiese crecido como lo hizo. De este modo, el Gobierno, por medio de su política de apoyo al transporte, distribuyó por todo el país una parte de los gastos causados por el abastecimiento de la capital.

Los condicionantes que el abastecimiento de la capital impuso sobre su *hinterland* y sobre el conjunto del país han sido resumidos con claridad por Gómez Mendoza:[64] «Primero, ha quedado patente que Madrid desangró a su *hinterland*, al imponerle durante tres siglos una gravosa servidumbre. Segundo, el abastecimiento de la Villa absorbió cuantiosos recursos económicos a causa de la baja productividad de los medios de transporte por vía terrestre en el Antiguo Régimen. Tercero, las claves que explican por qué un sistema tan rudimentario logró sobrevivir a través del tiempo se hallan en la combinación de dos factores. Por un lado, un complejo entramado de subvenciones abarató la factura del transporte fijando precios artificiales para los acarreos...».

En suma, los subsidios de la Corona a los servicios de transporte que aseguraban el suministro de Madrid se unieron a las disposiciones legales sobre ejes prioritarios de comunicación terrestre, y a la decisión de financiar también con los ingresos generales del Estado la construcción de las carreteras radiales que correspondían a tales ejes.

A GRANDES MALES, GRANDES REMEDIOS: LEYES, INVERSIÓN Y SUBSIDIOS

Disposiciones legales, inversión del presupuesto estatal en infraestructuras, y subsidio estatal al gasto corriente en transporte configuraron una poderosa combinación para garantizar la vitalidad de la capital política, combinación que ha dejado una impronta permanente en la política española.

La conversión de Madrid en capital administrativa en 1561 indujo un primer impulso de crecimiento de la ciudad, cuyo principal motor fueron las demandas de la Corona y la corte, y del aparato administrativo de la monarquía. Su efecto más importante fue la succión por Madrid de actividad económica y población de su *hinterland* castellano, que sufrió una gran decadencia en el siglo XVII. En el siglo XVIII, después de la guerra de Sucesión, Madrid adquiere la condición de capital política, en un contexto de creciente intervencionismo de la Corona, ahora en manos de la dinastía borbónica, en los asuntos económicos. En ese momento toma carta de naturaleza el proyecto de hacer una España como Francia, con un Madrid como París.

Las necesidades de la capital crecen en paralelo al crecimiento de sus funciones políticas, pues deviene el centro único de poder en toda la monarquía. Por eso el Tesoro de la Corona necesita una disponibilidad creciente de recursos, que puede lograr gracias a (1) la reducción de gastos causada por la pérdida de Italia y los Países Bajos como consecuencia del Tratado de Utrecht en 1713, y (2) la sujeción de los territorios de la Corona de Aragón a los impuestos de la monarquía a partir de los decretos de Nueva Planta.

Entre las políticas públicas aplicadas en el siglo XVIII, la de infraestructuras y servicios de transportes ilustra con una claridad meridiana cómo los dispositivos legales y los presupuestos generales (mediante inversiones y subsidios) son articulados para organizar el poder político y satisfacer las necesidades de la Corona y de su capital, con independencia de las necesidades del sistema económico y de las relaciones entre núcleos de producción económica —que quedaban fuera de las prioridades establecidas y financiadas con ingresos generales.

La eficiencia del transporte y su contribución a la productividad de la economía fueron sistemáticamente supeditadas a objetivos administrativos y políticos, que gozaron de un rango superior. Con el tiempo, éste se convertirá en un patrón regular en el desarrollo de las infraestructuras de transporte en la España de los últimos siglos. Pasemos ahora a verlo en el caso del establecimiento y desarrollo de los ferrocarriles.

CAPÍTULO 3

MERCADO TRANSVERSAL, ESTADO RADIAL (I): LOS PRIMEROS FERROCARRILES

En la década de los 1830, en la misma época en que se producía la instauración de las provincias en España, se hallaba en curso una gran transformación llamada a revolucionar el sistema de comunicaciones: la aparición del ferrocarril. Tras la inauguración en Inglaterra de la primera ruta ferroviaria entre Darlington y Stockton, el 27 de junio de 1825,[1] se sucedieron los proyectos de implantación de ferrocarriles en muchos países europeos. Más tarde llegaron también a España, y el 28 de octubre de 1848 se produjo la entrada en servicio de la primera línea peninsular, la Barcelona-Mataró.

La apertura de esta ruta fue el punto culminante de un proceso jalonado por una sucesión de proyectos, iniciados en 1829, que no habían llegado a convertirse en realidad. Una breve presentación de estos antecedentes es pertinente. Después se proporciona una revisión de los inicios de las redes de ferrocarril en los principales países europeos. Situados en este contexto, se aborda el desarrollo de la red española, en sus diferentes fases: primero, las rutas iniciales acometidas hasta 1855; después, la gran expansión que se produce a partir de la aprobación de la Ley General de Ferrocarriles de 1855, que introduce dosis muy importantes de apoyo con recursos públicos; y, por último, la segunda gran fase de expansión que se produce después de la Ley de 1870, que estuvo asentada por un apoyo cada vez mayor del Presupuesto.

Los resultados más destacados que se obtienen del análisis de las sucesivas fases de expansión de los ferrocarriles en España son los siguientes. En la primera fase, caracterizada por el emprendimiento de capitales privados y el carácter errático de los apoyos presupuestarios, la expansión del ferrocarril es muy limitada y se produce en diferentes puntos de la Península. La segunda fase, iniciada a partir de 1855, se caracteriza por la definición de un plan general basado en una serie de rutas radiales que parten de Madrid, a las que se aplica un apoyo financiero sistemático e importante del Estado. La tercera culmina la radialidad del desarrollo de la red, extendiendo la conexión de Madrid con todas las capitales de provincia, e introduciendo algunas rutas de carácter no radial. El apoyo presupuestario es creciente. En síntesis, la definición de un plan general y la asignación de fondos presupuestarios del Estado reproduce el patrón radial introducido en el siglo XVIII en la red de carreteras. A falta de un desarrollo acelerado que pudiese ser financiado por el mercado —que presenta unas características transversales, si bien limitadas—, se despliega una intervención típica de Estado radial.

Antecedentes de la implantación del ferrocarril en España

La primera concesión de privilegio para la construcción de una línea de ferrocarril se otorgó en 1829 a José Díaz Imbrechts, para una ruta de Jerez de la Frontera a El

Portal (Cádiz), con el objetivo de transportar vino hasta la salida por mar y exportarlo a Gran Bretaña.[2] Pero la suscripción de capital abierta para la realización del proyecto fue un fracaso, y el Ayuntamiento de Jerez, al que se había solicitado en 1830 que acudiese a la suscripción de acciones, denegó la aplicación de fondos públicos al proyecto, dejándolo en vía muerta.

Casi en paralelo, en marzo de 1830 se produce la concesión de privilegio para la construcción de un ferrocarril entre Jerez de la Frontera, El Puerto de Santa María, Rota y Sanlúcar de Barrameda, promovida por Marcelino Calero y Portocarrero.[3] El proyecto había sido sometido para lograr apoyo financiero al Ayuntamiento de Jerez inmediatamente después de la concesión, incluso algo antes del de la línea Jerez-El Portal, y no tuvo mejor suerte que éste (el privilegio sería cedido en 1834 a Francisco Fasio).

Poco después, en 1831 y 1832, la Diputación General de Vizcaya puso en marcha un proyecto para la construcción de un ferrocarril desde Bilbao a Burgos. Éste fue el primer proyecto promovido por una administración pública que —tratándose de un gobierno foral— disponía de recursos para acometer inversiones de transporte que no estaban al alcance de la gran mayoría de gobiernos territoriales. Para llevar a la práctica la totalidad de la ruta era necesario lograr la colaboración de la Junta de Burgos, con vistas a la ejecución de la parte del trazado que debía llegar a esta ciudad.[4] No obstante, el gran volumen de recursos requeridos y la inestabilidad introducida a partir de 1833 por la primera guerra carlista encallaron el proyecto, cuyos trabajos nunca llegaron a iniciarse.

En ese mismo año, 1833, había sido otorgado un privilegio a Francisco Fasio para la construcción de una línea entre Reus y Tarragona. La inestabilidad política del momento y la ausencia de interés activo de los poderes públicos impidieron de nuevo la realización del proyecto. Este privilegio, junto con los de las líneas Jerez-El Puerto de Santa María-Rota-Sanlúcar (que había sido adquirido por Fasio en 1834) y Jerez-El Portal caducaron en 1838, poco después de que entrara en servicio la primera ruta de ferrocarril en territorio español, si bien que en América.

Efectivamente, Calero y Portocarrero, que había fracasado en su intento de construir un ferrocarril entre Jerez y Sanlúcar, logró llevar a cabo su proyecto en la isla de Cuba. En 1831 había sido aprobada la línea de ferrocarril entre la Habana y Güines, de 90 kilómetros. Dada la escasez de capitales privados disponibles para la ejecución del proyecto, se dio apoyo financiero por parte de la Junta de Fomento,[5] y el 10 de noviembre de 1837 entraba en servicio el tramo de 26 kilómetros entre La Habana y Bejucal.

El éxito de la implantación del ferrocarril en Cuba no había tenido igual en España. Es interesante destacar que todos los proyectos intentados estaban situados en la periferia, partían de la iniciativa privada —excepto en el caso de Vizcaya— y tenían como objetivo enlazar algún puerto (en Cádiz, Vizcaya o Tarragona) con centros de producción o de consumo, en rutas con actividad comercial relativamente intensa en la época. Por tanto, las demandas de la actividad económica fueron el factor crucial en esos primeros proyectos, pero la insuficiente disponibilidad de capitales privados, los elevados costes, la ausencia de un marco definido de política pública y la inestabilidad política de ese período los llevaron al fracaso. Todavía tardaría más de diez años en entrar en servicio la primea línea ferroviaria peninsular, en la provincia de Barcelona. Pero en otros países europeos el desarrollo del ferrocarril ya estaba adquiriendo relevancia práctica.

Referencias del entorno: el inicio de la red de ferrocarril en los principales países europeos

El segundo cuarto del siglo XIX contempló el despegue de las redes de ferrocarril en muchos países europeos. La inauguración de la primera línea inglesa en 1825 marca un hito que precipitará los proyectos en las principales economías del continente. Bélgica constituye un caso singular, pues fue especialmente activa en el desarrollo del ferrocarril, y al final de la década de los 1860 era el país continental con la red ferroviaria más densa, en relación a su población y superficie.[6] Las dos grandes potencias continentales, Alemania y Francia, siguen también la estela británica y abren un gran número de rutas antes de mediado el siglo. Estas experiencias, junto a la del otro gran país de Europa, la Italia todavía no unificada, merecen una revisión.

Gran Bretaña

La primera locomotora de vapor operativa fue inventada por el inglés Richard Trevithick, y su primer viaje sobre carriles tuvo lugar en 1804.[7] Sin embargo, la aparición del ferrocarril ha estado siempre más vinculada a George Stephenson, quien mejoró los diseños de locomotoras y llevó a cabo la línea de ferrocarril entre Darlington y Stockton. Se trataba de una línea de 18 kilómetros en el condado de Durham, cerca de Newcastle, en el noreste de

Inglaterra. El objetivo principal del proyecto era llevar carbón desde Darlington al mar para su transporte marítimo, y la inauguración se produjo el 27 de junio de 1825.

Cinco años después, en 1830, llegó el hito definitivo en los inicios del ferrocarril, al ser inaugurada la línea entre Liverpool y Manchester, ciudades populosas del noroeste de Inglaterra, distantes 50 kilómetros, que fueron la cuna industrial del capitalismo inglés. Hasta ese momento su tráfico comercial estaba servido por el canal navegable Bridgewater, y la satisfacción de la creciente demanda de materias primas por las industrias localizadas en Manchester fue el objetivo fundamental de la línea del ferrocarril, que podía transportar tanto mercancías como viajeros.

En las dos décadas siguientes fueron construidas la mayoría de las líneas troncales del ferrocarril inglés,[8] de forma que en 1850 el país contaba ya con 10.000 kilómetros[9] de vías. El desarrollo de la red siguió las necesidades de la actividad económica. A lo largo de la década de 1850 se desarrolló la red Gran Norte, y mucho más tarde la red Gran Central. De este modo, la red británica evolucionó hasta asemejarse a una telaraña que conectaba todos los centros significativos de población, y se convirtió en la más extensa de Europa, y también en la más densa hasta entrada la década de los 1860, en que sería superada por la red belga.[10] El desarrollo de la red fue impulsado por la iniciativa privada, y el papel desempeñado por el Estado fue secundario.[11]

Bélgica

El país que siguió con mayor agilidad la estela británica en el desarrollo del ferrocarril fue Bélgica. Una ley de

1834 dispuso la creación de una red en forma de cruz, cuyo punto central estaba en la ciudad flamenca de Malinas, entre Bruselas y Amberes, a unos 30 kilómetros de ambas. La primera línea fue la Malinas-Bruselas, inaugurada en 1835, que al poco de su entrada en servicio transportaba más pasajeros que todas las líneas inglesas abiertas hasta ese momento.[12]

La red ferroviaria belga se extendió desde Malinas al norte hasta el mar en Amberes, al este hacia Prusia, al oeste hacia Brujas y Ostende, y al suroeste hacia Mons y Francia. Alcanzó una extensión de 854 kilómetros en 1850, y se convirtió en la más densa de Europa en la década de los 1860. Los principales nudos de la red eran las ciudades de Malinas y Gante.

En la primera fase de la expansión, entre 1835 y 1843, sólo el Estado construía líneas. Entre los años 1850 y 1860 la iniciativa fue de empresas privadas, y a partir de 1870 retornó el protagonismo estatal.[13] El desarrollo de la red fue promovido por las necesidades de la economía belga, como muestran tanto la elección del nudo central como las características de su expansión en el tiempo.

Alemania

El desarrollo del ferrocarril en Alemania tuvo sus inicios en el proyecto de línea entre Núremberg y Fürth, en Baviera. Antes de la culminación de este proyecto, el economista y político Friedrich List, partidario de hacer de Alemania una potencia centralizada, publicó en 1833 un folleto cuyo título era: «Acerca de un sistema ferroviario de Sajonia como base de un sistema general de comunicaciones ferroviarias de Alemania».[14] List proponía situar el centro neurálgico de la red en Berlín, desde donde partirían seis líneas en forma radial, como muestra el mapa 1.[15] La propuesta fue rechazada al considerarse un proyecto que respondía a motivaciones mucho más políticas que económicas, pues su objetivo fundamental era la unificación centralizadora de Alemania.

MAPA 1
Proyecto de red ferroviaria alemana de Friedrich List

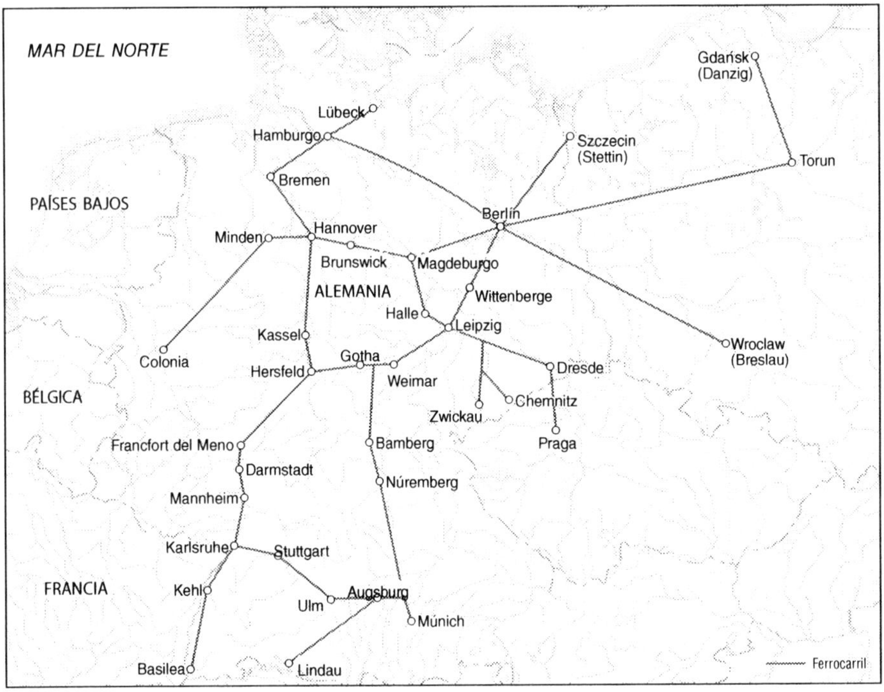

A finales de 1835 fue inaugurada la línea de 6 kilómetros entre Núremberg y Fürth, primera de Alemania. El núcleo del sistema ferroviario se formó sobre la base de la construcción de líneas troncales entre las principales ciudades comerciales a partir de 1836,[16] pues las compañías privadas, guiadas por criterios de demanda potencial, dieron preferencia a las zonas industriales de población densa, como Sajonia (al este, colindante con Chequia y Polonia) y Renania del Norte-Westfalia (al noroeste, colindante con Holanda y Bélgica).[17] La primera línea troncal completa, entre Leipzig y Dresde (Sajonia), entró progresivamente en servicio entre 1837 y 1839, y llegó a Magdeburgo en 1840. El desarrollo de la red adquirió gran velocidad, logrando una extensión de 5.856 kilómetros en 1850, la más extensa de Europa continental.

El desarrollo de la red de ferrocarril siguió las necesidades de la actividad económica, y fue rechazado abiertamente el diseño de una red con objetivos centralizadores. El ferrocarril alemán comenzó su andadura en estados periféricos como Sajonia, Renania del Norte-Westfalia y Baviera. En algunos territorios, como Prusia y Sajonia, la iniciativa fue eminentemente privada. En otros casos fue pública: Hannover, Brunswick, Baden y Württemberg. Con todo, el salto a lo que acabaría siendo una red articulada puede atribuirse sobre todo al esfuerzo de la empresa privada, en un contexto en que los primeros ferrocarriles se autofinanciaron incluso en el corto plazo.[18]

Francia

El primer proyecto de vía férrea en Francia fue la conexión entre Saint Étienne y Andrézieux-Bouthéon (en la región Ródano-Alpes), inaugurado en 1827 y dedicado exclusivamente al transporte de carbón de las minas hasta las orillas del Loira.[19] La primera ruta de ferrocarril apta para el transporte de viajeros fue la línea entre Saint Étienne y Lyon, de 56 kilómetros, inaugurada en 1832.

A esta línea siguieron proyectos desarrollados en Alsacia, región del este colindante con Alemania.

Poco después de esas realizaciones iniciales, el Parlamento francés discutió en 1838 un proyecto que postulaba la construcción por el Estado de líneas troncales emanadas desde París, pero el proyecto fue rechazado.[20] Por tanto, la construcción de líneas hasta finales de la década de 1840 se desarrolló mediante concesiones que el Estado asignaba para operar líneas específicas, y que obtenían aquellas compañías que proponían un período de tiempo más corto para poner en servicio el ferrocarril. Finalmente, la Ley de 11 de junio de 1842 dispuso la creación de varias líneas principales que sumaban 3.600 kilómetros, sin especificar las rutas concretas. Las líneas principales unían París con Bélgica y con Alemania, una línea de París a Lyon y Marsella, una a la frontera española por Tours, una conexión transversal entre Marsella/Montpellier, Lyon, Dijon y Mulhouse; y una conexión transversal entre Burdeos (en el Atlántico) y Marsella (Mediterráneo) por Toulouse.[21] Por tanto, las prioridades establecidas combinaban conexiones fronterizas, conexiones de París al Atlántico/España y al Mediterráneo, y conexiones transversales por el oeste y el sur de Francia.

En 1850, Francia contaba con 2.915 kilómetros, la mitad que Alemania. Como consecuencia de la aplicación de la ley de 1842, gran parte de las líneas se hallaban en las áreas de París y en el norte industrial, aunque también había muchos tramos en otras zonas de Francia con actividad económica intensa.

El impulso definitivo a la extensión de la red francesa fue proporcionado en los 1850, con la designación de seis «*grands commandements industriels*» (grandes agrupaciones industriales), a las que se otorgaron concesiones para construir nuevas líneas agrupadas en monopolios regionales concedidas a las compañías del Norte, Este, Oeste, París-Orleans, París-Lyon-Mediterráneo, y Mediodía (*Midi*, del Garona a los Pirineos).[22] La iniciativa sería siempre privada, con apoyo financiero estatal, hasta el Plan Freycinet de 1879, a partir del que el Estado comenzó a construir líneas.

Italia

El desarrollo del ferrocarril en Italia se produjo con retraso respecto de los anteriores países. La primera línea de ferrocarril fue un tramo corto de ocho kilómetros entre Nápoles y Portici, inaugurado en 1839. Durante los años 1840 y 1850 se implantaron las primeras redes regionales en la Toscana (alrededor de 200 kilómetros conectando Livorno, Pisa, Siena y Florencia) y el Piamonte (unos 200 kilómetros entre Turín-Asti, y extendiéndose a lo largo del valle del Po).[23]

En 1850, Italia contaba con 620 kilómetros de ferrocarril, y durante esa década, previa a la unificación en 1861, se construyeron otros 1.500 kilómetros, fundamentalmente en el norte. La red piamontesa era la más larga, con 800 kilómetros, y se completó la línea Milán-Venecia, y su extensión al Piamonte, Tirol y este de Italia.[24] Al final de la década de 1850 se extendió el ferrocarril a la Emilia-Romana, y el 16 de abril de 1859 se abrió la primera línea en la región del Lazio, entre Roma y Civitavecchia, puerto de mar distante unos 80 kilómetros de la que al cabo de doce años sería designada capital de Italia.

La extensión del ferrocarril en Italia se inició dos décadas antes de la unificación política, y la prioridad fue dar respuesta a las necesidades de la actividad económica, lo que explica el protagonismo de los territorios del norte, el Piamonte y la Lombardía, así como de la región de la Toscana, de situación intermedia entre el norte y el centro del país. El protagonismo en la creación del ferrocarril fue de compañías privadas, aunque más tarde, a partir de 1885, comenzaría a ser más frecuente la propiedad pública.

Síntesis

La regla general seguida en los principales países europeos fue la de dar satisfacción a la necesidades del sistema productivo como prioridad para la extensión de la red ferroviaria. Esto fue así con independencia de la combinación público-privada elegida, como muestran los casos extremos de Gran Bretaña, presidido por la iniciativa privada y con el menor grado de intervención pública, y de Bélgica, donde el ferrocarril fue construido sólo por el Estado durante la primera década de su desarrollo.

Los casos alemán y francés son mixtos en la dimensión público-privada. En Alemania fueron rechazadas las propuestas de construir una red de tipo radial por sus objetivos centralizadores. En los estados con mayor actividad industrial (Sajonia, Renania del Norte-Westfalia), la iniciativa fue privada, y en otras áreas fue el Estado quien construyó los ferrocarriles. En cualquier caso, la satisfacción de las necesidades de la actividad económica fue el principal factor para el desarrollo de la red. En Francia, tras algunas iniciativas aisladas desarrolladas en zonas de actividad minera e industrial, el Parlamento discutió y rechazó en 1838 un proyecto de plan radial de creación de líneas troncales emanadas de París. Más tarde se definirían seis grandes áreas regionales, a partir de las que se culminaría la red francesa, en que fueron compañías privadas con gran apoyo estatal las que crearon y desarrollaron el ferrocarril. También fueron privadas las compañías que extendieron el ferrocarril en Italia, y dieron prioridad a las conexiones de oeste a este en el norte de Italia y a la articulación interna de la Toscana, en suma, las zonas con mayor actividad económica e industrial de Italia.

Comparada con la experiencia de los países revisados, la extensión del ferrocarril en España era irrelevante. En 1850 sólo se habían abierto los 28 kilómetros de la línea Barcelona-Mataró, y se hallaban en construcción algunos trayectos de poca longitud como el Madrid-Aranjuez y un tramo de uso minero entre Sama de Langreo y Gijón. A comienzos de la década de 1850 se otorgaron nuevas concesiones, en un marco en que estaba ya en marcha el intento de crear una legislación general. Este proceso abriría la etapa definitiva para la creación de la red ferroviaria, cuyo hito crucial fue la Ley General de Ferrocarriles de 1855.

La implantación del ferrocarril en España: experiencias preliminares

Tras los fracasos prácticos de los primeros proyectos ferroviarios en 1829 y en la década de 1830, la primera concesión de ferrocarril que culminaría con éxito fue la otorgada en 1843 para una línea de 28,5 kilómetros entre Barcelona y Mataró, promovida por intereses privados que preveían que el tráfico de mercancías, mucho más que el de pasajeros, había de aportar la parte más significativa de la demanda en la línea.[25] Poco después, en 1845, se otorgó a José de Salamanca y Mayol, marqués de Salamanca, la concesión para la construcción de una línea entre Madrid y Aranjuez, de 49 kilómetros.

De hecho, los trabajos en esta línea comenzaron en mayo de 1846,[26] antes incluso del inicio de la construcción de la Barcelona-Mataró. Esta última había sufrido numerosas y variadas vicisitudes, entre las que destacaron las relativas a la expropiación de terrenos, y la construcción sólo pudo empezarse a principios de 1847.

Mientras comenzaban por fin las obras de la Barcelona-Mataró, las de la Madrid-Aranjuez decaían por insuficiencia de recursos económicos. En este contexto, en 1847 el Gobierno emitió una Real Orden para que el Banco de San Fernando admitiese en garantía las acciones de la empresa del ferrocarril de Aranjuez, con responsabilidad del Tesoro Público.[27] Esta disposición no fue ajena a la circunstancia de que el ministro de Hacienda, el marqués de Salamanca, era a la vez el promotor del ferrocarril beneficiario, el Madrid-Aranjuez. De hecho, los promotores privados del Barcelona-Mataró solicitaron del Gobierno un beneficio análogo en junio y noviembre de 1847, pero en ambas ocasiones les fue denegado.[28] De todos modos, las obras del Madrid-Aranjuez quedaron paralizadas a finales de 1847. No fue éste el caso de la construcción de la línea Barcelona-Mataró, que, aun sin contar con ayuda pública, fue concluida. El servicio se inauguró el 28 de octubre de 1848, convirtiéndose en el primer ferrocarril operativo en España.

Los avatares políticos provocados por el escándalo de las autoayudas del marqués de Salamanca acabaron con éste en un corto exilio, hasta 1849. A su regreso a España se reanudan las obras del Madrid-Aranjuez, y en 1850 el marqués de Salamanca consigue una nueva ayuda del Estado, que garantizó el interés del capital invertido.[29] Despejadas así las incertidumbres económicas, la empresa sigue su curso, se concluyen las obras, y el 9 de febrero de 1851 tiene lugar la inauguración oficial. Tras la entrada en servicio de la línea, se puso de manifiesto que los costes de explotación eran muy elevados, por lo que el marqués de Salamanca propuso al Estado que la adquiriese. La adquisición estatal se produjo en 1852,[30] operación que fue vinculada a la concesión de ayudas del presupuesto general del Estado a la prolongación de la línea a Almansa, y al tramo Almansa-Alicante.[31] Ciertamente, el marqués de Salamanca ganó merecidamente el honor de que su nombre designe el distrito con más posibles de Madrid, promovido por él en el siglo XIX. También se comprende que no haya obtenido tal distinción en otras ciudades de España.

Otros tramos de ferrocarril fueron construidos en esos primeros años. El siguiente fue la línea minera de Sama de Langreo a Gijón, cuyo primer tramo, el Gijón-Pinzales, se inauguró en agosto de 1852. Este ferrocarril consiguió del Gobierno una subvención de garantía de beneficios. A este tramo le seguirían otros hasta la culminación de la línea en Sama de Langreo en 1856. La línea Valencia-Xàtiva, de 57 kilómetros, cuyas obras habían comenzado en 1851, fue inaugurada en diciembre de 1854. Especialmente activa fue en esa época la expansión del ferrocarril en Cataluña, pues se construyeron las líneas Barcelona-Granollers, Barcelona-Molins de Rei (y su posterior extensión a Martorell), y el tramo de Sabadell a Montcada (que enlazaba con el Barcelona-Granollers, formando parte de la línea de Barcelona a Zaragoza, por Lleida).[32]

El mapa 2 recoge las concesiones otorgadas antes de 1855 que fueron efectivamente construidas y entraron en servicio.[33] La mayor parte de estas primeras líneas «respondía a un interés real por aprovechar las corrientes de tráfico por carretera existentes»,[34] con la excepción de algunas líneas, como la de Madrid a Aranjuez y Albacete, que había asumido el Estado, infringiendo la legislación vigente. De acuerdo con la información suministrada por

Miguel Artola,[35] la carretera Madrid-Valencia por Cuenca tenía mayor volumen de tráfico. Los otros tramos de mayor tráfico de carretera eran el Almansa-Alicante, concesionado, y el área Valladolid-Miranda-Santander, en la que se situaba el tramo Alar-Santander, también concesionado.

Mapa 2
Concesiones anteriores a 1855 que fueron efectivamente construidas

La génesis de la radialidad ferroviaria en España: comisión parlamentaria de 1850

A mediados del siglo XIX aumentó la implicación del Gobierno en la extensión del ferrocarril. En 1847, Bravo Murillo, ministro de Comercio, Instrucción y Obras Públicas, ya había elaborado el primer proyecto de Ley General de Ferrocarriles. La voluntad del Gobierno era poner en marcha el estudio de cuatro líneas radiales de Madrid al puerto de Cádiz, a uno de los más próximos del Mediterráneo, y a las fronteras de Francia y Portugal, todo ello con la correspondiente dotación presupuestaria.[36] El texto no llegó a discutirse en las Cortes, pues fue presentado cuando la legislatura ya estaba vencida.

La formulación de una Ley General fue retomada en 1850 por el entonces ministro Seijas Lozano, cuyo proyecto fue objeto de estudio ese mismo año por una comisión del Congreso, la llamada Comisión Olózaga, nombre del diputado que la presidía. El factor fundamental para establecer una planificación de la red principal era el objetivo de unir la capital política con la periferia marítima, según Mateo del Peral, porque:

> los miembros de la comisión, *avecindados en la capital*, veían surgir ferrocarriles secundarios con trazados parciales, que buscaban poner en comunicación núcleos de producción próximos, con frecuencia dentro de la misma área provincial, mientras que Madrid permanecía relativamente aislado y con peligro de acentuar este aislamiento.[37]

Destacados militares, ingenieros y financieros fueron llamados a comparecer ante esta comisión, y el contenido de esas comparecencias[38] suministra una valiosísima información sobre los criterios que fundamentarían las decisiones para el desarrollo del ferrocarril. De hecho, aunque el proyecto de 1850 no llegó a ser aprobado, las propuestas de la comisión fueron el soporte fundamental de la Ley General de Ferrocarriles finalmente aprobada en 1855.

La Comisión Olózaga centró sus discusiones en cuatro bloques temáticos: (1) las fórmulas de concesiones y de creación de compañías concesionarias; (2) los criterios técnicos para otorgar concesiones; (3) las cuestiones relacionadas con la seguridad y defensa; y (4) la determinación de la forma de la red y de las líneas preferentes. Si bien todos y cada uno de estos bloques tienen un interés indudable, las más relevantes para el asunto que nos ocupa son las cuestiones relativas a la determinación de la red y líneas preferentes, a las que estuvieron muy vinculadas las relativas a seguridad y defensa. En lo que sigue se transcriben las opiniones más relevantes emitidas por los comparecientes en la comisión, transcripción mucho más ilustrativa que cualquier relato elaborado a partir de las mismas.

El punto de partida eran las prioridades que la comisión, de acuerdo con el Gobierno, trataba de establecer y subsidiar por cuenta del erario público, y fueron resumidas por Salustiano Olózaga como sigue:[39] «(1) de Madrid a Bayona, con ramales a los principales puntos del norte y nordeste, y uno desde Valladolid o sus cercanías con dirección a Oporto; (2) de Madrid a Cartagena, con ramales a Alicante y Valencia y viceversa, según el punto extremo que los estudios indiquen deba preferirse; (3) de Madrid a Barcelona por Zaragoza, o con ramal a este punto u otro que se juzgue conveniente; (4) de Madrid con dirección a Lisboa por Extremadura; y (5) de Madrid a Cádiz como continuación de la línea precedente o ramificación de la de Cartagena, según lo resuelva el estudio de ambas líneas».

Una de las primeras opiniones autorizadas sobre esta cuestión había sido emitida en la sesión del 6 de marzo por quien había sido presidente del Consejo de Ministros en 1835, Juan Álvarez y Mendizábal. Para Mendizábal,[40] «la ley que se forme en el día debe ser la más amplia en facultades al Gobierno, para que combine y concierte una línea de las cuatro principales que están indicadas desde la córte al litoral; dos que aproximen el Mediterráneo a la corte, y las otras dos que aproximen á ella el Océano, el Cántabro y las fronteras de Francia [...] la ley que queda indicada, que debe formarse por ahora, debería comprender un crédito al Gobierno de 10 millones de reales para atender á los gastos que llevaría consigo la formación de los planos de las cuatro líneas».

La sesión de 23 de abril de 1850 de la Comisión de Ferrocarriles convocó a varios generales del Ejército para conocer sus puntos de vista sobre las prioridades ferroviarias. Olózaga sometió a opinión de los comparecientes las prioridades marcadas por el Gobierno. Con respecto a las mismas, el general Zarco del Valle afirmaba que «la centralidad de Madrid que se presta para ser el nudo de las nuevas vías de comunicación, no se opone al partido que de ellas deba sacarse para las operaciones militares [...]. Acaso se halla Madrid demasiado adelante en la dirección porque los franceses deberían marchar en la invasión de nuestro territorio».[41] Por su parte, el general Manuel Concha añadía que «interesa a la independencia de la España la construcción de ferrocarriles paralelos y perpendiculares a las costas».[42]

El general O'Donnell (que sería presidente del Gobierno en la segunda mitad de la década de 1850) fue el siguiente militar en exponer sus consideraciones, y, coincidiendo como coincidía en el potencial del ferrocarril para usos militares, añadía: «En cuanto a las líneas que pueden establecerse en España, partiendo del mismo principio que el señor Zarco del Valle ha considerado como centro del círculo de España á su capital Madrid, también reconozco el inconveniente que con dos batallas perdidas hay la facilidad de que el enemigo pueda ocupar la capital, y llegar el ejército invasor a Madrid; pero no comprendo en este momento que se pueda adoptar otro medio que el de unir por medio de radios la circunferencia con el centro, y que de éste deben partir aquéllos».[43] De las consideraciones del general O'Donnell parece desprenderse la idea de que, a pesar de los problemas estratégicos que suponía en el orden militar situar el nodo en Madrid, era una cuestión de principio que el diseño de la red debía ser radial en todo caso, tomando el centro como punto ineludible de partida. El futuro presidente no precisó en la comparecencia por qué no se podía adoptar otro medio.

El general Laureano Sanz, siguiente compareciente y último de la jornada, dio mayor énfasis a la relevancia del suministro a la capital política como factor crucial del establecimiento de prioridades: «Las líneas que yo considero más convenientes para la prosperidad del país son aquellas que pongan en comunicación la capital de la monarquía con el Océano y el Mediterráneo; es decir, las que nos puedan traer cuanto sea necesario al centro de la monarquía». Añadía el general Sanz, respecto a las necesidades militares, «y tomado el perímetro de la península como un círculo, cuyo centro podemos suponer en Madrid, todos los caminos de hierro que proyectamos (por el pronto) deben ser perpendiculares desde el centro a la circunferencia; dejando para mejores tiempos, ó para nuestros hijos, la construcción de los paralelos a la circunferencia; porque con los primeros y algunas horas más de tránsito, se pueden suplir grandemente».[44] Efectivamente, puede concederse a esta opinión que es rotundamente cierto que el recorrido por dos catetos permite llegar de un extremo al otro de la hipotenusa, aunque el viaje sea un poco más largo y lento.

En la siguiente sesión, el 27 de abril, se reanudó la consulta a militares y expertos. El primer compareciente, el señor Mazarredo, coincidía en que las líneas de ferrocarril debían partir desde Madrid, y apoyaba esta opinión porque «la situación de la capital de la Monarquía en Madrid la constituye en cierta desventaja por la casualidad de no haber aquí ni en estas cercanías muchos de los elementos que permiten a las capitales un gran desarrollo en otras naciones. Madrid no es productor, pero Madrid se encuentra en posesión de la capitalidad; y sin grandes trastornos públicos no se podría tocar a este hecho [...]. Que subsane, pues, el resto de España a su capital la gran ventaja de no ser avasallado por ella. Madrid, como capital, tiene grandes necesidades; éstas no las suple su producción propia; es menester pues que las supla el artificio para conducir á este punto las materias alimenticias y de primera necesidad que con tanta abundancia consume».[45] Esta consideración introdujo razones de peso indudable, conectadas con las expuestas más arriba por el señor Sanz.

Un punto de vista bien diferente fue expuesto por el brigadier y geólogo Francisco de Luxán (Luján en las actas): «Nosotros en España no tenemos hoy capital, militarmente hablando; porque es un hecho demostrado por la experiencia que las naciones que han invadido nuestro país han tomado Madrid, y no por eso han conquistado a la España. La defensa de España no está en la corte actual, se halla en otra parte [...]. Madrid, que nada produce, y á la cual hay que alimentar con todo y hasta los artículos de primera necesidad, es población a la que por todas partes hay también que subir con trabajo, y de la cual se desciende y esparcen con mayor facilidad que se acumulan las fuerzas y la vida de la nación toda. En este sentido, no es punto defendible, ni plaza de armas, ni centro de operaciones; y perdido ó ganado Madrid nada se pierde ni se gana».[46] El general Concha solicitó en ese momento la palabra para expresar su discrepancia respecto a las posiciones de Luxán, apuntando que «hasta para su defensa ha dicho el señor Luján, y es así efectivamente, que *Madrid no es para España lo que París es para Francia*; que se puede perder Madrid y no por eso se pierde la monarquía; pero téngase presente que *Madrid tiene hoy ya mucha importancia y que cada día va teniendo más*»[47] (la cursiva es mía). A ello le contestaba Luxán que «lo que yo no quiero es subordinar los intereses generales del país a una cuestión particular; mi deseo es que no se dé tanta importancia a la consideración militar que llegue a perjudicar a los intereses generales de la nación».[48]

El último compareciente del día, el brigadier Buenaga, completó la argumentación contraria a las posiciones de Luxán al exponer que «Madrid del año 8 no es el del año 50; desde aquella época, apagadas en gran parte las antipatías provinciales, centralizado el poder, variadas completamente las constituciones políticas que han dado nuevo alimento y vigor al cuerpo del Estado, la Corte ha ganado visiblemente en importancia, y es y será, por mucho tiempo al menos, el punto político estratégico».[49] Argumento definitivo, al fin.

La sustancia de los motivos para un diseño radial con Madrid en el centro estaba ya establecida. Es cierto que más tarde llegarían las propuestas de Luxán para un sistema transversal: «Considero tres líneas generales en España: primera, de Cádiz pasando por Madrid al norte; segunda, de Barcelona por Zaragoza, Valladolid, Zamora á Oporto; tercera, de Alicante á Cartagena por Ciudad Real, Mérida, Badajoz á Lisboa».[50] Para Luxán la gran ventaja de su propuesta era que una red de ferrocarriles de este tipo sería complementaria a la red radial de carreteras principales, en lugar de solaparse con ella, y, por tanto, aumentaría la conectividad y beneficiaría a la actividad económica. En un sentido diferente se produjo la aportación del ex ministro de Hacienda Bertrán de Lis, proponiendo una gran cruz entre Cádiz e Irun y entre Valencia y Lisboa, en ambos casos pasando por Madrid.[51] O la del ex ministro Alejandro Oliván, que proponía priorizar sólo dos líneas, una Cádiz-Madrid-Irun y otra Madrid-Barcelona.

Pero la cuestión estaba resuelta tal y como había entrado en la comisión, con un solo cambio sustantivo: la eliminación de la línea de Madrid a Barcelona por Zaragoza, que había sido considerada por algunos comparecientes de interés muy secundario para el aprovisionamiento de la capital.

Las propuestas de la Comisión de Ferrocarriles se distanciaban de los precedentes británico y belga. En cambio, se ajustaban en algunos aspectos a la política desarrollada en Francia. El aspecto más importante de similitud con el modelo francés fue la elección del modelo concesional al sector privado con fuerte apoyo del erario público. En términos financieros prácticos, la construcción de las líneas declaradas preferentes se haría por cuenta del Estado, es decir, con plena garantía de recuperación de capitales invertidos y de rentabilidad. Pero mientras que el Parlamento de Francia había rechazado en 1838 el plan propuesto para emanar una red radial desde París, el Congreso español sí decidió tomar por cuenta del Estado una red de tipo radial emanada desde Madrid. Seguramente, a mediados del siglo XIX París no necesitaba una determinación política tan fuerte para ser París, al revés de lo que sucedía en Madrid.

El desarrollo del ferrocarril: la Ley de 1855, su aplicación y las leyes de 1870 y 1877

El proyecto que se convertiría en la primera Ley General de Ferrocarriles, de 1855, fue presentado en 1854 al Congreso por el entonces ministro de Fomento Francisco de Luxán, precisamente el más enérgico defensor de un sistema transversal en la Comisión de Ferrocarriles de 1850. Quizá por ello, el proyecto de ley de Luxán no establecía un plan general. Se limitaba a establecer unas bases que distinguían entre líneas de servicio general y particular, que serían clasificadas posteriormente por ley. La declaración de dominio público quedaba reservada a las primeras. El principal motivo para evitar la concreción de líneas fue «la prudencia de no imponer una orientación que los estudios técnicos, los datos estadísticos, económicos e incluso estratégicos podrían posteriormente desaconsejar».[52]

Sin embargo, la Comisión de las Cortes Constituyentes que dictaminó el proyecto de ley retomó las prioridades de líneas adoptadas en la Comisión de Ferrocarriles de 1850, recuperó la Madrid-Barcelona por Zaragoza, y añadió la extensión por ramal a Málaga de la línea a Cádiz, la extensión al litoral gallego de la línea que llegaba a Valladolid, y la conexión entre Zaragoza y la línea Madrid-Irun. Estas líneas aparecen en el mapa 3. Así quedaba definitivamente establecido el diseño radial del sistema ferroviario español, al ser estas líneas las que recibían la consideración de generales y prioritarias. Por tanto, las que concentrarían más intensamente la promoción y la ayuda financiera del Estado radial.

Tras la aprobación de la Ley de 1855 la expansión del ferrocarril fue vertiginosa. Entre este año y el final de los

MAPA 3
Líneas de primer orden aprobadas por la Cortes Constituyentes de 1855

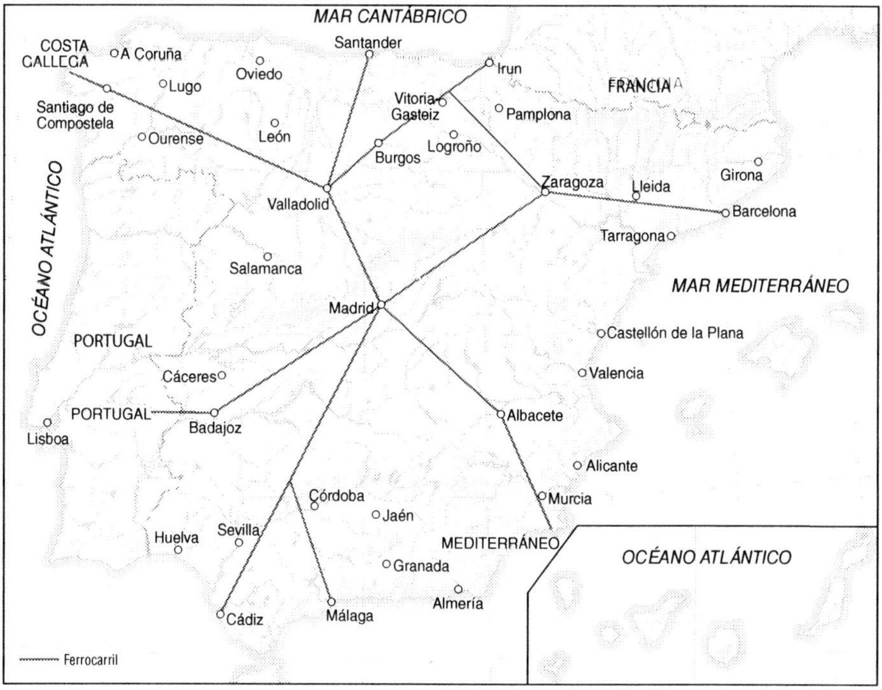

1860 se habían concedido casi 6.300 kilómetros, que añadidos a los 1.100 anteriores a 1855 sumaban un total de 7.363 kilómetros. Es importante recordar, no obstante, que el número de kilómetros concesionados era superior al que se estaba efectivamente construyendo.

En 1864, la Memoria del anteproyecto de un nuevo Plan General de Ferrocarriles, elaborada por una comisión de ingenieros designada por la Junta Consultiva de Caminos, Canales y Puertos, proponía como primer objetivo del nuevo plan «poner, del mejor modo posible, y aprovechando lo existente, a todas las capitales de provincia en comunicación con la capital de la Monarquía».[53] Probablemente, ésta fue la primera ocasión en que se expresó por escrito el objetivo de conectar todas las capitales de provincia con Madrid, recogido pocos años después por la legislación general inspirada en este anteproyecto. José María Aznar lo repetiría 136 años después como objetivo crucial de la extensión del AVE.

Además, la Memoria valoraba positivamente el desarrollo de la red hasta ese momento, aun «teniendo en cuenta los grandes sacrificios hechos ya por el Estado»: «Puede asegurarse que, con pocas excepciones, todas las líneas que se han concedido debían construirse; habrá podido haber en el orden de preferencia algunos errores; quizás para ciertas líneas se debiera haber aguardado algunos años; quizás otras no hayan debido ser estimuladas con los poderosos auxilios del Estado; pero todas ellas responden a necesidades reales del presente o de un próximo porvenir».[54] Enjuiciado así el desarrollo de la red, la Memoria proponía distinguir de cara al futuro entre líneas principales, susceptibles de apoyo financiero del Estado, y líneas secundarias, que debían concederse sólo si había emprendedores dispuestos a acometerlas sin apoyo estatal. La extensión de la red propuesta era de algo más de 3.800 kilómetros.[55] Entre las líneas principales se consideraban todas las necesarias para culminar la conexión de todas la capitales de provincia con Madrid, además de algunas excepciones no radiales. La gran mayoría de conexiones transversales eran propuestas de segunda categoría.[56] Mercado transversal, Estado radial. La Junta Consultiva de Caminos, Canales y Puertos analizó este dictamen de la comisión de ingenieros, y lo modificó sobre todo en lo que respecta a la red del sur y su enlace con la del este, y a la red del norte y su enlace con las del norte y oeste. En total, la Junta Consultiva propuso extender la red en 5.381 kilómetros de líneas nuevas.[57]

En 1865, un año después de la elaboración de los mencionados anteproyectos, fue designada una comisión especial para evaluar los efectos de la Ley de 1855. La comisión estaba compuesta por algunos dc los más activos participantes en la elaboración de aquella ley. La inflación de oferta inducida por las subvenciones públicas había sido tal que llevó a la comisión a dictaminar que la red creada en España estaba muy por encima de lo que correspondía a un país de su población, riqueza y actividad económica, y que era insostenible con los recursos disponibles. El mapa 4 muestra la extensión de la red a fines de 1865. En la memoria que esta comisión elaboró para el nuevo Plan General se señalaba que hubiese sido

MAPA 4
Estado de la red de ferrocarriles a finales de 1865

más deseable que «entre las líneas de servicio general de primer orden se hubiesen colocado muy pocas, sólo, por ejemplo, las que enlazasen la capital de la monarquía con las naciones vecinas y con un puerto del Mediterráneo», y añadía que «casi todas las líneas férreas han recibido subvención ocasionando gravámenes al Tesoro, que cargan pesadamente sobre el país, y ocasionando, a pesar de todo, el deplorable estado financiero, en que las compañías de encuentran».[58]

La comisión especial elaboró una propuesta, concluida en 1867, con un doble objetivo: «En el plano administrativo y de la política interior ligaba con Madrid y recíprocamente todas las capitales de provincia, que aún se hallaban separadas. Desde el punto de vista mercantil, tendía a intensificar el tráfico, mediante el enlace de regiones productivas y comerciales, marginadas hasta el momento de la red. En este terreno cumplían su función específica las líneas transversales, cuya justificación surgía de la capacidad potencial para activar el comercio entre los principales puntos de exportación e importación».[59] La longitud de nuevas líneas propuestas por la comisión especial para la extensión de la red fue de algo más de 3.300 kilómetros, y se preveía desarrollar estas nuevas líneas en un plazo de diez años. Pero la inestabilidad tanto política como económica que caracterizó los años finales del reinado de Isabel II no fue el marco más apropiado para la ejecución de la nueva planificación.

En septiembre de 1868 aconteció la Revolución liberal, que terminó abruptamente con el reinado de Isabel II e implicó la llegada de un gobierno, a priori, más liberal y menos propenso al intervencionismo económico.[60] Sin embargo, en el terreno de las obras públicas, y en especial de los ferrocarriles, el nuevo régimen se mostró muy activo, siguiendo la máxima de Echegaray: «Antes el Estado hacía y no dejaba hacer; en lo futuro el Estado no debe hacer, y debe dejar hacer. Entretanto que llega esa época, el Estado hace y deja hacer, procurando hacer cada vez menos».[61]

El Gobierno elaboró en 1870 un proyecto de ley que proponía 2.069 kilómetros de líneas nuevas. Puso énfasis en la necesidad de incluir en la red a las que denominaba «provincias desheredadas» y en superar la «desigualdad escandalosa» que había afectado a las diferentes provincias.[62] No obstante, el objetivo prioritario del proyecto de ley era la conexión de las capitales de provincia que la planificación vigente todavía no había previsto comunicar con la capital política (Teruel, Soria, Cáceres, Jaén, Almería, Salamanca, y Pontevedra) o cuyas concesiones corrían el riesgo de caducar sin haber sido ejecutadas (Segovia, Cuenca, Huelva y Huesca). Estos proyectos sumaban un total de 1.284 kilómetros, la primera fase de los cuales, de 761 kilómetros, debía ejecutarse en ocho años. Además, se preveían otros 800 kilómetros de líneas principalmente transversales, cuyo objetivo era completar la red, y que debían ejecutarse en un plazo de veinte a treinta años. El proyecto del Gobierno, ampliado con algunas enmiendas de las Cortes, se convirtió en la Ley de 1870.

En 1874 acabó el Sexenio Revolucionario y se produjo la Restauración. Pocos años después, en noviembre de 1877, se aprobó una nueva ley que estaría vigente por largo tiempo. La ley de 1877 se caracterizó porque «la fidelidad al esquema radial continuó con la formulación de líneas desde Madrid, la más importante de las cuales era la que desembocaba en Valencia, por Cuenca, y también con la búsqueda de la frontera portuguesa [...]. La Ley de 1877 [...] no resolvió la excesiva centralidad de la red».[63] El mapa 5 muestra el estado de la red a finales de 1885.

MAPA 5
Estado de la red de ferrocarriles a finales de 1885

FERROCARRIL EN ESPAÑA, RADIALIDAD Y SUBSIDIOS

La legislación general sobre ferrocarriles, inaugurada con la Ley de 1855, introdujo el diseño radial y centralizado de la red española y, para hacerlo posible, una gran implicación del Estado en la concesión de ayudas y subvenciones. Éstas eran aplicadas con carácter prioritario a las líneas radiales, las clasificadas como de primer orden y servicio general,[64] que no habrían tenido el desarrollo pretendido por las autoridades políticas en ausencia del apoyo financiero del Estado. Las vías principales por las que el Estado subvencionó a las compañías ferroviarias fueron tres: (1) la construcción por cuenta del propio Estado del primer establecimiento, (2) la concesión de subvenciones en metálico o en obligaciones públicas, y (3) la garantía de un interés mínimo a los capitales invertidos.[65] Entre éstas, la concesión de subvenciones en metálico por kilómetro de línea fue la única usada con regularidad durante el siglo XIX, mientras que la relevancia de las otras fue menor.

Las ayudas estatales fueron el principal combustible de la gran inversión en ferrocarriles entre 1855 y 1865, uno de los períodos de más intensa actividad inversora en obras públicas hasta el momento.[66] La cuantificación de todas las subvenciones y ayudas concedidas por el Estado ha sido considerada imposible;[67] una idea de su dimensión la ofrece la estimación de Gabriel Tortella, para quien las ayudas públicas representaban el 49 por ciento del capital desembolsado por las compañías ferroviarias hasta 1867.[68] Las subvenciones públicas al ferrocarril dieron lugar a todo tipo de escándalos financieros y de corrupción, cuyos ejemplos más paradigmáticos son los relacionados con el marqués de Salamanca —algunos de los cuales ya se han mencionado anteriormente—. Pero éste no es el asunto central que nos ocupa. Nuestra cuestión central es el uso de subvenciones del presupuesto del Estado para soportar el diseño centralizado y radial de las infraestructuras, que no podía ser soportado por la actividad económica, por el mercado. Y la necesidad de subvenciones para el desarrollo de una estructura centralizada y radial se acentuó por la aplicación de políticas como la conexión de todas las capitales de provincia con Madrid a través de la red de líneas generales.

Alfonso Herranz ofrece datos muy reveladores sobre el progresivo incremento de la necesidad de subvenciones. La tabla 1 presenta datos de explotación de diferentes partes de la red ferroviaria española en los años 1904-

1905. Es necesario tener en cuenta que en estos años la rentabilidad de la red española estaba próxima a sus máximos históricos,[69] por lo que los datos presentados son singularmente positivos, muy por encima de lo que fue habitual. Aun así, los ingresos netos en las líneas abiertas antes de 1873 representaban sólo el 5,6 por ciento del coste de capital,[70] mientras que el porcentaje se reducía a un exiguo 2,2 por ciento en las líneas abiertas después de ese año.

Tabla 1

Estructura interna de la red ferroviaria española (1904-1905)

	Líneas abiertas antes de 1873	Líneas abiertas después de 1873	Toda la red
Longitud (km)	7.482	5.672	13.224
Densidad del tráfico de viajeros (miles de viajeros-km por km de línea)	166	89	132
Densidad del tráfico de mercancías (miles de toneladas-km por km de línea)	247	103	185
Ingreso bruto por km de línea (pesetas)	29.125	13.422	22.313
Ingreso neto por km de línea (pesetas)	15.720	4.667	10.926
Gastos de explotación / Ingresos brutos (%)	46	65	51
Ingresos netos / coste de capital (%)	5,63	2,2	4,36

Fuente: Alfonso Herranz Loncán, *Infraestructuras y crecimiento económico en España (1850-1935)*, Fundación de los Ferrocarriles Españoles, Madrid, 2008, p. 125.

Por otra parte, es necesario recordar que, si bien todas las líneas de ferrocarril disfrutaban de las exenciones típicas de todas las obras públicas —como las franquicias de derechos—, las ayudas directas o auxiliares del Estado se concentraron especialmente en las líneas declaradas de interés general, las que desplegaban radialmente las conexiones de Madrid, mientras quc las líneas transversales se desarrollaban en algunos casos sin subvenciones, y en otros con subvenciones más limitadas.

En este sentido tiene interés la información sobre subvenciones directas y auxiliares concedidas hasta 1876, basada en un estado del Ministerio de Fomento enviado al Congreso de los Diputados en octubre/noviembre de 1876, y que fue reproducida en el transcurso de un debate en el Congreso a finales de ese año.[71] Según esos datos, las líneas construidas y en construcción en Cataluña sumaban un total de 771 kilómetros, de los que 387 (50,2 por ciento) correspondían a líneas subvencionadas, y 384 (49,8 por ciento) a líneas no subvencionadas. De todos los kilómetros de líneas subvencionadas, 284 (73,4 por ciento) correspondían a tramos de la línea Madrid-Zaragoza-Barcelona-Frontera francesa en su recorrido por Cataluña. Las subvenciones acordadas hasta ese momento para las líneas de ferrocarril en Cataluña ascendían a 31,5 millones de pesetas, cifra que representaba el 6 por ciento del total de subvenciones concedidas hasta el momento, 525 millones de pesetas según el estado del Ministerio de Fomento. Sin embargo, los kilómetros de líneas en Cataluña representaban el 10,3 por ciento de lo concedido hasta entonces en España, 7.500 kilómetros.[72] En conjunto, los subsidios al ferrocarril en las líneas en Cataluña presentaban una fuerte concentración en la línea radial por excelencia, mientras que predominaba la ausencia de subsidios en las líneas transversales.

Como se ha dicho más arriba, las líneas radiales fueron sistemáticamente beneficiadas en la concesión de subsidios y ayudas públicas. En primer lugar, porque eran prioritarias en la primera extensión a raíz de la Ley General de Ferrocarriles de 1855, la de radialización (es decir, Estado radial). En segundo lugar, como consecuencia del sistema de subvención de una cantidad fija por kilómetro de línea, que se determinaba en subasta. En este contexto, las líneas que tenían mejores expectativas económicas, como las catalanas, eran objeto de mayor competencia entre promotores, por lo que la subvención llegó a cero en casi todos los casos (es decir, mercado transversal). No fue éste el caso, sin embargo, de las líneas prioritarias por ley, cuyas expectativas de rentabilidad eran peores, pero cuya construcción era políticamente prioritaria.[73] Y, en última instancia, porque los recursos públicos no alcanzaban a todo, cuando la red ya estaba más avanzada. Como apunta Gómez Mendoza,[74] «a pesar de que la Ley General de Ferrocarriles de 1877 promovió el tendido de líneas transversales, las dificultades económicas que conocieron las compañías concesionarias, situación a la que se añadió la falta de recursos del erario público, impidieron su construcción». Desde luego, cuando los recursos no son infinitos, hay que establecer prioridades.

Así pues, la promulgación de la Ley de Ferrocarriles en 1855, con sus generosas disposiciones en materia de subsidios, fue el elemento clave para la intensa actividad de construcción de líneas de ferrocarril, siguiendo la prioridad de las líneas radiales establecidas. El gran volumen de recursos públicos comprometidos ha llevado a autores como Gabriel Tortella[75] y Jordi Nadal[76] a considerar que la política ferroviaria perjudicó gravemente al desarrollo de la industria en España en esa época. No comparte tal opinión Gómez Mendoza, quien elaboró un cómputo de los ahorros sociales generados por el ferrocarril en España con un resultado muy favorable al ferrocarril,[77] estimación que ha sido muy afinada por Herranz Loncán, obteniendo resultados mucho más moderados.[78]

Estas estimaciones del ahorro social del ferrocarril, si bien valiosas, tienen una gran limitación: la ausencia de datos no permite afinar esos análisis con el resultado que se obtendría de posibles usos alternativos de los capitales invertidos en el ferrocarril. En cambio, éste fue precisamente el procedimiento empleado por Robert W. Fogel en su estudio sobre los ferrocarriles y el crecimiento económico de Estados Unidos,[79] trabajo fundamental para el Nobel que le fue concedido en 1993. A falta de tales refinamientos del análisis para el caso español, la tesis de que la política ferroviaria perjudicó al desarrollo industrial y al crecimiento económico en España es ampliamente aceptada.[80]

Otra cuestión que ha suscitado gran controversia ha sido la relativa a la eficiencia del diseño radial de la red ferroviaria. Autores como Nadal[81] argumentan que el diseño de la red respondió a los intereses de compañías extranjeras en la exportación de productos mineros, y no se adecuaba a los intereses de la actividad económica nacional. Muy rotundo es el juicio de Izquierdo cuando afirma: «En cuanto al posible impacto regional, la incidencia del ferrocarril fue muy débil. Sólo Madrid, debido a la estructura radial de la red, acusó los efectos del mismo, aun a expensas de un gran coste social [...] el carácter radial de la red obstaculizó las relaciones periféricas. Por otra parte, los elevados costes de transporte derivados de su organización dificultaron, en buena parte, el desarrollo de los mercados interiores».[82]

Por el contrario, otros autores, como Cordero y Menéndez, ofrecen un juicio más benigno para el diseño radial, al concluir que dado que «eran incuestionables las conexiones de la capital de la monarquía con las naciones vecinas y con las diferentes regiones del país»[83], la forma más eficiente y menos costosa de conseguir ese objetivo era construir una red de tipo radial de un mínimo de 10.000 kilómetros, por comparación con una red más equilibrada de un mínimo de 15.000 kilómetros. Efectivamente, no pueden albergarse dudas de que para conectar la capital con el resto del país era menos costoso limitarse a conectar la capital con el resto del país, prescindiendo de extensiones transversales que trascendiesen ese objetivo. Como ha expresado recientemente Mark Casson,[84] si al sistema contrafactual se le exige generar la misma combinación de servicios que al sistema real, entonces deberá ser, necesariamente, muy similar al que existe. Con todo, Cordero y Menéndez concluyen que al no completarse la red radial con la extensión más equilibradora, «la insuficiencia inicial se convirtió en error final».[85]

Otros muchos autores han contribuido a esta controversia.[86] No obstante, cabe preguntarse si la cuestión sobre la hipotética eficiencia del diseño radial y centralizado de la red ferroviaria española es muy pertinente. Como se ha visto al revisar los debates que sustentaron las decisiones radiales, la preocupación por la eficiencia económica y por el estímulo de la actividad económica sólo emergió excepcionalmente en los debates y discusiones, y no ocupó un lugar relevante en las decisiones. Por el contrario, pueden tomarse como motivos principales de la red radial: (1) organizar la logística militar en el centro estratégico de Madrid en caso de invasión extranjera; (2) asegurar el aprovisionamiento de alimentos y productos de primera necesidad a la capital política; y (3) poner a la corte, a la monarquía y su aparato estatal, en conexión con todos los territorios de España.

Afortunadamente, ningún evento militar obligó a comprobar el desempeño militar de la red. Por lo que respecta a la función de aprovisionamiento de la capital política, es difícil expresar el resultado obtenido mejor de lo que ha hecho Gómez Mendoza: «Gracias al ferrocarril, la Corte entró en contacto, en la segunda mitad del siglo XIX, con todas las áreas de producción del país [...]. Madrid mantenía, a últimos del siglo XIX, un saldo deficitario en sus intercambios comerciales [...]. Además, el volumen de tráfico ferroviario ratifica la impresión que teníamos de Madrid como un gran centro de consumo, sin apenas producción propia para vender a otras regiones».[87] En este sentido, el éxito de la empresa fue indudable, aunque las mercancías sólo viajaran en uno de los sentidos (hacia el centro) de las direcciones radiales,[88] y aunque la visión de un vagón lleno de mercancías en la ida pero vacío en la vuelta fuera el vivo retrato de su ineficiencia económica como sistema de transporte. Por último, la extensión del ferrocarril tras la legislación de 1877 ciertamente completó la conexión de la capital política con todas las terminales territoriales del poder político y de la administración..., al coste de un empleo creciente de subvenciones y ayudas de los presupuestos públicos.

El diseño radial y la postergación de las líneas transversales en el desarrollo de las redes fue una característica general de la época. En paralelo a la legislación general de ferrocarriles de 1855, y tras la entrada en servicio en ese mismo año de la línea de telégrafo Madrid-Irun, fue promulgada una ley general cuyo objetivo era construir una red radial de líneas de telégrafo para comunicar Madrid con todas las capitales de provincia, así como con las fronteras de Francia y Portugal y con los territorios de ultramar. La estructura básica de la red fue tendida en sólo ocho años, y según Gómez Mendoza, «lo que significó una ventaja indudable para los madrileños por el acortamiento de las distancias telegráficas, se convirtió en un serio inconveniente para las restantes poblaciones. En efecto, la falta de un enlace directo obligó a los telegramas expedidos desde ciudades como Barcelona, La Coruña o Sevilla a transitar por Madrid».[89] La red de malla tendría que esperar al siglo XX.

En España, al igual que sucedió con las carreteras del siglo XVIII, también en el caso del ferrocarril se cumplió de forma sistemática y masiva la premonitoria aseveración que Adam Smith hizo ya en 1776 en el sentido de que cuando no existe la preocupación de financiar con el comercio la inversión en una obra pública, acaba sucediendo que la obra «lleva a la capital del administrador de la provincia, o a la de algún gran Señor a quien el administrador considera conveniente hacerle la Corte».[90] Y éste fue un rasgo distintivo de la extensión de la red ferroviaria española, no compartido por ninguno de los países europeos que lideraron el desarrollo del ferrocarril en las décadas centrales del siglo XIX. También lo es en la etapa actual de desarrollo ferroviario, marcada por la extensión del AVE. Pero antes de llegar a este punto, debemos detenernos en otro que lo precedió: la implantación y desarrollo de las autopistas en España.

CAPÍTULO 4

MERCADO TRANSVERSAL, ESTADO RADIAL (II): LAS PRIMERAS AUTOPISTAS

Las autopistas son carreteras con al menos dos carriles en cada sentido y libres de cruces al mismo nivel. La historia efectiva de las autopistas comienza en España con la adjudicación de dos concesiones a principios de 1967: La Jonquera-Barcelona y Montgat (Barcelona)-Mataró. La relación servida por la segunda concesión coincidía con la del ferrocarril Barcelona-Mataró, primero inaugurado en España, en 1848.

Esto no quiere decir que no se hubiese discutido sobre la implantación de autopistas antes de la década de los sesenta. Además, en diversas ocasiones se habían efectuado programas de mejoras en la red convencional de carreteras antes de mediado el siglo XX. Una breve presentación de estos antecedentes parece oportuna en nuestro contexto. Después se proporciona una sumaria revisión de los inicios de las redes de autopistas en los principales países de la Unión Europea. Situados en este contexto, se aborda el desarrollo de la red española de autopistas, en sus diferentes fases: desde los inicios con financiación por peaje directo a finales de los sesenta, hasta la fase de financiación presupuestaria que comienza a mediados de la década de los ochenta. La política de financiación presupuestaria tiene su primer gran hito en el Plan General de Carreteras (PGC) 1984-1991, culminado en la práctica en 1993. Aunque la concesión de autopistas de peaje por el Gobierno central se reanuda a partir de mitad de los noventa, la financiación presupuestaria ha mantenido su hegemonía como modelo de financiación hasta la actualidad.

El resultado más destacado que se obtiene del análisis de los sucesivos modelos de financiación de autopistas es el siguiente. En la primera fase, caracterizada por la primacía del pago por usuarios, la prioridad en la implantación de autopistas se traduce en la creación de autopistas en el corredor del Mediterráneo y en el valle del Ebro, los corredores más dinámicos y con mayor tráfico de vehículos de España. El PGC 1984-1991 se financia íntegramente con los presupuestos, y en la selección de prioridades se da primacía a la creación de autopistas libres en los corredores radiales que convergen en Madrid. En síntesis, en la época en que domina la financiación por el usuario —la demanda prospectiva—, el incipiente desarrollo de la red sigue un patrón transversal. En cambio, cuando la financiación presupuestaria —el Estado— asume el protagonismo, el desarrollo de la red asume un patrón radial. Es decir, mercado transversal, Estado radial.

Reformas en la red convencional y antecedentes de las autopistas en España

La segunda mitad del siglo XIX fue un período de intensa actividad constructiva. Si en 1840 se contaban unos 4.000 kilómetros aproximados de carreteras, esta cifra aumentó hasta casi 6.600 en 1856.[1] Las nuevas carreteras fueron completando la red radial introducida en el siglo XVIII, definida por los seis itinerarios radiales fundamentales («seis grandes caminos reales») del Plan de Carreteras incluido en el Plan de Fomento de Fernando VI, cuyo precedente habían sido las seis carreteras radiales que formaban la red de carreras de postas definida por Felipe V en 1720.

En 1851 se aprueba la ley de clasificación de carreteras, que distinguía entre cuatro clases:[2] (1) las carreteras generales, que conectaban Madrid con las capitales de provincia y departamentos marítimos, financiadas íntegramente por el Estado; (2) las transversales, que enlazaban carreteras generales pasando por capitales de provincia o ciudades importantes, y cuya financiación era compartida por el Estado y las provincias; (3) las provinciales, financiadas por las provincias; y (4) los caminos locales, financiados por los municipios.

En la segunda mitad del siglo XIX y primer cuarto del XX se acentúa la actividad constructora, y se llegarán a superar los 36.000 kilómetros en 1900, y los 57.000 kilómetros en 1924. Esta expansión de la red de carreteras fue financiada íntegramente con recursos públicos, aunque mediante la legislación sobre obras públicas y carreteras aprobada en 1877 (la Ley General de Obras Públicas de 13 de abril y la Ley General de Carreteras de 4 de mayo) ya se había configurado un marco legal para el uso de las concesiones, con el objetivo de allegar capital privado hacia la financiación de su construcción.[3] No obstante, no se llegó a otorgar ninguna concesión en todo el período de vigencia de esa legislación.

Después de la fuerte expansión cuantitativa de la red de carreteras experimentada entre mediados del siglo XIX y el primer cuarto del siglo XX, en 1926 se encuentra un nuevo hito relevante en la transformación cualitativa de la red: el plan denominado Circuito Nacional de Firmes Especiales. El propósito de este plan era, manteniendo el diseño radial de la red —establecido desde el siglo XVIII y consolidado en el XIX—, reformar las carreteras que unían los principales núcleos de población. El mapa 1 muestra el diseño de este Circuito. El desarrollo del plan modernizó alrededor de 6.000 kilómetros de carreteras,[4] y fue financiado íntegramente con recursos presupuestarios, a los que se añadieron tasas específicas abonadas por los ayuntamientos de los municipios que atravesaban las carreteras, y por las empresas concesionarias de transporte por carretera.[5]

Es precisamente en esta época cuando se produce el primer intento de implantar autopistas en España. En un momento de gran entusiasmo con las perspectivas de

MAPA 1
Circuito Nacional de firmes especiales

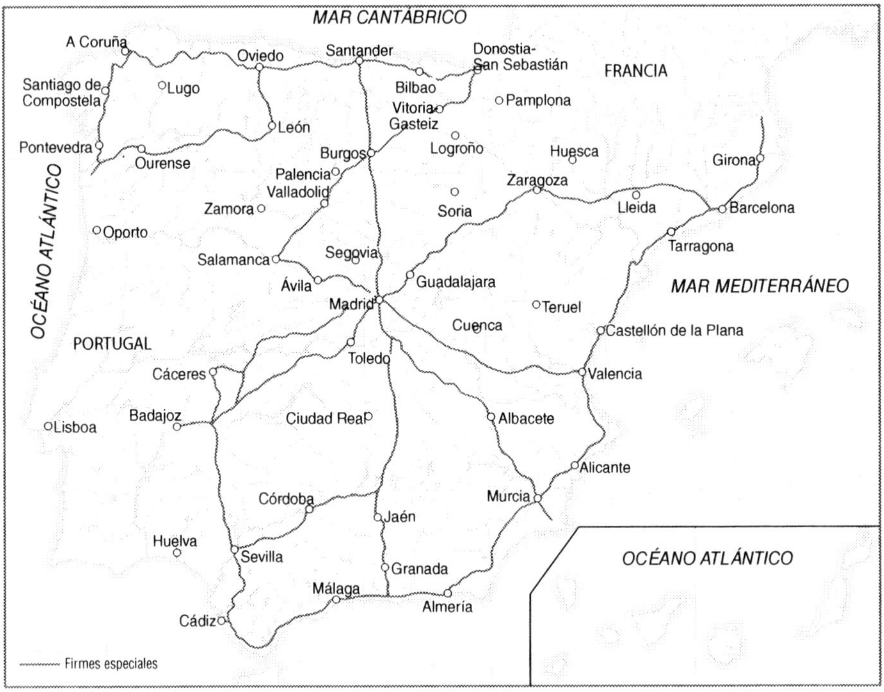

las autopistas de peaje, en julio de 1928 el gobierno autorizó al Ministerio de Fomento a otorgar las concesiones para la construcción y explotación mediante peaje de las autopistas Madrid-Valencia, Madrid-Irun y Oviedo-Gijón (Real Decreto-Ley de 28 de julio de 1928), con la asignación de subvenciones que debían completar la financiación obtenida con los peajes.[6] La Madrid-Valencia perseguía convertir esta ciudad en el puerto de la capital, y se previó una subvención de dos millones de pesetas. La Madrid-Irun perseguía conectar la capital con la frontera francesa para un uso especialmente turístico, y se previó un subsidio de tres millones de pesetas. Por último, la Oviedo-Gijón buscaba aliviar la congestión existente entre ambas ciudades, y se le asignó un subsidio de 250.000 pesetas.[7]

Pero los trabajos nunca llegaron a iniciarse, por motivos avanzados ya antes del otorgamiento de las concesiones: la inviabilidad de introducir este tipo de carreteras especiales en países que no habían completado la red ordinaria,[8] y la existencia de un nivel de tráfico demasiado exiguo —y básicamente urbano— para soportar los costes[9] incluso con subvenciones. Es decir, el mercado no sustentó un diseño radial de autopistas de peaje, para las que no había demanda, a pesar de la concesión de subvenciones públicas para financiarlas parcialmente. Así quedó frustrado el inicio de la red de autopistas en los años veinte. En la década siguiente no se planteó ni un solo estudio de autopistas de iniciativa privada,[10] y la implantación de autopistas en España tuvo que esperar otras cuatro décadas, hasta los sesenta.

Habida cuenta de la influencia que el régimen fascista de Mussolini en Italia tuvo sobre la dictadura de Primo de Rivera, es muy probable que la idea de establecer concesiones privadas para la construcción de autopistas en España siguiera las pautas de la política que se venía aplicando en Italia desde fines de 1922. Esta experiencia se revisa más adelante, junto con las de otros países europeos.

Durante la Segunda República se produce un cambio que es interesante destacar: en 1934 se prevé la expansión del Circuito de firmes especiales con 1.161 nuevos kilómetros, de los que 998 correspondían a carreteras transversales (entre las que primaban por su longitud la Valencia-Teruel-Zaragoza, la Sevilla-Granada, y la Salamanca-Cáceres).[11] Esta modificación paliaba parcialmente la gran radialidad del diseño inicial del Circuito, pero el advenimiento de la guerra civil impidió la ejecución práctica de tales planes.

Un nuevo programa de acondicionamiento de la red de carreteras se produce a mediados de siglo XX. En 1951 se inició el Plan de Modernización de Carreteras, cuyo resultado fue la adaptación del trazado para velocidades de 100 km/h en la mayor parte de las carreteras radiales.[12]

Es en la década de los sesenta cuando comenzó un período de modernización significativa de la red de carreteras. Con la apertura económica al exterior, establecida mediante el Plan de Estabilización de 1959, la economía española comenzó a crecer con intensidad y las infraestructuras de transporte se convirtieron en un cuello de botella para la actividad económica, sobre todo en las zonas más dinámicas del territorio español. En 1962 el informe *El Desarrollo Económico en España* del Banco Mundial[13] recomendaba un esfuerzo en reparación y conservación de la red viaria existente, y añadía que la única carretera importante de nueva construcción que sería necesaria en un futuro inmediato era la autopista de la costa de Levante, a lo largo de la costa del Mediterráneo, desde la frontera francesa hasta Murcia.

La reparación y conservación de la red viaria existente se acometió mediante el plan *Redia* (Red de Itinerarios Asfálticos), para el período 1967-1971. Este plan impulsó la modernización —aunque sin adquirir las características de autopista— de una serie de itinerarios de la red de carreteras, entre las que destacaban las seis carreteras radiales tradicionales (las nacionales I a VI) y la Madrid-Alicante. Otros itinerarios en los que se previeron actuaciones fueron la N-340 en los trayectos La Jonquera-Alicante y Málaga-Cádiz, y la N-634 entre San Sebastián y Oviedo.[14] El mapa 2 muestra el diseño del *Redia*. El plan fue aprobado en 1967 y se previó financiarlo íntegramente con recursos presupuestarios, con una dotación de 20.000 millones de pesetas.

MAPA 2
Plan *Redia*

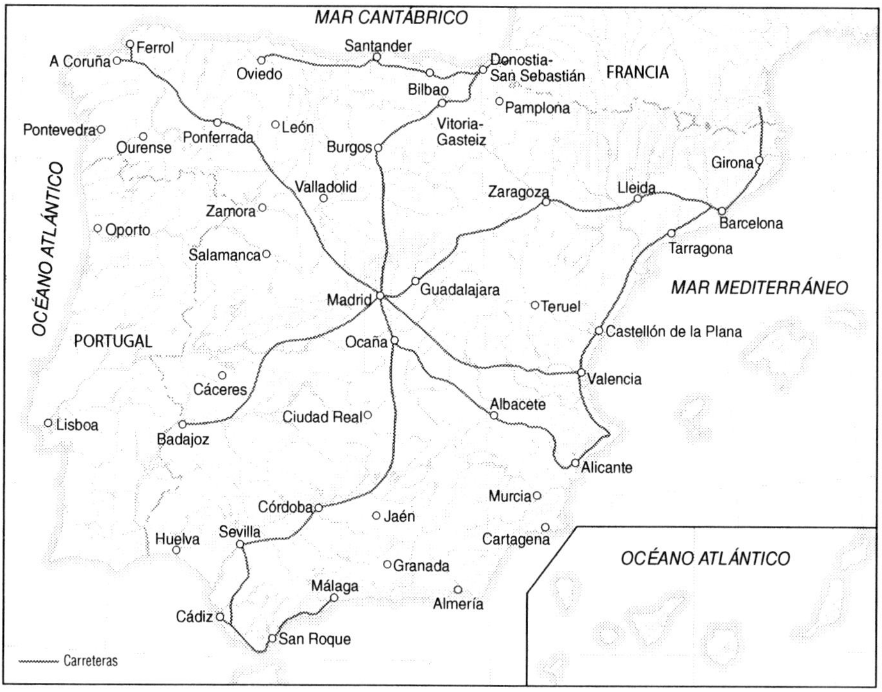

En opinión del profesor Cuadrado Roura,[15] esos planes «favorecieron además, y de forma singular, la mejora de los enlaces de Madrid con los principales centros de la periferia [...]. Casi el 75 por ciento de la red afectada corresponde, como puede observarse, a carreteras de conexión con Madrid (incluso con baja IMD. [intensidad media diaria de tráfico]), marginando itinerarios de carácter transversal o vertical (valle del Ebro, vía de la Plata —León-Extremadura— e interior de Andalucía, por ejemplo) que hubieran podido jugar un papel importante como elemento para el desarrollo de algunas áreas deprimidas del país». En la misma dirección, el profesor Izquierdo de Bartolomé coincide en que en ese período «el modelo territorial consolidó su configuración "Centro-Periferia" apareciendo importantes deseconomías de escala que dieron lugar a efectos *spread*, o de difusión, provocando una modificación de la distribución espacial de actividades».[16]

Algunas consecuencias a largo plazo de estos cambios en la distribución territorial de actividades se aprecian claramente en la tabla 3 del capítulo 1, que registra las alteraciones en los pesos en el PIB y en la población de cada región, entre mediados de los sesenta y mediados de los 2000. No es preciso reiterar aquí los comentarios sobre esos resultados, que el lector puede revisitar si lo desea.

Referencias del entorno: el desarrollo de la red de autopistas en los principales países europeos

En la Europa de entreguerras se inicia el desarrollo de la red de autopistas en los dos grandes países con regímenes dictatoriales: Italia (con autopistas de peaje) y Alemania (con autopistas libres). No es, sin embargo, hasta la década de los cincuenta, después de la segunda guerra mundial, cuando se generaliza la implantación de autopistas en los países europeos más importantes. Los países del centro y norte de Europa —de los que Alemania es un ejemplo paradigmático— optan por financiar las autopistas con presupuestos. Por el contrario, en el sur de Europa —especialmente en Francia e Italia— la opción elegida es la de los peajes.

Alemania

La primera carretera con características de autopista en Europa fue la Automobil-Verkehrs-und Übungs-Straße (AVUS), pequeño autódromo en el sudeste de Berlín, que entró en servicio en 1921, aunque su longitud era muy pequeña. Por ello, en la práctica se puede considerar como la primera autopista alemana el tramo de 20 kilómetros que entró en servicio en 1932 entre Colonia y Bonn, dentro del eje norte-sur Hamburgo-Francfort-Basilea (Suiza). Este eje había sido priorizado como primer corredor de autopista en Alemania, al ser el que cargaba más tráfico comercial. Después de estas experiencias preliminares, la red comenzó a expandirse con intensidad a mediados de los años treinta, bajo el gobierno de Hitler. En mayo de 1935 entró en servicio el tramo Francfort-Darmstadt, de alrededor de 40 kilómetros, al que siguieron 26 nuevos tramos en 1936.[17] El caso alemán es interesante porque, aun siendo financiado con los presupuestos públicos, no prioriza las rutas que afectan a la capital política, Berlín, sino las rutas con mayor tráfico y actividad comercial.

La extensión de las autopistas alemanas llegó a 2.128 kilómetros en 1942, lo que constituía una red espectacular en ese momento. La opción de financiación con el presupuesto pudo ser crucial para lograr una extensión tan amplia de la red. La impresión que las autopistas alemanas causaron al general Eisenhower en los años finales de la segunda guerra mundial se considera uno de los principales factores que le llevaron —en su etapa de presidente de Estados Unidos— a impulsar la construcción del sistema interestatal de autopistas, promovido a partir de la National Interstate and Defense Highway Act de 1956.[18] La construcción de autopistas en Alemania se reanudó en 1953, en el contexto de la reconstrucción del país tras la guerra, y hacia 1975 habían entrado en servicio alrededor de 6.000 kilómetros,[19] aproximadamente la mitad de la red actual. Desde el primer momento, la financiación de las autopistas alemanas se efectuó con cargo al presupuesto público.

Francia

El primer proyecto de autopista en Francia comenzó en 1937, con la construcción de una hacia el este de París, pero su desarrollo fue interrumpido por la segunda guerra mundial.[20] La implantación efectiva de autopistas en Francia se inició en los años cincuenta. El ritmo de expansión inicial de la red fue muy pausado. En 1960 se habían creado 160 kilómetros de autopistas, de los cuales 10 eran financiados con peaje y el resto con el presupuesto.[21] La red creció muy rápidamente en las dos décadas siguientes, con la creación de casi 5.000 kilómetros de autopistas, de los cuales el 75 por ciento se financiaban con peajes. Así, en 1980 Francia disponía ya de la mitad de la extensión actual de la red, que es de casi 11.000 kilómetros.

Las concesiones de peaje entre 1956 y finales de los sesenta fueron asignadas a empresas bajo control público. El escaso desarrollo de la red llevó al Gobierno francés a abrir las concesiones a compañías privadas, por lo que entre 1970 y 1973 se les otorgaron cuatro concesiones, que sumaban un total de más de 1.000 kilómetros. Pero la mayoría de los nuevos kilómetros concesionados en los años setenta siguieron recayendo en compañías públicas. Además, a raíz de la crisis económica de principios de los ochenta, las concesiones privadas afrontaron serios problemas financieros, que llevaron a la nacionalización de tres de las cuatro concesiones privadas.[22]

La hegemonía del sector público se mantuvo hasta mediados de los 2000. En 2006, el Gobierno privatizó las tres principales concesiones (Autopistas del Sur de Francia —ASF—, Autopistas París-Rin-Ródano —APRR—, y Sociedad de Autopistas del Norte y Este de Francia —SANEF—), que sumaban alrededor de 7.000 kilómetros.[23] En la actualidad, casi los tres cuartos de la red de autopistas son de peaje, y los gestionan empresas privadas. Su distribución en el territorio francés es equilibrada, a diferencia de la distribución de autopistas de peaje en España.

Italia

La construcción de autopistas mediante concesiones a empresas privadas fue estimulada desde el inicio del período de gobierno fascista. En 1923, el Ministerio de Obras Públicas fue reformado con el objetivo de estimular la cooperación entre el Estado y las empresas privadas para la promoción de las obras públicas. La reforma permitió la expansión del sistema de concesiones, proporcionó amplia flexibilidad legal,[24] y configuró el marco para aplicar una nueva política de financiación y gestión de las autopistas: la concesión de la construcción y la gestión a empresas privadas, que recibirían un peaje pagado por los usuarios como principal fuente de ingresos para financiar las nuevas autopistas.

En octubre de 1922, Mussolini había accedido al gobierno, y en diciembre estableció un acuerdo con una empresa privada creada por Piero Puricelli, a quien otorgó (aun antes de la reforma del marco legislativo efectuada en 1923) el derecho a construir y operar la autopista entre Milán y los lagos de Como, Lugano y Mayor.[25] El Estado proporcionó garantía por los bonos emitidos por el concesionario, y un subsidio a la empresa.[26] La primera parte de la autopista Milán-lagos fue completada en septiembre de 1924 y la segunda en septiembre de 1925;[27] fue la primera autopista de peaje en Europa.

En adelante, y como regla general, el Estado otorgó concesiones a empresas privadas para la construcción y gestión de autopistas por un período de cincuenta años. Como la demanda era baja, el Estado proporcionaba un subsidio anual, además de las aportaciones efectuadas por los gobiernos locales interesados. El concesionario privado emitía bonos garantizados por el Estado y por los gobiernos locales.[28] Como consecuencia de esto, la inversión efectuada por las empresas privadas representaba una fracción pequeña del capital necesario,[29] y la obtención de apoyo financiero estatal fue habitualmente una condición sine qua non.[30]

A partir de 1923 se construyeron seis autopistas en un breve espacio de tiempo. A la Milán-lagos le siguió la Milán-Bérgamo, y después la Nápoles-Pompeya, Brescia-Bérgamo, Turín-Milán, Florencia-mar y Venecia-Padua. Pero el tráfico no era suficiente para cubrir costes, y la mayoría de las concesiones fueron nacionalizadas en la década de los treinta para salvar a las empresas del colapso financiero.[31] Sólo las autopistas Nápoles-Pompeya, Turín-Milán y Venecia-Padua quedaron en manos privadas, aunque esta última gracias a subsidios masivos proporcionados por gobiernos locales.[32] El Estado mantuvo los peajes en las autopistas nacionalizadas.

Después de la segunda guerra mundial, el Estado reanudó el desarrollo de la red de autopistas, manteniendo el peaje como fórmula de financiación y otorgando concesiones a una agencia subsidiaria del Istituto per la Ricostruzione Industriale (IRI, creado en 1933, y precursor del Instituto Nacional de Industria en España), encargada de su construcción y gestión. Así, en 1950 se le encargó la construcción del enlace Milán-Nápoles, que recibió un subsidio del Estado del 36 por ciento del coste total. Hacia 1970, después de dos décadas, la red italiana de autopistas había llegado a casi 4.000 kilómetros. En 1975 alcanzó los 5.900 kilómetros,[33] casi el 90 por ciento de los que tiene en la actualidad, y de los que alrededor del 95 por ciento eran gestionados por el sector público y sólo el 5 por ciento por empresas privadas.

Al igual que sucedió en Francia, el sector privado ha tomado el protagonismo en la gestión de autopistas en la última década. En 1999 el Gobierno privatizó las concesiones en manos de la agencia pública Autostrade, que incluían el 60 por ciento de la red. En la actualidad, alrededor del 80 por ciento de la red italiana de autopistas es de peaje, y más del 85 por ciento de éstas son gestionadas por empresas privadas.[34] Su distribución en el territorio italiano es equilibrada.

Síntesis

La regla general seguida en los países del centro y norte de Europa, así como en los anglosajones, para la financiación del desarrollo de sus redes de autopistas fue el empleo de fondos presupuestarios. Los grandes países mediterráneos, Francia e Italia, recurrieron al uso de peajes directos a los usuarios. Tras los momentos iniciales de protagonismo del sector privado en Italia, en los años del régimen fascista, a partir de mediados del siglo XX las redes se extienden con autopistas de titularidad y gestión mayoritariamente pública. Tanto en Francia como en Italia, la red se expande prioritariamente en los corredores de mayor nivel de tráfico, y el mapa de los peajes presenta una distribución territorial muy equilibrada. El modelo de peajes fue también el adoptado más tarde por los pequeños países mediterráneos, Portugal y Grecia. En Portugal, el sector privado sería el encargado de construir y explotar la red, mientras que en Grecia la expansión de las autopistas de peaje fue protagonizada por la empresa pública.

¿Por qué los países del sur de Europa optaron por el modelo de peaje? La financiación presupuestaria de las infraestructuras presenta dos requisitos conectados: (a) la voluntad política de cobrar impuestos, y (b) disponer de un sistema fiscal moderno y eficaz, para que los ingresos tributarios sean suficientes para financiar estas políticas. En la época en que se inició la expansión de las redes de autopistas de peaje, y aún en la actualidad, los países del sur de Europa han estado menos predispuestos que los del centro y el norte a la fiscalidad general. A finales de los sesenta en Alemania, Holanda, Bélgica y Austria la presión fiscal estaba en torno al 25 por ciento del PIB, por debajo de los escandinavos y Reino Unido.

Pero por encima de Francia e Italia, donde estaba alrededor del 20 por ciento. La presión fiscal en España estaba en torno al 13 por ciento, muy por debajo incluso de Grecia.[35] Además, los sistemas fiscales mediterráneos eran los más arcaicos de Europa, con la posible excepción de Francia. Tenemos, por tanto, el elemento fundamental del porqué de los peajes: las insuficiencias presupuestarias y la ausencia de voluntad política para aumentar la fiscalidad general.

La implantación y desarrollo de las autopistas en España

Después del fracaso práctico de las primeras concesiones de autopistas (financiadas con peaje y subsidios) en la época de Primo de Rivera, pero nunca construidas, España llega a la década de los sesenta sin disponer de autopistas interurbanas.

El informe del Banco Mundial de 1962,[36] mencionado más arriba, había establecido que la única carretera importante de nueva construcción que sería necesaria en un futuro inmediato era la autopista a lo largo de la costa del Mediterráneo, desde Francia hasta Murcia. Esta carretera atravesaría zonas de máxima intensidad de tráfico en España, intensidad que además aumentaba con especial rapidez. Pasaría por importantes zonas industriales y agrícolas, y serviría a algunas de las zonas turísticas más importantes del país. El informe añadía que el aumento de tráfico podía aconsejar la construcción de vías rápidas en otros tramos en un futuro cercano.

Cinco años después del Informe del Banco Mundial se redactó el Programa de Autopistas Nacionales Españolas (PANE) de 1967. Este programa previó la construcción

Mapa 3
Programa de Autopistas Nacionales Españolas 1967

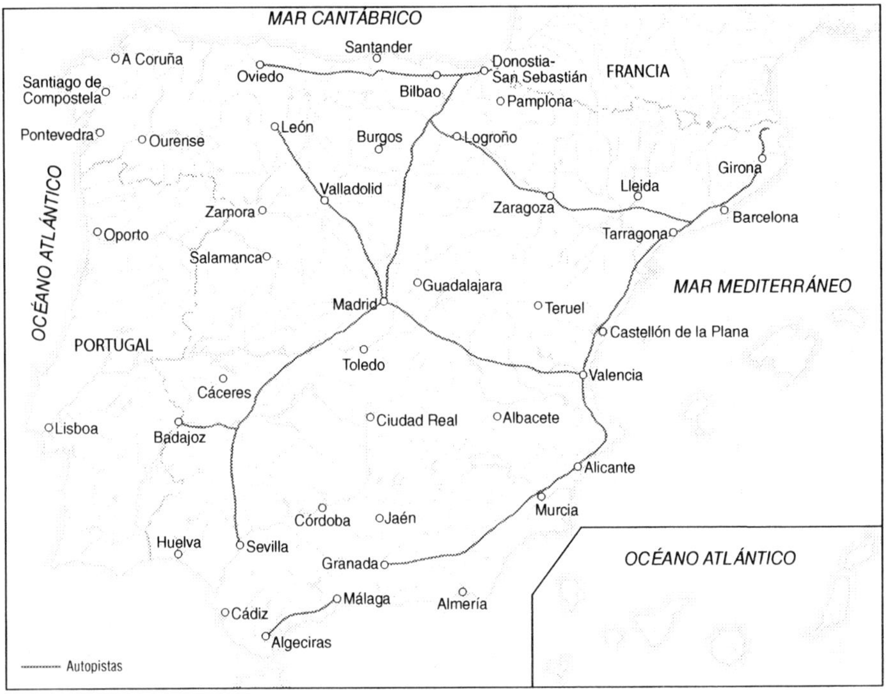

de 3.160 kilómetros de autopistas de peaje, dispuestos como refleja el mapa 3. Hasta 1972 se adjudicaron los primeros tramos: La Jonquera-Barcelona-Tarragona, Montgat-Mataró y Bilbao-Behovia. Les siguieron las concesiones Villalba-Villacastín-Adanero, Sevilla-Cádiz y Salou-Valencia-Alicante. La posibilidad de disfrutar de autopistas de peaje levantó grandes expectativas en todo el país, así como presiones políticas e institucionales.[37] La actualización del PANE, el Avance del Plan Nacional de Autopistas, de 1972, preveía 6.430 kilómetros de autopistas de peaje, cuya disposición se muestra en el mapa 4.

En 1975 se habían adjudicado 2.042 kilómetros, mediante las concesiones incluidas en la tabla 1.

Mapa 4
Avance del Plan Nacional de Autopistas 1972

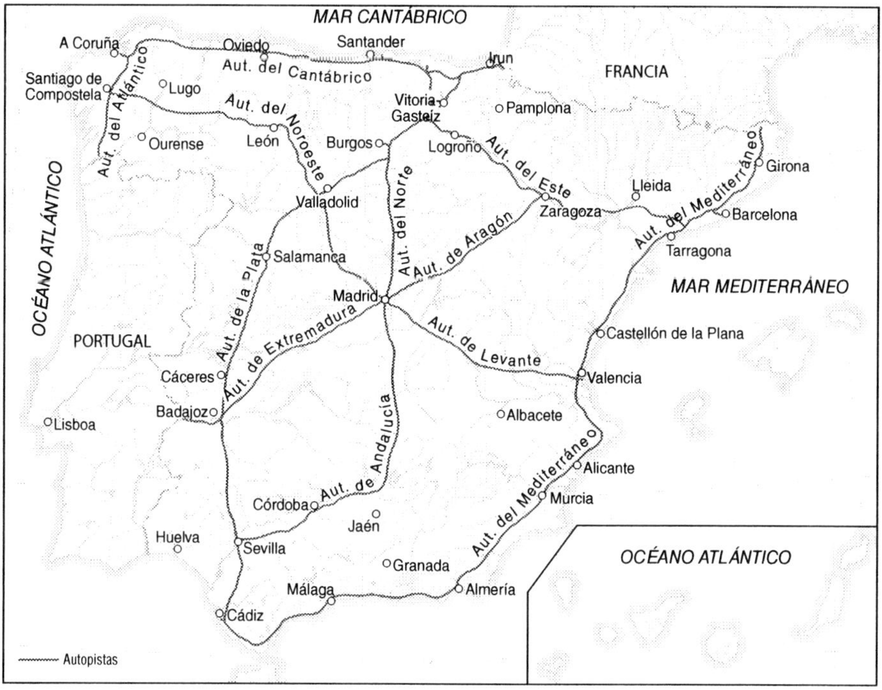

En España, la fórmula de financiación con peajes fue la escogida, en los años sesenta, aunque nada se decía al respecto en el informe del Banco Mundial. Tampoco era ésa inicialmente la previsión del Gobierno, pero las insuficiencias del sistema fiscal español pudieron desempeñar un papel importante en esa decisión, como muestra la apreciación de Sansalvadó: «Aunque documentos importantes como el Plan General de Carreteras de 1961 y el Planeamiento de 1964 reivindican la posibilidad de financiar las infraestructuras viarias a través de las figuras impositivas establecidas, lo cierto es que era ampliamente reconocida la insuficiencia de nuestro sistema fiscal».[38] En el PANE de 1967 ya se explicitó la opción de la financiación por peajes.[39]

TABLA 1
Concesiones de autopistas de peaje hasta 1975

Concesionaria	Tramo	Fecha	Plazo (años)
Acesa	La Jonquera-Barcelona	06.02.67	37
	Montgat-Mataró	06.02.67	37
	Barcelona-Tarragona	29.01.68	37
	Montmeló-Papiol	1974	-
Iberpistas	Villalba-Villacastín	29.01.68	50
	Villacastín-Adanero	30.09.72	50
Europistas	Bilbao-Behovia	23.03.68	35
Bética de Autopistas	Sevilla-Cádiz	30.07.69	24
Marenostrum	Salou-Valencia	08.09.71	27
	Valencia-Alicante	22.12.72	27
Audenasa	Tudela-Irurzun	08.06.73	41
Audasa	Ferrol-Coruña-Santiago-Pontevedra-Vigo-Tuy	18.07.73	39
Acasa	Zaragoza-El Vendrell	25.07.73	25
Vasco-Aragonesa	Bilbao-Zaragoza	10.11.73	22
Eurovías	Burgos-Malzaga	26.06.74	20
Aucalsa	Campomanes-León	17.10.75	46

Notas: • La Tudela-Irurzun depende en parte de la Diputación Foral de Navarra.
• Aumar absorbió el tramo Sevilla-Cádiz, y Acesa el tramo Zaragoza-El Vendrell.
• En 1976 se concedió provisionalmente el tramo Bilbao-Santander, pero la adjudicación definitiva no llegó a producirse.

Fuente: Germà Bel, «Financiación de infraestructuras viarias: la economía política de los peajes», *Papeles de Economía Española*, 82, 123-139, p. 124.

Las deficiencias del sistema fiscal y la falta de voluntad para modernizarlo dificultaron la financiación presupuestaria de las autopistas, opción inicialmente contemplada en la primera mitad de los sesenta. Otro factor que pudo inducir a la elección del peaje como instrumento de financiación fue la previsión de importante tráfico turístico,[40] en gran parte procedente del exterior.

Por último, no existe todavía una explicación consistente para la elección del sistema de concesiones privadas para la construcción y explotación de autopistas de peaje, en un contexto en que Francia e Italia habían optado por los peajes bajo gestión pública en la misma época. El hecho de que las concesionarias privadas españolas hiciesen uso del aval estatal para obtener créditos en el exterior, indica claramente que el Estado no tenía menor acceso a la financiación exterior que las concesionarias privadas. Es probable que la influencia de las opciones de la política italiana de autopistas en los años de Mussolini, presente en los frustrados planes de Primo de Rivera, hubiese quedado como legado durante el régimen franquista. Ésta es una hipótesis que merece una futura investigación.

El sistema de peaje directo no se mostró demasiado eficaz para la expansión de la red. El aumento de las autopistas de peaje en explotación fue muy lento. De los 6.430 kilómetros previstos en 1972 y los 2.042 adjudicados en 1975, en 1985 estaban en explotación sólo 1.807 kilómetros de autopistas de peaje. Las concesiones de autopistas se interrumpieron de forma abrupta con la crisis económica de los setenta. Los 2.042 kilómetros concesionados hasta 1975 (no todos en explotación) no experimentaron variación alguna hasta 1987, cuando se produjo una nueva concesión a la empresa privada: la Autopista Sant Cugat-Manresa (A-18), competencia de la Generalitat de Cataluña.

Del total de 1.807 kilómetros de la red de peaje en servicio a mediados de los ochenta, algo más de dos tercios estaban en el corredor del Mediterráneo (La Jonquera-Alicante) y en el valle del Ebro (Bilbao-El Vendrell). El mapa 5 plasma sobre el territorio los tramos de autopista de peaje que entraron en servicio. Por cierto, es curioso, y quizá también relevante, comprobar que esos corredores coinciden sustancialmente con las primeras carreteras romanas, del siglo I d.C., que muestra el mapa 6. ¡Los romanos ya dedicaban una atención prioritaria a las carreteras de las principales rutas comerciales!

Explicar por qué las autopistas de peaje se hicieron donde se hicieron es perentorio. La financiación a cargo del usuario ofrece incentivos para priorizar las rutas con mayor actividad comercial y perspectivas de crecimiento, lo que redunda en la recuperación de costes. Por eso,

Mapa 5

Autopistas de peaje que entraron en servicio entre 1967 y 1985

Mapa 6
Mapa de calzadas romas de Estrabón. Siglo I d.C.

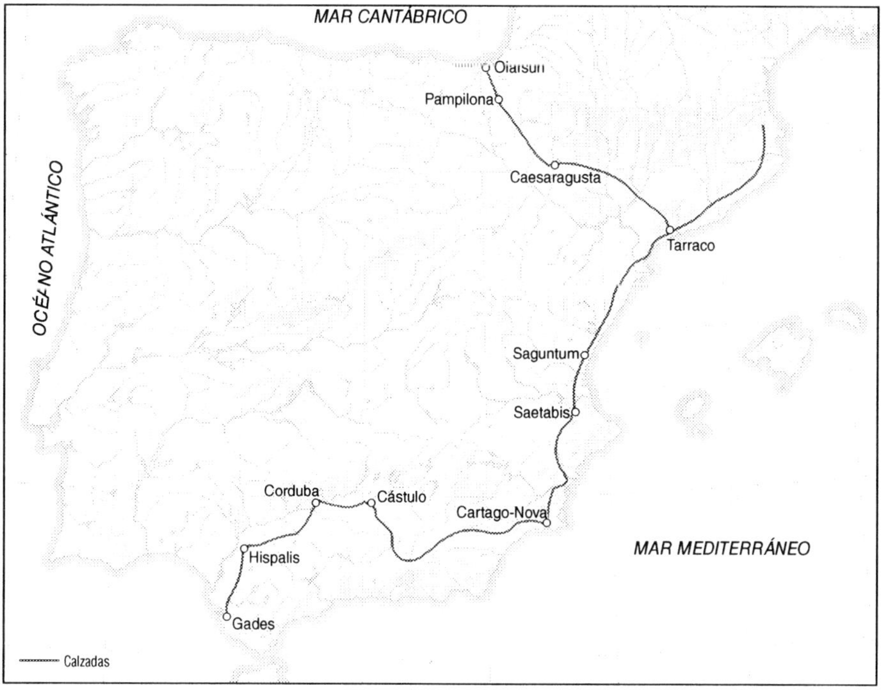

como es lógico, las primeras concesiones significativas (1967-68) se realizaron en el corredor con más crecimiento económico y, por tanto, con más incremento de tráfico— particularmente de mercancías— y con mejores expectativas de rentabilidad: los tramos entre La Jonquera y Tarragona, y entre Montgat y Mataró.[41] Es decir, en el corredor que había recomendado el Banco Mundial en su informe de 1962. A finales de 1973, los únicos trayectos que habían sido concedidos de forma bastante completa eran La Jonquera-Alicante y El Vendrell-Bilbao. En efecto, el Mediterráneo y el valle del Ebro eran los corredores donde la actividad económica y el tráfico pesado crecían más. Al ser los corredores más dinámicos en tráfico de pasajeros y de mercancías, ofrecían mayor potencial para la obtención de ingresos por peaje.

Desde mediados de los setenta se venían discutiendo ya una serie de problemas del modelo de peajes en España. En 1974, el *Informe sobre las Autopistas Nacionales de Peaje*[42] destacaba la reducción de la tasa de crecimiento del tráfico, el encarecimiento de los recursos ajenos y el alto coste de construcción de las autopistas de peaje españolas. La crisis económica de los setenta introdujo muchas dudas sobre las perspectivas de inversión en nuevos tramos de autopistas, pues éstos no presentarían unas expectativas de tráfico tan buenas como los que se habían concedido en primer lugar. En efecto, con la crisis económica las concesiones se cortaron en seco. Nadie tenía interés en perder dinero invirtiendo en corredores con menores expectativas de rentabilidad.

Además de la muy limitada expansión de la red conseguida, otro elemento de insatisfacción con la política de concesiones de autopistas de peaje fue el perjuicio causado a la Hacienda pública a medio y largo plazo. Desde sus inicios, las concesiones de autopistas incluían cláusulas mercantiles, fiscales y financieras favorables para las concesionarias, cláusulas que se sistematizaron de forma estable en la Ley 8/1972, de construcción, conservación y explotación de autopistas en régimen de concesión. Estas cláusulas impusieron gravámenes muy onerosos sobre la Hacienda, especialmente en el caso del seguro de cambio a cargo del Estado para los capitales obtenidos en el exterior con el objetivo de financiar la construcción de las autopistas. A través de este mecanismo, el Estado se comprometía a facilitar a la concesionaria las divisas para el pago de servicio de la deuda al mismo tipo de cambio de compra vigente el día de constitución del préstamo. De hecho, posteriormente el seguro de cambio sería derogado para las nuevas concesiones, en la Ley de Carreteras de 1988. Hasta 1996, el coste del seguro de cambio para el Estado fue de 2.885,17 millones de euros, cifra que suponía la aportación pública de más de cuatro euros por cada euro efectivamente desembolsado por los inversores privados.[43]

Ya en la recta final de la etapa de gobierno de la Unión de Centro Democrático —UCD—, en el verano de 1982, el ministro de Obras Públicas anunció la necesidad de completar hasta 4.000 kilómetros la red de autopistas en el horizonte del año 2000, y propuso la constitución de una empresa pública que financiase la construcción de 1.500 kilómetros de autopistas de peaje y se hiciera cargo de su gestión. Los tramos indicados eran: Alicante-Murcia, Madrid-Zaragoza, Madrid-Toledo, Bilbao-Santander y Santiago-Pontevedra.[44] El sentido de estos nuevos tramos era completar el trazado sugerido por el Banco Mundial para el corredor del Mediterráneo, culminar la conexión entre Barcelona y Madrid, modernizar el corredor cantábrico, conectar las principales zonas urbanas de Galicia y enlazar Madrid con Toledo.

Sin embargo, estos anuncios preelectorales —que parecían inspirados en las prácticas seguidas en las décadas precedentes en Francia e Italia— no llegaron a buen término, puesto que las elecciones a Cortes Generales del 28 de octubre de 1982 se saldaron con la derrota del partido en el gobierno.

De la financiación con peajes a la financiación con presupuestos: las autopistas libres de peaje

El Partido Socialista Obrero Español —PSOE— obtuvo la mayoría absoluta en las elecciones de 1982, y accedió al gobierno en diciembre. El nuevo Gobierno creó en 1984 la Empresa Nacional de Autopistas (ENAUSA), que absorbió varias concesiones en situación de quiebra e incapaces de ejecutar tramos adjudicados: Ferrol-Coruña-Santiago-Pontevedra-Vigo-Tuy (Autopistas del Atlántico, AUDASA), Tudela-Irurzun (Autopistas de Navarra, AUDENASA) y Campomanes-León (Astur-Leonesa, AUCALSA). Y, en términos más generales, estableció un modelo de financiación presupuestaria para las nuevas autopistas —denominadas autovías— en el Plan General de Carreteras (PGC) 1984-1991.

Con esta decisión el modelo de infraestructuras viarias se alejaba del modelo de los grandes países del Mediterráneo y se acercaba a los modelos centro y norte europeos, y a los anglosajones. Los motivos para este cambio de política fueron diversos. En primer lugar, existían motivaciones de tipo fiscal. La financiación presupuestaria exigía superar las dificultades del sistema fiscal del tardofranquismo. Con la introducción del Impuesto sobre la Renta de las Personas Físicas —IRPF— en 1977 se había dado ya un gran paso en esa dirección. El Gobierno socialista adoptó una pauta de aproximación de la presión fiscal a la media de los países de la Comunidad Europea. Esta decisión, además del recurso al endeudamiento público, hacía posible la financiación presupuestaria de carreteras, entre otros programas. Además, la entrada en la CEE y el acceso a los fondos de política regional permitían allegar recursos presupuestarios adicionales para la construcción de autopistas.

En segundo lugar, el tipo de diseño que se estableció para la mayoría de autopistas libres en el Plan General de Carreteras, derivado de la posibilidad de desdoblar los trayectos ya existentes, permitía una reducción significativa de los costes de la inversión. A este tipo de carreteras se les denominó autovías, denominación que es prácticamente exclusiva de España, y que en este texto sólo se usa en el contexto terminológico del PGC 1984-1991 (con significado equivalente al de «autopistas libres»).

Además de la menor inversión derivada del aprovechamiento de la vía preexistente, se podía prescindir de inversiones adicionales (mayor impermeabilización de la vía e instalaciones para el cobro de peajes). La combinación de mayores recursos fiscales disponibles y menores costes exigidos por la inversión permitió agilizar el proceso de dotación de autopistas. De hecho, si los planes anticipados al final del período de gobierno de la UCD perseguían el logro de 4.000 kilómetros de autopistas en el año 2000, ya a finales del año 1990 la red de autopistas de competencia estatal llegó a esa extensión, gracias sobre todo a la entrada en servicio de 1.707 kilómetros de autopistas libres entre 1986 y 1990.

En este punto es conveniente dedicar una atención más detallada al contenido del Plan General de Carreteras 1984-1991 y a su desarrollo práctico. Las actuaciones más significativas del PGC se estructuraron en los siguientes programas: transformación en —o construcción nueva de— autovías; actuaciones en el medio urbano —ACTUR—; acondicionamiento de la red —ARCE—; y actuaciones de reposición y conservación —RECO—. Estos dos últimos programas tenían efectos particularmente en seguridad vial.

Las principales actuaciones en autopistas libres, por cantidad de kilómetros, programadas en la primera fase

(1984-1987) del PGC eran: Ocaña-Bailén (N-IV), Guadalajara-Zaragoza (N-II), Madrid-Burgos (N-I), Alicante-Almansa (N-330) y Alicante-Murcia (N-340). Para la segunda fase (1988-91), Madrid-Badajoz (N-IV), Adanero-Benavente (N-VI), Valencia-Albacete (N-430), Bailén-Sevilla (N-IV), Burgos-Tordesillas (N-620), Lleida-Martorell (N-II) y Valencia-Utiel (N-III). El PGC también contenía otros tramos de menor extensión, una relación completa de los cuales puede encontrarse en la tabla 2 del PGC.[45] El programa de autovías sumaba un total de 3.250 kilómetros, con un presupuesto inicial de 330.000 millones de pesetas (1.980 millones de euros).[46]

El desarrollo del PGC, por lo que respecta a la creación de autopistas libres, quedó prácticamente culminado en 1993. El volumen de recursos empleados en la ejecución del plan fue muy superior a la prevista inicialmente, debido sobre todo al gran aumento de la inversión en autovías (7.500 millones de euros), que consumió casi la mitad de los recursos totales del plan. Esto se debió, por una parte, a la desviación respecto al coste previsto en las actuaciones inicialmente incluidas, y por otra, a la inclusión sobre la marcha de nuevas actuaciones.

La consecuencia inmediata fue la espectacular extensión de la red de autopistas en España. A 31 de diciembre de 1993 habían entrado en servicio 3.045,4 kilómetros de autopistas libres ejecutadas en el marco del PGC, mientras que estaban en ejecución 385,6 kilómetros. En total sumaban 3.431 kilómetros, algo menos de 200 kilómetros por encima de la previsión inicial. En el mismo período, el número de kilómetros de autopista de peaje de titularidad estatal que entraron en servicio queda muy por debajo del centenar. La tabla 2 muestra los kilómetros de autopista libre que entraron en servicio hasta finales de 1993, detallados por ruta.[47]

TABLA 2

Programa de autovías del Plan General de Carreteras. Tramos en servicio a 31 de diciembre de 1993

Autovía	Km en servicio		
Norte (Madrid-Burgos)	222,5		
Nordeste (Madrid-Zaragoza)	280,8		
Nordeste (Lleida-Cervera)	46,1		
Nordeste (Igualada-Martorell)	40,0		
Levante (Madrid-Valencia y Alicante)	436,8		
Andalucía (Madrid-Sevilla)	519,8		
Andalucía (Jerez de la Frontera-Pto. Sta. María)	6,2		
Extremadura (Madrid-Badajoz)	290,4		
Noroeste (Adanero-Benavente)	157,5		
Sevilla-Huelva	64,0		
Asturias (Campomanes-Oviedo)	34,8		
Este (Utiel-Valencia)	57,2		
Murcia-Cartagena	55,3		
Las Pedrizas-Málaga	41,7		
Madrid-Toledo	59,4		
SUBTOTAL RADIALES		2.312,5	75,9 %
Mediterráneo (*by-pass* Valencia, Alicante-Murcia, Puerto Lumbreras-Baza y Almería-Adra)	362,1		
Costa del Sol (Málaga-Algeciras)	117,2		
Atlántico (Vigo-Frontera portuguesa)	30,9		
Santander-Torrelavega	17,7		
Alcoy-Cocentaina	3,4		
Castilla (Burgos-Tordesillas)	175,2		
Oviedo-Pola de Siero	26,4		
SUBTOTAL TRANSVERSALES		732,9	24,1 %
TOTAL		3.045,4	100,0 %

Fuente: Elaborado a partir de información de la Dirección General de Carreteras y del Instituto de Estudios del Transporte del Ministerio de Obras Públicas, Transporte y Medio Ambiente.

De la tabla 2 se desprende que las carreteras básicas de la red radial (N-I a N-VI) concentraron la mayor parte de las actuaciones. A ello se añade que la transformación en autopista en la N-301 y en la N-330 se había centrado en los tramos que sirven a la comunicación Madrid-Levante Sur. Por último, la A-69 es la prolongación natural de la N-IV hacia Huelva. Las únicas actuaciones de cierto relieve en corredores transversales se produjeron en la N-340, entre Alicante y la provincia de Cádiz, y en la transversal N-620, que sirve a la comunicación entre la frontera francesa y la frontera portuguesa. El mapa 7 muestra la posición en el territorio español de los tramos de autopista libre que entraron en servicio.

MAPA 7

Autopistas libres que entraron en servicio entre 1985 y 1993

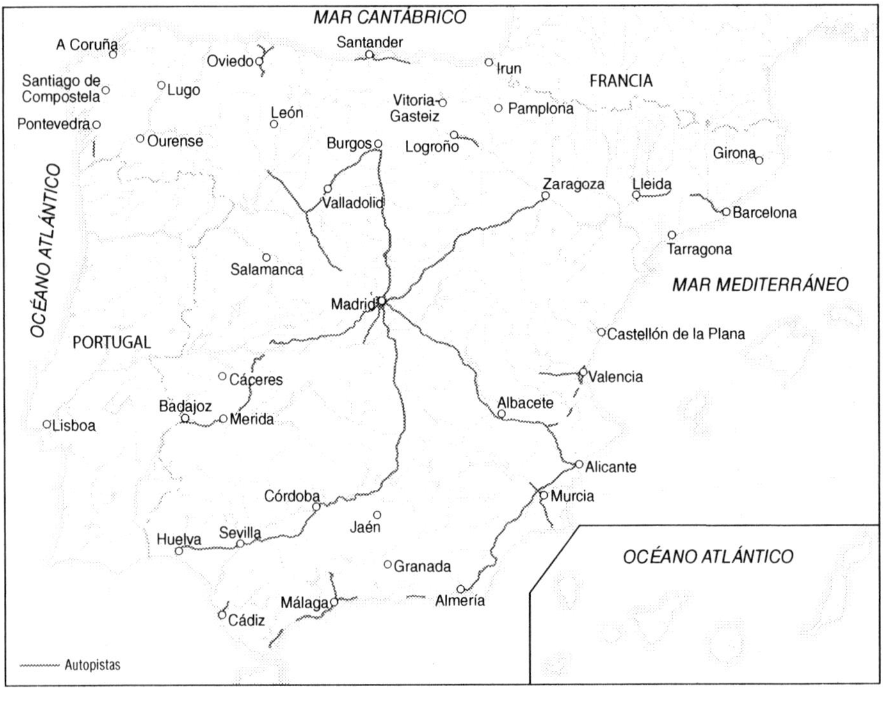

El resultado de la ejecución de las autovías del PGC 1984-1991 fue descrito con claridad en 1994 por el secretario general para las Infraestructuras del Transporte Terrestre, Emilio Pérez Touriño: «Es una red cuya característica es que ha culminado en dotar de vías de alta capacidad a la radialidad de nuestro país [...] en cuanto a dotación de alta capacidad, la red se concentra en culminar las conexiones radiales de nuestro país, además de alguna otra actuación de relevancia».[48]

Otra cuestión diferente es si las prioridades que se fijaron en el Plan General de Carreteras 1984-1991 fueron las correctas. Ciertamente, algunas de las autopistas radiales se situaban en trayectos interurbanos que no disponían de autopistas y que tenían mayores intensidades medias diarias (IMD) de tráfico. Las excepciones más relevantes a estos factores se encontraban en algunos trayectos de la segunda fase, como las autopistas Madrid-Badajoz y Burgos-Tordesillas, que tenían unas IMD relativamente menores. Pero pesó el hecho de que eran las rutas que conectaban Portugal con el centro peninsular (la primera) y con las rutas europeas (la segunda), además de criterios políticos argumentados sobre la base del «reequilibrio territorial».

Por otra parte, en un modelo de financiación presupuestaria se dio un factor añadido de gran relevancia. Las cuatro comunidades autónomas en las que se construyeron más autopistas entre 1985 y 1993 son Castilla-La Mancha, Andalucía, Castilla y León, y la Comunidad Valenciana, todas ellas regiones Objetivo 1 de la Comunidad Europea. Esto permitió obtener niveles de cofinanciación muy elevados de la Política Regional de la CEE, mediante el FEDER.

Sin embargo, parece también discutible que —tomando en consideración conjuntamente criterios de intensidad de tráfico y de reequilibrio territorial— algunas de las prioridades seleccionadas fuesen más consistentes que otras alternativas que no fueron seleccionadas, o cuya ejecución sufrió largas demoras en el tiempo. La tabla 3 presenta las intensidades medias diarias de tráfico en 1983 (datos disponibles en el momento de la elaboración del PGC 1984-1991) en las estaciones de aforo de menor tráfico en algunas carreteras de Andalucía, Extremadura, y Castilla y León. Todas estas regiones eran Objetivo 1 de la CEE.

TABLA 3
IMD en 1983 y situación en PGC 1984-1991

Carretera	IMD 1983 mínima	Tramo con IMD mínima	¿Autovía en PGC 1984-1991?	IMD 2008
N-340 Málaga-Algeciras	6.960	San Roque	Ejecución demorada	33.399
N-340 Algeciras- Cádiz	5.658	Algeciras-Tarifa	No prevista	11.888
N-630 Sevilla-Mérida/ Badajoz	3.108	El Ronquillo	No prevista	8.154
N-V Madrid-Trujillo	5.125	Navalmoral Mata-Trujillo	Sí	10.665
N-V Trujillo-Badajoz	3.088	Trujillo-Mérida	Sí	7.387
N-I Madrid-Aranda de Duero	5.919	Sur de Aranda	Sí	17.424
N-I Aranda de Duero-Burgos	5.609	Norte de Aranda	Sí	20.039

Fuente: Mapa de tráficos de 1983 y de 2008. Ministerio de Obras Públicas y Urbanismo, y Ministerio de Fomento.

Las rutas de la parte superior de la tabla corresponden a corredores transversales: el corredor mediterráneo extendido hasta Cádiz y la ruta de la Plata, respectivamente. Las rutas inferiores corresponden a carreteras radiales de conexión con Madrid. No se puede atribuir a una lógica de demanda ni de solidaridad interterritorial priorizar el cierre de autovía entre Navalmoral de la Mata y Trujillo por delante de la ruta entre Cádiz y Algeciras. La comparación entre ésta y el tramo Trujillo-Badajoz es todavía más expresiva. Algo similar sugiere la comparación entre las rutas Cádiz-Algeciras y Aranda de Duero-Burgos. Por otra parte, en términos estrictos de reequilibrio territorial puro, es posible sostener que los tramos Algeciras-Cádiz y Sevilla-Burgos deberían haber recibido prioridad, dadas las características socioeconómicas de las áreas que comunican.

La motivación más plausible para haber priorizado los tramos de la parte inferior de la tabla es su carácter de conexiones con Madrid, que —aunque argumentado retóricamente en términos tan loables como el «reequilibrio territorial»— obedece mucho más a criterios de centralización que de solidaridad. Por supuesto, casi veinte años después de culminado el PGC 1984-1991, son muchas las carreteras convencionales que se han convertido en autopistas. Por ejemplo, la N-630 (hoy A-66) entre Sevilla y Mérida/Badajoz es ya una autopista. Pero la secuencia temporal en la modernización de las infraestructuras no es neutral en los efectos espaciales que éstas causan sobre las actividades económicas. Además, entre los ejemplos concretos que nos ocupan, aún hoy subsiste el trazado de carretera convencional en la mayoría del trazado entre Algeciras y Cádiz (126 kilómetros). El trayecto Cádiz-Vejer de la Frontera, de 57 kilómetros, tiene ya características de autopista (actual A-48). Sin embargo, el tramo de 67 kilómetros de la N-340 entre Vejer de la Frontera y Los Pastores (Algeciras) sigue con trazado convencional, lo que supone que más de la mitad del trayecto directo Cádiz-Algeciras sigue sin modernización. Es cierto que en la actualidad se encuentra en servicio la autopista autonómica A-381 entre Jerez de la Frontera y Los Barrios (cercanías de Algeciras), que permite una buena conexión entre Cádiz y Algeciras, aunque con casi un 50 por ciento más de distancia recorrida. También es cierto que la ruta directa entre ambas grandes ciudades gaditanas —parte del corredor mediterráneo— sigue teniendo un trazado de características convencionales, mientras que tramos con mucha menor IMD (pero que conectan radialmente Madrid) hace casi dos décadas que tienen características de autopista.

Llegados a este punto, queda establecida la idea fundamental de este capítulo: la modernización estructural de las carreteras se inicia en los sesenta con la implantación de autopistas, casi siempre en los corredores con mayores expectativas de tráfico y de generación de ingresos pagados. En una segunda fase, el Estado asume el protagonismo con financiación presupuestaria, que se usa para radializar la red de autopistas —priorizando las carreteras radiales que convergen en Madrid—. El paralelismo con el patrón financiero seguido por la extensión del ferrocarril es muy llamativo. Además, ilustra muy bien la existencia de un patrón de fondo, sostenido en el tiempo, que orienta la política de infraestructuras con motivaciones ajenas a la política de transporte en sentido estricto. Mercado transversal, Estado radial.

El ¿retorno? a las políticas pro-peaje

Aunque está asentada ya la tesis principal de este capítulo, tiene interés revisar, aunque sea de forma breve, las líneas básicas de la política de autopistas desde mediados de los noventa. En particular, por lo que respecta al propósito en ocasiones expresado de implantar peajes en las zonas de España que carecían de ellos, de forma que se paliara la asimetría territorial existente.

En 1993, año en que está prácticamente culminada la ejecución del PGC 1984-1991, la red de autopistas de titularidad del Estado era de 5.494 kilómetros, de los cuales 3.730 eran libres (68 por ciento) y 1.764 de peaje (32 por ciento). Se excluyen de estos datos los 220 kilómetros de vías de doble calzada, pues en muchos casos sus características técnicas son muy inferiores a las propias de autopista (por ejemplo, por la existencia de cruces a nivel, la progresiva implantación de rotondas transformando las vías en uso de tipo urbano, etc.). El porcentaje de las autopistas libres en la red del Estado siguió creciendo, hasta llegar a 4.123 kilómetros (70 por ciento del total) en 1996, y el peso de las autopistas de peaje quedó en el 30 por ciento. En ese año, se produce un cambio de partido en el Gobierno central, al que accede el Partido Popular.

Con el cambio, el nuevo Gobierno plantea una política menos adversa a las autopistas. Las nuevas políticas más favorables al peaje tienen sus expresiones básicas en: (1) los convenios de prolongación de concesiones, y (2) el Programa de Autopistas de Peaje, de 1997.[49]

Los convenios de prolongación de concesiones tuvieron un uso creciente en el transcurso de la década de los noventa, a partir del antecedente que supuso el acuerdo entre el Ministerio de Obras Públicas y la concesionaria ACESA en 1990, mediante el que se extendió la concesión para financiar el peaje blando de la autopista Mataró-Palafolls (autopista que había sido prevista inicialmente como libre de peaje en el PGC 1984-1981). Un hito en esta política fue la ampliación a 75 años del plazo máximo de las concesiones, introducida en diciembre de 1996 en la Ley de Acompañamiento de los Presupuestos de 1997, a instancias del nuevo Gobierno del Partido Popular. Esta modificación dejó el camino definitivamente expedito a la práctica de las renegociaciones, y supuso en su momento una ruptura de las reglas del juego que contravenía el compromiso de la Administración con los ciudadanos, puesto que las concesiones de autopistas tenían un límite temporal máximo de cincuenta años antes de esta modificación legal. No obstante, el nuevo Gobierno anunció también que iba a extender la concesión de autopistas de peaje por toda España, para reequilibrar su presencia en el territorio español.

Sin duda, la política de peajes fue más ambiciosa que la practicada por los Gobiernos del PSOE, que sólo habían adjudicado dos tramos relativamente cortos, Mataró-Palafolls, en 1990, y Málaga-Estepona en 1996. En el contexto de nuevas políticas pro-peaje tuvo especial relevancia el Programa de Autopistas de Peaje del Gobierno central, cuya primera fase —que se muestra en la tabla 4— fue presentada en febrero de 1997. Los resultados de los estudios previos del Ministerio sugerían que cinco tramos (los tres de acceso a Madrid, el Alicante-Cartagena y el Madrid-Guadalajara) presentaban rentabilidad financiera. Pero, de acuerdo con la apreciación de Rafael Izquierdo, «los restantes [León-Astorga, Ávila-N-VI, Segovia-San Rafael, Estepona-Guadiaro y Santiago-Alto de Santo Domingo] requieren aportaciones estatales que oscilan, según los cálculos realizados, entre el 40 por ciento y el 65 por ciento de la inversión total».[50]

Estas actuaciones sumaban 441,5 kilómetros, que conjuntamente con los 83 de peaje entre Málaga y Estepona adjudicados en 1996, significaron casi el 70 por ciento de las nuevas autopistas de peaje en la red del Estado.[51] La red de autopistas de peaje de titularidad estatal, que tenía 1.764 kilómetros en 1993, ha llegado a una extensión total de 2.493 al final de 2008.[52] Un porcentaje significativo de estos nuevos tramos está en los cuatro nuevos accesos radiales de peaje a Madrid, paralelos a las autopistas libres A-2, A-3, A-4 y A-5, gracias a los cuales la capital dispone en la actualidad de accesos de gran capacidad duplicados (libres y de peaje).

TABLA 4
Programa de Autopistas de Peaje 1.ª Fase

Autopista	km	Presupuesto millones euros
Acceso a Madrid M-40-Arganda (R3)	38,8	125,0
Acceso a Madrid M-40- Ocaña (R4)	60,7	130,4
Acceso a Madrid M-40-Navalcarnero (R5)	23,5	88,3
Alicante-Cartagena	96,0	220,6
Madrid-Guadalajara (R2)	45,2	250,7
Ávila-N-VI	22,9	70,5
Estepona-Guadiaro	22,1	133,4
León-Astorga	47,3	137,0
Santiago-Alto Santo Domingo	56,0	330,6
Segovia-San Rafael	29,0	70,5

Nota: La Alicante-Cartagena se adjudicó en julio de 1998. El resto acumularon un considerable retraso. Por ejemplo, las radiales de Madrid comenzaron a entrar en servicio en 2004.
Fuente: Ministerio de Fomento.

Gran parte de las nuevas actuaciones de peaje han estado sujetas a subsidios del presupuesto estatal, concedidos tanto en el momento de la concesión como con posterioridad a la misma. El ejemplo más reciente es la concesión de ayudas a las radiales de peaje de acceso a Madrid en los Presupuestos Generales del Estado de 2010, argumentado a partir del sobrecoste de las expropiaciones. Aunque el hecho de que la intensidad de tráfico en las radiales de peaje sea muy inferior a la prevista inicialmente, puede haber tenido también algún efecto en la concesión de tales ayudas.

Con todo, la cuestión central aquí es: ¿han corregido

las nuevas actuaciones de peaje la asimetría tanto de modelo como interterritorial en la financiación de autopistas en España? Con la culminación práctica del PGC 1984-1991, el porcentaje de las autopistas de peaje de competencia estatal se había reducido a casi el 30 por ciento. A finales de 2008, la red de autopistas de titularidad del Estado era de 10.126 kilómetros. De éstos, 7.633 eran libres (75 por ciento) y 2.493, de peaje (25 por ciento). La política de reducción de la asimetría... ¡la ha aumentado! Esto no debería causar sorpresa. En los últimos quince años no han cesado de entrar en servicio nuevos tramos de autopistas libres. Y aunque la intensidad en la creación de nuevos tramos ha descendido con respecto al PGC 1984-1991, como es lógico, la hegemonía de la autopista libre respecto a la de peaje se ha acrecentado, tal y como se aprecia en el gráfico 1. ¿Política insincera o ejecución incompetente?

Gráfico 1
Composición de la red de autopistas del Estado (libres y peaje)

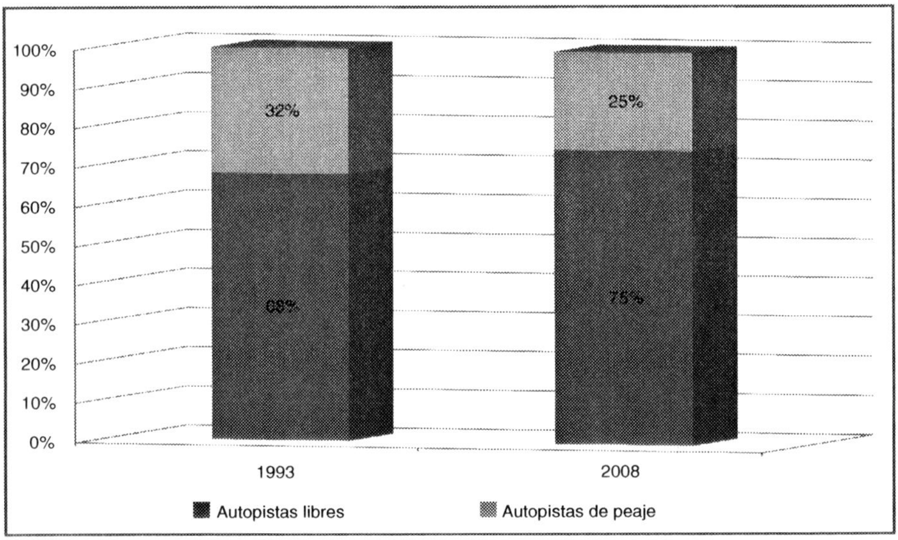

En España tenemos un sistema mixto de financiación de las autopistas muy peculiar en el contexto de la Unión Europea. Además de su carácter mixto, otro rasgo diferencial tiene un carácter aún más excepcional: la gran variabilidad interterritorial del peso de los peajes, reflejada en el gráfico 2, que incluye el peso del peaje en la red estatal de autopistas de cada región. El peso de los peajes es mayoritario en regiones como La Rioja (75 por ciento) y Cataluña (60 por ciento), y significativamente por encima del conjunto de España en regiones como la Comunidad Valenciana (40 por ciento), Galicia (38 por ciento) y Murcia (31 por ciento). Sin

GRÁFICO 2
Porcentaje de peajes en la red de autopistas (libres y de peaje) de titularidad del Estado en cada región

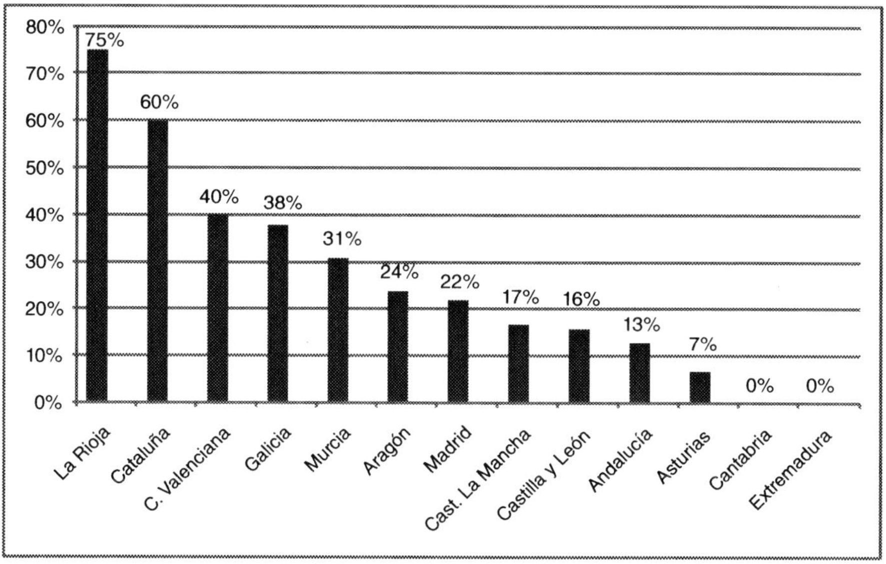

Nota: En Canarias y Baleares, los gobiernos insulares tienen competencias exclusivas en carreteras. En Navarra y País Vasco las competencias exclusivas son de los gobiernos forales, aunque en este caso subsisten unos tramos singulares de peaje en la autopista Vasco-Aragonesa, de competencia estatal.
Fuente: Anuario Estadístico 2008. Ministerio del Fomento, 2009, p. 158.

embargo, en Cantabria y Extremadura el peso del peaje en las autopistas estatales es nulo, y en otras es bastante inferior al del conjunto de España: Asturias (7 por ciento), Andalucía (13 por ciento), Castilla y León (16 por ciento), y Castilla-La Mancha (17 por ciento).

El mapa 8 presenta las autopistas de peaje de competencia del Estado que están en servicio en España en 2010.

Cuarenta años después de la entrada en servicio de las

MAPA 8

Autopistas de peaje de la red estatal en servicio en 2010

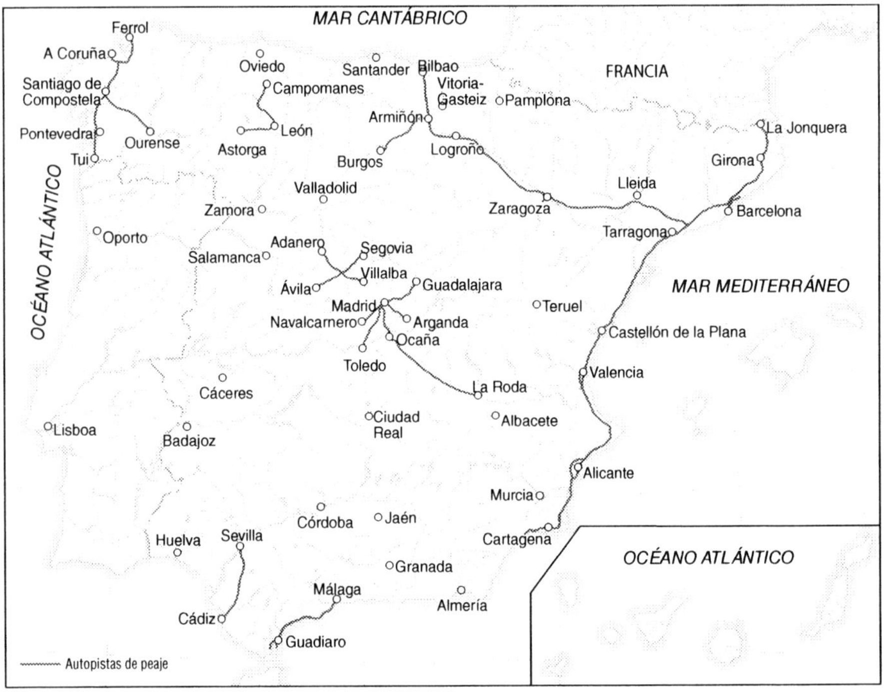

primeras autopistas, la superposición de modelos de financiación en el proceso de desarrollo de la red de autopistas en España ha provocado la existencia de un modelo mixto en la inversión y en el mantenimiento —presupuesto y peajes—. Este modelo está caracterizado, además, por una gran asimetría territorial. Tal asimetría provoca desigualdades entre ciudadanos y empresas españolas por lo que respecta al pago de servicios de similar calidad. Esto contrasta vivamente con el agudo igualitarismo de los españoles por lo que respecta a la financiación del resto de servicios públicos de competencia estatal. Aun así, se ha convertido en uno de los elementos más constantes de nuestro modelo de autopistas, bien singular entre los países de nuestro entorno.

Conclusión: mercado transversal, Estado radial

El desarrollo de la red de autopistas en España comienza en los sesenta. En una primera fase se recurre fundamentalmente a la financiación por usuarios, mediante las concesiones de autopistas de peaje. Por ello, las primeras autopistas de peaje se implantan sobre todo en los principales ejes de tráfico viario, en el corredor mediterráneo y en el valle del Ebro. El desarrollo de las autopistas soportado por el mercado, financiado básicamente por los usuarios, siguió un patrón transversal.

En una segunda fase, la financiación de la inversión y el servicio pasa a descansar fundamentalmente sobre el presupuesto público. El gran hito de esta segunda fase es el Programa General de Carreteras 1984-1991, cuyo resultado principal es la creación de una gran cantidad de autopistas libres. La gran mayoría de esas autopistas convergen en Madrid, provocando la radialización de la red. Es oportuno recordar que, en este contexto, se implantaron autopistas libres en algunas carreteras radiales, aunque la intensidad de tráfico que soportaban era (y es) menor que el de carreteras transversales no transformadas en autopista. Madrid, que ya había devenido en el siglo XVIII el kilómetro cero de la red de carreteras convencionales en España, asume ahora la condición de kilómetro cero de la red de autopistas. El desarrollo de las autopistas soportado por el Estado, por los presupuestos públicos, siguió un patrón radial.

En 1720, Felipe V transformó el diseño de las comunicaciones terrestres en España al introducir por Reglamento el mapa radial de carreras de postas, articulado a partir de las seis carreras radiales. Estas seis carreras fueron definidas como los itinerarios radiales fundamentales («seis grandes caminos reales») del Plan de Carreteras incluido en el Plan de Fomento de Fernando VI. Este rey, por Real Cédula de 1747, dispone la posibilidad de construir caminos con cargo al Presupuesto General (la Hacienda del Rey), opción aplicable exclusivamente a los seis «caminos reales», que se convertirán paulatinamente en las seis carreteras radiales a partir del reinado de Carlos III. Pero siguió dependiendo de los municipios la financiación de las carreteras «menores»... Y así hasta llegar a finales del siglo XX, en que el PGC 1984-1991 estableció la financiación de las nuevas autopistas con el presupuesto público, y centró su expansión en las seis carreteras radiales. La regularidad histórica es evidente y apabullante: Estado radial.

CAPÍTULO 5

LA NUEVA ESPAÑA (I): MODERNIZACIÓN FERROVIARIA DESDE EL KILÓMETRO CERO

El concepto de tren de alta velocidad se emplea generalmente para designar un ferrocarril capaz de alcanzar velocidades en torno a 250 km/h o más, que comporta la construcción de carriles específicos.[1] Este tipo de ferrocarril ha sido designado en España como Alta Velocidad Española (AVE), nomenclatura de tipo identitario que no tiene equivalente en los países desarrollados, en los que el nombre de este ferrocarril carece de connotaciones nacionales. El primer AVE fue implantado en la ruta Madrid-Sevilla, comenzando sus operaciones en 1992. El nuevo trazado fue aprovechado para aplicar una decisión paralela como fue hacer las nuevas líneas en ancho de vía internacional. Esta decisión, acertada o no (discusión que escapa a nuestros objetivos), era independiente de los requisitos necesarios para implantar la alta velocidad. La entrada en servicio del AVE Madrid-Sevilla, con estaciones intermedias en Ciudad Real, Puertollano y Córdoba, se produjo poco antes de la inauguración de la Exposición Universal de Sevilla de 1992.

La elección de la línea Madrid-Sevilla como la primera para la implantación del AVE en España tuvo un elemento sorprendente, otro paradójico y otro novedoso. El elemento sorprendente fue que la primera línea elegida para el AVE no fuese la que tenía mayor densidad de tráfico —entonces y ahora—, que era la línea Madrid-Barcelona. El elemento paradójico fue que, dado que se eligió el ancho internacional de vía con el propósito de integrar la red española con la europea, se configurase una isla peninsular de alta velocidad, en lugar de comenzar la modernización por alguna de las conexiones con Francia (aún no resueltas ahora). El elemento novedoso fue que, por primera vez desde las carreteras reales del siglo XVIII, una modernización estructural de las infraestructuras terrestres comenzó desde el kilómetro cero, algo que en la implantación del ferrocarril en el siglo XIX sucedió sólo después de la Ley General de 1855.

No obstante ser novedoso, el hecho de que la modernización del AVE haya comenzado por el kilómetro cero es coherente con la lógica de la política de infraestructuras en España en los últimos siglos, analizada en los capítulos precedentes. La implantación del ferrocarril en el siglo XIX comenzó por líneas que, en la mayoría de los casos, no preveían subvenciones públicas; a partir de 1855 se legisla la radialización y se acomete una política de cuantiosos subsidios presupuestarios, sobre todo efectivos en las líneas radiales. La implantación de las autopistas comenzó en los sesenta con un modelo de financiación por usuarios con peajes directos, en el que obtuvieron prioridad los corredores del Mediterráneo y del valle del Ebro. En los ochenta se cambia a un modelo de financiación presupuestaria de las autopistas, con un plan (PGC 1984-1991) cuyo principal objetivo era transformar en autopistas libres de peaje las carreteras radiales que convergían en Madrid.

Pues bien; la creación del AVE se produce desde el primer momento con financiación presupuestaria, pues la inversión en infraestructura apenas se recupera, e incluso se subsidia el coste de explotación. Dada esta forma de financiación, no cabía —según los precedentes históricos— esperar un desarrollo diferente al que se ha producido: creación desde el inicio de una red radial de AVE con su origen en el kilómetro cero. A falta de mercado (que nunca habría acometido esta inversión en España), Estado radial.

Referencias del entorno: el desarrollo del ferrocarril de alta velocidad en los principales países europeos y en Japón.

En las últimas décadas, sobre todo desde el final del siglo XX, muchos países están construyendo líneas de ferrocarril de alta velocidad, a velocidades de 250 km/h o superiores. La tabla 1 muestra la extensión de esta infraestructura a inicios de 2010.

Tabla 1

Líneas de tren de alta velocidad en servicio a inicios de 2010. Velocidad ≥ 250 km/h

Continente	País	Primer año de servicio	Km en servicio (1)	Km en construcción (2)	En proyecto (3)	Total (1)+(2)+(3)
Europa UE	Alemania	1988	1.032	316	599	1.947
	Bélgica	1997	209	-	-	209
	España	1992	1.515	2.219	1.702	5.436
	Francia	1981	1.872	299	2.616	4.787
	Holanda	2009	120	-	-	120
	Italia[a]	1992	760	55	395	1.210
	Polonia	-	-	-	712	712
	Portugal	-	-	-	1.006	1.006
	Reino Unido	2003	113	-	-	113
	Suecia	-	-	-	750	750

Tabla 1 (cont.)
Líneas de tren de alta velocidad en servicio a inicios de 2010. Velocidad ≥ 250 km/h

Continente	País	Primer año de servicio	Km en servicio (1)	Km en construcción (2)	En proyecto (3)	Total (1)+(2)+(3)
Europa-No UE	Rusia	-	-	-	650	650
	Suiza	2007	35	72	-	107
Asia	Arabia Saudí	-	-	-	550	550
	China[b]	2008	3.182	7.313	2.901	13.396
	Corea del Sur	2004	330	82	-	412
	India	-	-	-	495	495
	Irán	-	-	-	475	475
	Japón	1964	1.875	590	583	3.048
	Taiwan	2007	345	-	-	345
	Turquía	2009	235	510	1.679	2.424
América	Argentina	-	-	-	315	315
	Brasil	-	-	-	500	500
	Estados Unidos[c]	-	-	-	900	900
África	Marruecos	-	-	-	680	680

Nota: [a] Entre 1978 y 1991 entró en servicio la línea *direttissima* entre Florencia y Roma, con velocidades hasta 250 km/h. Sus características técnicas no se corresponden con la alta velocidad.

[b] En todos los países se excluyen las líneas con velocidades inferiores a 250 km/h, como es el caso de Zaragoza-Huesca en España, cuyas características técnicas no son propiamente de alta velocidad. La única excepción a tal exclusión es China, para la que se incluyen líneas a partir de 200 km/h, por la gran dificultad en desagregar los tramos con velocidades entre 200 y 250 km/h. Aun excluyendo los kilómetros con velocidad inferior a 250 km/h, China preserva el liderazgo mundial.

[c] En el corredor Noreste de EE. UU. (Boston-Nueva York-Washington D. C.) existen 362 kilómetros a velocidad de 240 km/h.

Fuente: Elaborado a partir de la información del departamento de ferrocarril de alta velocidad de la Unión Internacional de Ferrocarriles y la actualización mediante las páginas web de las compañías ferroviarias.

Japón fue el país pionero en la implantación de la alta velocidad ferroviaria. En Europa siguieron sus pasos Francia y Alemania en la década de los ochenta, y España a partir de 1992. Como se puede apreciar en la tabla, y a pesar de ser el cuarto país europeo en implantar la alta velocidad, España es el país de la Unión Europea con una mayor extensión prospectiva de la red, si tenemos en cuenta las líneas en operación y las que están en construcción (y también si consideramos las que están en proyecto). Y será —según la planificación vigente— el país del mundo con una red de alta velocidad más extensa, con la excepción de China, que está experimentando una veloz extensión de su red. Las experiencias de los países que implantaron la alta velocidad antes que España son interesantes, y proporcionan valiosas lecciones, que es conveniente revisar antes de analizar la propia experiencia española.[2]

Japón

El primer ferrocarril de alta velocidad del mundo (Shinkansen) entró en servicio en 1964, con la línea Tokaydo Shinkansen, que conecta las ciudades de Tokio y Osaka, cuya extensión es de 515 kilómetros. Este evento convirtió a Japón en el país pionero en la implantación de servicios ferroviarios de alta velocidad. La segunda línea —Sanyo Shinkansen— entró en servicio en 1972 y fue completada en 1975. Conecta las ciudades de Kobe y Moji, con una extensión de 537 kilómetros. La unión entre ambas líneas quedó completada con el tramo entre Osaka y Kobe, de unos 40 kilómetros. De este modo, a finales de los setenta, Japón disponía ya de más de 1.000 kilómetros de tren de alta velocidad, antes de la entrada en servicio de la alta velocidad en Europa. A inicios de la década de los ochenta comenzaron las obras en las líneas Joetsu Shinkansen (Tokio-Niigata) y Tohoku Shinkansen (Tokio-Morioka). En 1982 se iniciaron los servicios en tramos de la línea Joetsu, cuya extensión total es de 270 kilómetros (más algunos tramos comunes con la Tohoku). En 1982 comenzaron también los servicios en tramos de la línea Tohoku. La línea tiene 593 kilómetros, y su último tramo, Morioka-Hachinohe, se completó en 2002. El mapa 1 muestra la red de Shinkansen (≥ 250 km/h) en Japón, que contaba con 1.875 kilómetros en servicio a principios de 2010.

La principal motivación para el desarrollo de la alta velocidad en Japón fue mejorar la movilidad en los co-

MAPA 1
Red del Shinkansen en servicio en Japón en 2010 (≥ 250 km/h)

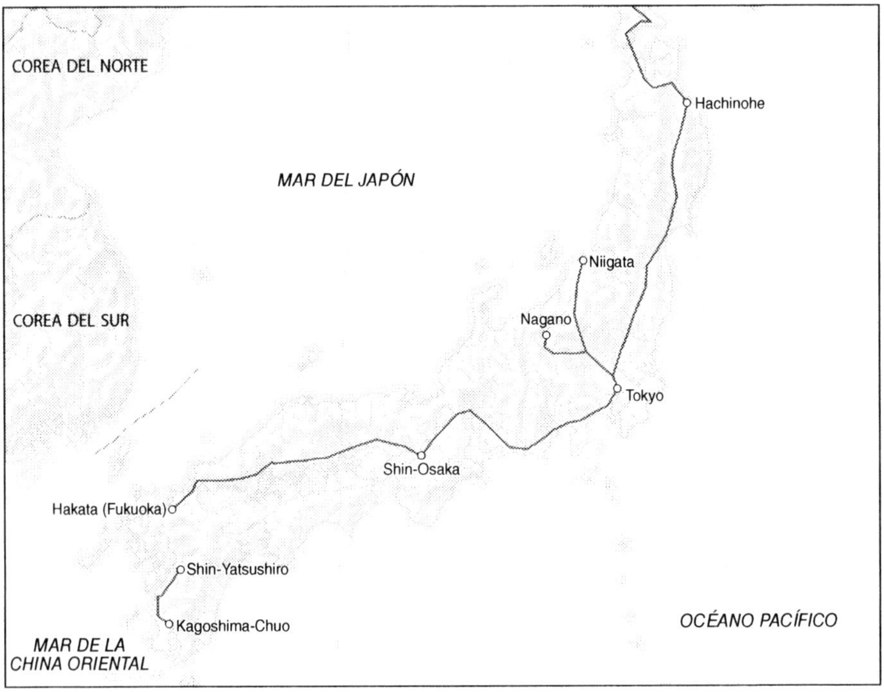

rredores cuyo tráfico había alcanzado altos niveles de congestión, causados por el rápido crecimiento económico posterior a la segunda guerra mundial. La estructura urbana del país, con áreas metropolitanas muy populosas separadas por pocos cientos de kilómetros y gran demanda de transporte terrestre, ha favorecido el desarrollo de la alta velocidad.[3] En la actualidad, la red del Shinkansen cruza la isla de Honshu, la mayor del archipiélago, y transporta a más de 300 millones de viajeros cada año. Si bien se perseguía inicialmente ofrecer un servicio mixto de pasajeros y mercancías, la gran presión de la demanda de viajeros y las necesidades impuestas por el tráfico de mercancías al mantenimiento de las vías determinaron su orientación prioritaria al servicio de pasajeros.

Los estudios sobre el impacto económico de la alta velocidad revelan que el sector servicios fue el más favorecido en Japón, y que los servicios a la industria experimentaron una gran concentración en las ciudades de Tokio y Osaka, los principales nodos de la red y mayores áreas metropolitanas del país.[4] La actividad turística experimentó un crecimiento significativo, así como los viajes de negocios, sobre todo intraempresa, pero las pernoctaciones en hotel de los viajeros de negocios decrecieron en Tokio y Osaka. Por lo que respecta al impacto en la actividad comercial, Tokio fue la principal beneficiaria de los viajes por este motivo. Sin embargo, las expectativas a priori (infundadas) de beneficios económicos derivados del tren de alta velocidad indujeron presiones políticas y demandas de estaciones en ciudades menores, lo que afectó a la viabilidad del sistema, causando aumentos de la deuda y de las pérdidas anuales. Como consecuencia, la deuda de los Ferrocarriles de Japón superó en 1987 los 25 billones de yenes (cifra equivalente a 200.000

millones de euros), lo que provocó una crisis financiera que llevó ese año a la privatización de la mayor parte de la red de ferrocarril, incluida la alta velocidad.[5]

Francia

La construcción de la primera línea del Train à Grande Vitesse (TGV) comenzó en 1975, entre París y Lyon, con una longitud de 419 kilómetros. La operación comercial del TGV en la línea, denominada París-Sureste, comenzó en 1981. El principal motivo para la construcción de un TGV como red específica en Francia fue el gran nivel de congestión del transporte entre ambas ciudades. El número de viajeros en tren entre ellas casi se dobló entre 1980 y 1992, y los usuarios del TGV entre París y Lyon en este último año fueron casi 19 millones.[6] El éxito del TGV llevó a la aplicación de un plan de inversiones para construir conexiones desde París a Le Mans (1989), Tours (1990) y Calais (1993). La extensión siguió en los corredores Ródano-Alpes (1994) y Mediterráneo (2001). A principios de 2010, la red de TGV disponía de 1.872 kilómetros en servicio, que se muestran en el mapa 2. El TGV transporta más de 110 millones de viajeros al año.

En la práctica, el TGV en Francia se ha desarrollado según las directrices de una política estatal basada en la contención de costes y la viabilidad comercial.[7] La expansión de la red ha seguido el criterio de invertir solamente en líneas donde la inversión fuese socialmente rentable; las líneas se han financiado de acuerdo con su rentabilidad esperada, requiriendo una tasa mínima de retorno financiero y social del 12 por ciento.[8] Por ello, los responsables de los ferrocarriles de Francia —que no han hecho una oferta política de la inversión— se han mostrado siempre muy reticentes a satisfacer demandas de tipo territorial contrarias al principio de rentabilidad social. Se ha dado prioridad al servicio en corredores con tráfico suficiente, conectando ciudades de tamaño significativo. Por este motivo ha sido casi siempre necesario conectar las ciudades con París para justificar la inversión. Las tres primeras líneas construidas conectaron la capital francesa con las cuatro principales ciuda-

Mapa 2
Red de TGV en Francia en 2010 (≥ 250 km/h)

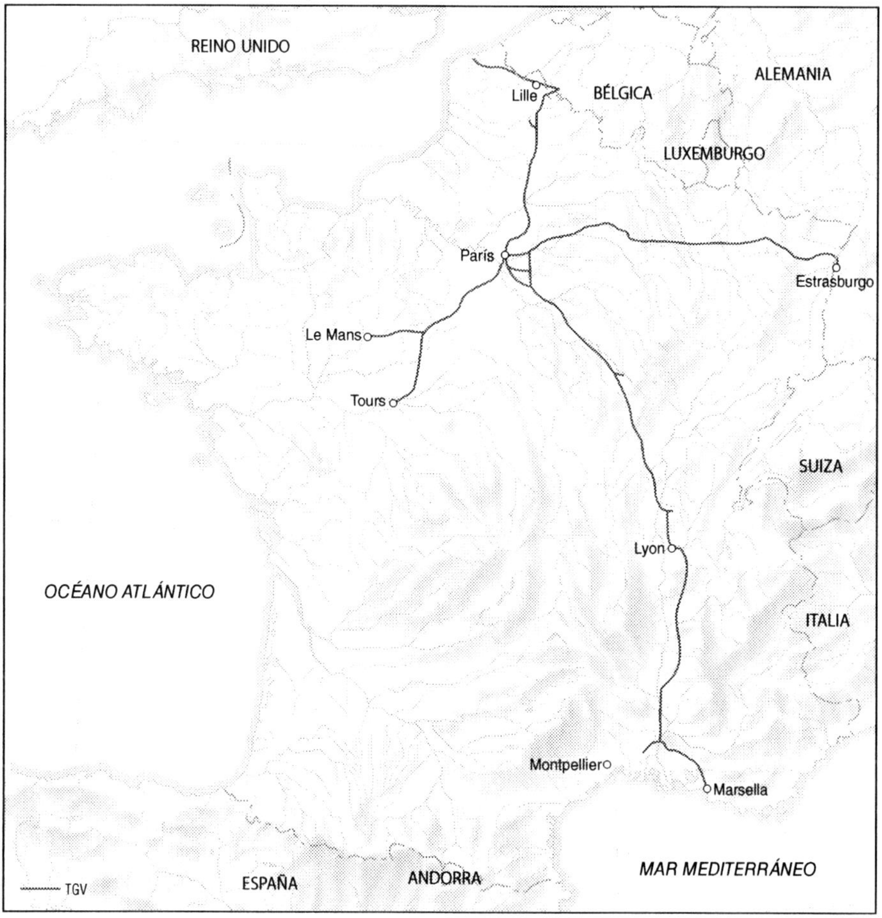

des: Lyon, Marsella, Burdeos y Lille. Esto ha generado una estructura de red en forma de estrella, centralizada en París. Es interesante observar que se ha preservado el uso de servicios convencionales para las conexiones con menor densidad de tráfico, así como para el acceso del TGV a las grandes ciudades, puesto que los costes de expropiación y construcción hubiesen sido exorbitantes.

Por lo que respecta al impacto económico del TGV, la ciudad de París ha sido la que ha recibido mayores beneficios, atrayendo actividad de ciudades menores. El efecto absorción del nodo principal queda reflejado en el hecho de que tras la entrada en servicio del TGV en el corredor París-Ródano/Alpes, los viajes (de ida y vuelta) originados en París crecieron un 52 por ciento, mientras que los viajes (de ida y vuelta) cuyo destino era la capital aumentaron un 144 por ciento.[9] Aunque en mucha menor medida que París, otras ciudades grandes como Lyon y Lille han recibido beneficios por el aumento de la cooperación económica y los intercambios con la capital.

Al igual que en Japón, el TGV ha provocado la centralización de las actividades de servicios en los grandes nodos de la red y ha favorecido los viajes intraorganizativos. Los viajes con esta finalidad originados en París aumentaron el 21 por ciento, mientras que los que tienen París como destino crecieron el 156 por ciento.[10] Por el contrario, los efectos sobre actividades industriales han sido irrelevantes, y el impacto del TGV sobre las decisiones de localización de empresas dentro del sector servicios parecen negligibles.[11] Por último, la información adicional disponible sobre viajes de negocios en la primera mitad de los ochenta indica que tras la entrada en servicio del TGV el número de viajeros que pernoctaban al menos una noche en su destino se redujo del 74 por ciento al 46 por ciento.[12]

Alemania

El inicio de las operaciones comerciales de la alta velocidad —Neubaustrecken— en Alemania —el InterCity Express (ICE)— se produjo casi una década más tarde que en Francia, tras un proceso de construcción que sufrió mayores demoras debido a motivos tanto orográficos como legales y políticos.[13] Además, el ICE se utilizó para transformar las características de la red ferroviaria germana. Ésta se caracterizaba por un gran peso de las líneas oeste-este construidas antes de la segunda guerra mundial, pero el tráfico dirección norte-sur se había llegado a convertir en la dirección de las principales relaciones de tráfico industrial. Por ello, la modernización ferroviaria se aprovechó para facilitar el transporte de mercancías desde los puertos del norte a las áreas industriales del sur. De ahí que las dos primeras líneas —Neubaustrecken— fuesen las que unieron Hannover con Fulda y Würzburg (abierta en 1988 y completada en 1994) y Mannheim con Stuttgart (completada en 1991); su principal objetivo fue solventar los problemas de congestión y, como se ha indicado, mejorar el transporte de mercancías de norte a sur. El mapa 3 presenta las líneas de alta velocidad (ICE ≥ 250 km/h) en servicio en 2010, algo más de 1.000 kilómetros. La red sirve a más de 70 millones de pasajeros al año.

Es importante destacar que en muchas ocasiones la opción elegida ha sido mejorar las líneas convencionales para velocidades entre 200 y 230 km/h (similar al nivel óptimo de servicio del Euromed entre Barcelona y Alicante en España). Por ejemplo, entre Hamburgo y (1) Berlín, (2) Bremen-Münster y (3) Hannover-Dortmund. También en las conexiones entre Hannover y Wolfsburg, Berlín y Leipzig, Francfort y Mannheim, y la parte me-

MAPA 3
Red del Neubaustrecken
en Alemania en 2010

ridional de la línea Núremberg-Múnich, entre otras. Por tanto, la estrategia alemana ha sido muy diferente a la seguida en Japón y Francia: en lugar de construir sólo nuevas líneas exclusivas de alta velocidad, muchas líneas convencionales se han modernizado a velocidad alta (200-230 km/h). Además, las líneas de alta velocidad (≥250 km/h) en Alemania son compatibles con el tráfico de mercancías (con la excepción de la línea Colonia-Francfort). En consecuencia, la red es compartida por trenes de alta velocidad, servicios de pasajeros de velocidad alta (y otros más convencionales) y tráfico de mercancías.

La modernización ferroviaria en Alemania ha tenido un resultado mixto en términos de costes. La compatibilidad de pasajeros y mercancías (que implica limitar la velocidad máxima entre 250 y 300 km/h) en las nuevas líneas de alta velocidad ha inducido mayores costes, pero ha reportado también mayores beneficios a los centros industriales conectados.[14] Por otra parte, el hecho de que gran parte de la red convencional haya sido modernizada a velocidad alta ha provocado menores costes en estas líneas con respecto a los registrados en las nuevas líneas del ICE.

Con todo, el gran coste de construcción de las nuevas líneas del ICE ha llevado a cuestionar la utilidad de continuar invirtiendo en este tipo de infraestructura, que genera unos beneficios medioambientales muy limitados por comparación con otros enfoques alternativos de modernización ferroviaria y más restrictivos del transporte por carretera.[15] De ahí que el número de kilómetros de líneas de alta velocidad en construcción y en proyecto en Alemania (véase la tabla 1, p. 165) sea muy inferior al de países europeos de similar superficie pero inferior poder económico como Francia y España.

Respecto a los efectos económicos del ICE en Alemania, el sistema fue diseñado para extender los beneficios, mucho más que para concentrarlos en los mayores nodos de la red. El transporte de mercancías obtuvo una prioridad especial, puesto que contribuía a los ingresos y a la productividad económica más que el transporte de viajeros. La estructura urbana de Alemania carece de características monocéntricas, como la de París en Francia. Por tanto, el sistema ICE se ha basado en una interconexión compleja de servicios, con intercambios que ofrecen conexiones de entre una y dos horas entre la mayoría de las principales ciudades alemanas, y servicios más frecuentes en las líneas principales.[16]

Italia

La alta velocidad en Italia tiene como precedente la línea Roma-Florencia, de unos 240 kilómetros, conocida como la *direttissima*, que entró en servicio parcial en 1978 y se completó en 1992. Esta línea permite velocidades de hasta 250 km/h, pero sus características técnicas no son comparables a las de la alta velocidad, la Rete Alta Velocità/Alta Capacità (AV/AC). Los trabajos en la red AV/AC se iniciaron en 1991, con la concesión a la Società TAV de la construcción y la operación de las líneas Milán-Nápoles y Turín-Venecia. La concesión se extendió en 1992 para incluir la Milán-Génova. La Società TAV era mixta, con el 60 por ciento del capital privado y el 40 por ciento en manos de la sociedad estatal Ferrovie dello Stato.[17] Pero los socios privados eran reticentes a aportar el capital requerido, y en 1998 Ferrovie dello Stato adquirió el 60 por ciento privado. Los primeros tramos en servicio fueron el Roma-Nápoles en 2005, y los Turín-Novara y Módena-Lavino en 2006. Actualmente, la red AV/AC ofrece servicio completo en las líneas Turín-Milán-Bolonia-Florencia, y Roma-Nápoles-Salerno, como indica el mapa 4. La red AV/AC comprende 760 kilómetros (1.000, si se incluye la *direttissima* Roma-Florencia).

El plan inicial preveía la construcción de una red de alta velocidad que debía funcionar independiente de la

MAPA 4
Rete Alta Velocità/Alta Capacità (AV/AC) en servicio en Italia en 2010 (≥ 250 km/h)

red convencional, como en Japón, Francia y España. Pero en 1996 se cambió a una concepción más integrada de la red, por lo que los planes de alta velocidad fueron reemplazados por los de Alta Velocidad/Alta Capacidad (GFDS, 2007a). El enfoque definitivo perseguía una mayor integración entre la red AV con la convencional; esto ampliaría la capacidad de transporte por ferrocarril, expandiría los efectos de la AV en el territorio y evitaría la degradación de las líneas convencionales en las áreas entre ciudades servidas por la AV (el llamado «efecto túnel»). Tal decisión implicó aumentar significativamente el coste de los proyectos, y los costes reales no han cesado de crecer muy por encima de las previsiones iniciales durante la ejecución de los mismos.

En el caso de Italia, en general, hay que tener en cuenta que la alta velocidad compite fundamentalmente con el transporte por carretera, puesto que los servicios aéreos entre las ciudades conectadas hasta ahora por la red AV/AC tienen escasa importancia, dadas las cortas distancias entre ellas. No obstante, la reciente introducción de los servicios AV/AC en Italia hace que no se disponga todavía de información sistemática relativa a su impacto económico y a su movilidad.

Síntesis: lecciones de la experiencia internacional

La revisión de las experiencias internacionales con el ferrocarril de alta velocidad permite extraer algunas lecciones que son de gran utilidad para comprender sus efectos e impactos económicos, territoriales y ambientales.

Los proyectos de Alta Velocidad (AV) tienen mejor efecto cuando resuelven problemas de insuficiente capacidad en corredores aquejados de congestión, y cuando permiten optimizar las conexiones industriales mejorando la accesibilidad al transporte de mercancías. La conexión con otros corredores con el objetivo de promover el desarrollo regional acostumbra a acabar en el fracaso económico del proyecto.

La construcción de vías exclusivas para pasajeros sólo tiene sentido en líneas de muy alta densidad de tráfico. En caso contrario, es más acertado construir vías de uso compatible para pasajeros y mercancías, aunque esto conlleve velocidades menos ambiciosas y costes algo mayores, puesto que promueven las conexiones industriales. Esto es importante porque el transporte de pasajeros en AV tiene un impacto económico agregado muy limitado, al contrario de lo que sucede con el transporte de mercancías. El problema de los costes de la inversión puede paliarse si se combinan las líneas AV con la mejora de líneas convencionales en corredores con baja densidad de tráfico. En el caso de Francia, también se ha empleado la conexión con la red de cercanías para el acceso a grandes áreas metropolitanas, lo que evita los costes de expropiación y de construcción, especialmente elevados en estas áreas. Sin embargo, la localización de estaciones de AV fuera del centro urbano, cuando se carece de conexiones multimodales adecuadas, suele acabar en fracaso.

Otro asunto muy importante es el de las presiones políticas que pueden emerger y provocar grandes incrementos de costes y reducciones de los beneficios. Las presiones políticas pueden surgir del lado de la oferta, cuando los gobiernos nacionales ponen un mayor énfasis en los intereses políticos que en la satisfacción de las necesidades de transporte. Por el lado de la demanda, los gobiernos regionales y locales pueden presionar para lograr estaciones de AV, incluso si esto carece de sentido económico y social. Estos factores pueden aumentar sobremanera los costes de construcción y reducir las velocidades comerciales medias.

En suma, los elevadísimos costes de inversión exigidos por el ferrocarril de alta velocidad, así como el elevado gasto de operación de sus servicios, exigen una densidad de tráfico muy grande. Según las estimaciones realizadas por los profesores Ginés de Rus y Gustavo Nombela, la inversión en ferrocarril de alta velocidad es difícil de justificar cuando la demanda estimada para el primer año está por debajo del intervalo de 8 a 10 millones de pasajeros para una línea de 500 kilómetros, distancia en la que la AV es claramente competitiva respecto al avión y a la carretera.[18] Por tanto, la construcción de líneas de alta velocidad sólo debería ser realizada en relaciones que conecten áreas metropolitanas muy pobladas, con problemas importantes de congestión en la carretera y conexiones aéreas deficientes. Éste es el caso de las líneas desarrolladas en Francia y Japón, así como las principales líneas alemanas.

Por lo que respecta al impacto sobre la movilidad, el ferrocarril de alta velocidad proporciona un ahorro de tiempo importante respecto a los servicios convencionales, y su ventaja competitiva se sitúa en el intervalo entre (aproximadamente) 150 y 650 kilómetros. Por debajo de estas distancias, la carretera es muy competitiva. En el límite superior, el transporte aéreo ya proporciona un tiempo total de viaje similar. A partir de aquí, la ventaja del transporte aéreo crece a medida que aumenta la distancia. Es preciso tomar en consideración, adicionalmente, el gran confort y fiabilidad (ausencia de retrasos) del viaje en alta velocidad, comparado con los modos competidores. De acuerdo con estas pautas, los estudios realizados para las líneas París-Lyon y Madrid-Sevilla[19] han revelado que el transporte aéreo es el principal damnificado por el servicio de alta velocidad ferroviaria, mucho más que el transporte por carretera. En el caso de España, las informaciones más recientes del operador ferroviario indican que el AVE ostenta el 85 por ciento de cuota de mercado en la línea Madrid-Sevilla, con una hegemonía casi total en el corredor.

Otro capítulo importante es el del impacto medioambiental. Todavía no se dispone de un estudio sistemático, agregado y completo de los efectos de la AV en la reducción de CO_2. Existe no obstante alguna información disponible, sobre todo por lo que se refiere al consumo de energía. Uno de los estudios más completos y sofisticados[20] realizados hasta ahora sobre la comparación medioambiental de la AV sugiere que la energía consumida por asiento y kilómetro por el avión es un 240 por ciento superior a la AV. Sin embargo, la energía consumida por la AV es superior a la de los vehículos de carretera, tanto de gasolina como de petróleo, y muy superior a la de los trenes intercity convencionales. Otro estudio[21] de gran calidad técnica confirma que el tren convencional intercity es más eficiente que la AV, pero los resultados para el transporte por carretera son similares a la AV. En conjunto, si bien es más eficiente que el avión, el ferrocarril de alta velocidad no es un instrumento especialmente útil para combatir las emisiones de CO_2, pues es menos eficiente que los trenes convencionales modernizados. Además, la construcción de líneas nuevas y separadas de AV origina emisiones de CO_2 muy significativas (además del uso de espacio, el ruido y la contaminación visual), que el análisis ambiental de la AV no toma en consideración.

Por último, podemos llevar nuestra atención a los efectos económicos y regionales. La experiencia internacional indica claramente que la AV ayuda a consolidar procesos productivos en curso y facilita los viajes intraorganizativos. Pero ni genera nuevas actividades ni atrae empresas o inversiones.[22] De hecho, para aquellas ciudades cuyas condiciones económicas son peores que las de sus vecinas, las conexiones de alta velocidad pueden producir deslocalización de actividades económicas y un impacto agregado negativo.[23] La AV fomenta la centralización de actividades en los grandes nodos, especialmente en el sector servicios. Los principales nodos de la red —más dinámicos— pueden beneficiarse a expensas de las ciudades intermedias, que acostumbran a ser grandes perdedoras de la AV.[24] Por ello, los esfuerzos de muchas ciudades de menor tamaño para conseguir estaciones de AVE pueden ser estériles e incluso contraproducentes.[25]

Además de los viajes de negocios, el turismo es el otro sector que recibe un gran impulso cuando la AV entra en servicio. El número de turistas aumenta en las ciudades conectadas a la red. Pero tanto en lo que respecta al turismo como a los viajes de negocios, el número de pernoctaciones en destino disminuye, por la mayor facilidad del viaje de regreso en el mismo día.[26] Los efectos globales son ambiguos: el impacto en los servicios de restauración puede ser positivo, pero los servicios de hotel pueden sufrir un impacto negativo por la reducción del número medio de pernoctaciones. Por último, el impacto sobre el crecimiento de la población y de la vivienda, de existir, es marginal.

La Alta Velocidad Española (AVE)

La estrella de la política de infraestructuras en España en los últimos años ha sido y es el ferrocarril de Alta Velocidad Española (AVE), incompatible con el tráfico de mercancías. La inversión efectuada en líneas de AVE muestra con claridad la primacía de que ha gozado esta modalidad de infraestructura; a su extensión se han dedicado cantidades ingentes de recursos materiales y de energías técnicas y humanas. Además, todo indica que así seguirá sucediendo hasta el año 2020, de acuerdo con el Plan Estratégico de Infraestructuras de Transporte (PEIT) del Ministerio de Fomento. Como todo en la vida tiene sus límites, no han quedado disponibles recursos ni energías para promover el ferrocarril de mercancías, cuya gran pérdida de cuota en España en la presente década ha resultado, aún más que ridícula, patética. Veamos ahora las principales cuestiones relacionadas con el AVE.

Implantación y desarrollo del AVE

La primera línea de ferrocarril de AVE fue puesta en servicio en 1992 entre Madrid y Sevilla, y permite el viaje (directo) entre ambas ciudades en 2 horas y 20 minutos. España decidió construir una red segregada de alta velocidad, como se había hecho en Japón y Francia (aunque en estos países las líneas convencionales son compatibles al tener el mismo ancho de vía), y al contrario que en Alemania e Italia. Además, España optó por comprar al exterior la tecnología ferroviaria más que por desarrollar tecnología propia,[27] hecho que también distingue el caso español de las otras experiencias revisadas. En 1995 se puso en marcha la construcción de la línea de AVE Madrid-Zaragoza-Lleida-Barcelona-Frontera francesa, que comenzó su operación entre Madrid y Lleida en 2003, y llegó a Tarragona a finales de 2006. El AVE comenzó en diciembre de 2007 sus operaciones comerciales desde Madrid a Segovia-Valladolid, y a Málaga, en este caso desde la línea Madrid-Sevilla. También desde esta línea (en la Sagra) se había abierto anteriormente un ramal a Toledo. El AVE llegó a Barcelona en febrero de 2008, y casi todo el tramo hasta la frontera francesa está en construcción.

Aunque no se ha producido la apertura de nuevos tramos desde 2008, se prevé que antes del final de 2010 comience sus servicios el AVE Madrid-Valencia. El ritmo previsto de realización de nuevos tramos es intenso, y se prevé que en un futuro próximo España se convierta en el país del mundo con más kilómetros operativos de alta velocidad (>250 km/h), después de China. Se dará así cumplimiento (con permiso del gigante asiático), sólo con un ligero retraso, al propósito expresado en febrero de 2007 por el presidente del Gobierno Rodríguez Zapatero.[28] Algo más deberá esperar, hasta 2020 (si las restricciones presupuestarias lo permiten), el cumplimiento del deseo del presidente Aznar expresado en abril de 2000 de conectar Madrid con todas las capitales de provincia para 2010. El mapa 5 muestra los alrededor de 1.500 kilómetros en servicio en junio de 2010 (en trazo grueso), más los previstos hasta 2020 (el mapa incluye los trayectos a velocidad por encima de 250 kilómetros).

Es importante destacar que el uso exclusivo para pasajeros no se extenderá a todas las líneas previstas, pues en algunos casos se implantarán líneas de altas prestaciones, mixtas para pasajeros y mercancías, cuyo carácter mixto rebaja moderadamente la velocidad. Sin embargo, es difícil predecir en la actualidad cuál será la composición final de la red entre líneas exclusivas de pasajeros y mixtas, pues éste es el único aspecto relevante de la política de infraestructuras de transporte sobre el que no existe consenso entre los dos partidos políticos principales, PSOE y PP. El Gobierno del PSOE ha previsto que la mayor parte de las rutas por implantar en el futuro ofrezcan servicios mixtos pasajeros/mercancías, tal y como acertadamente argumentó la ministra de Fomento Magdalena Álvarez en sus comparecencias en el Congreso de los Diputados para informar sobre el PEIT.[29]

MAPA 5
Red del AVE en España en servicio a inicios de 2010 y actuaciones previstas hasta 2020

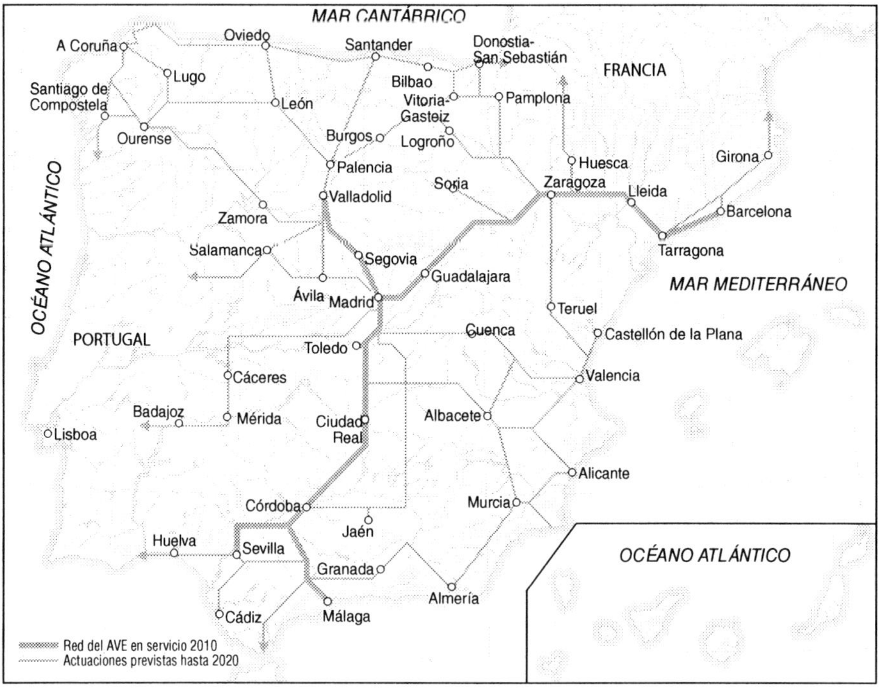

Pero de acuerdo con sus pronunciamientos en el Congreso, el PP es favorable a la máxima velocidad (sólo posible en vías exclusivas para viajeros) para unir Madrid con todas y cada una de las capitales de provincia peninsulares. Quede constancia que los españoles que no viven en capitales de provincia son hijos de un dios menor. Por lo demás, habrá que atender al futuro para ver cómo sigue la evolución de la red.

Impactos sobre la movilidad

Es indudable que el AVE proporciona altos niveles de comodidad y satisfacción a sus usuarios, quienes además evitan pagar gran parte del coste gracias a la subvención que cubre la práctica totalidad del coste de la infraestructura (algo mucho más raro en el viaje a media/larga distancia en modos alternativos). Observada la contribución del AVE al confort de sus usuarios, procede a continuación prestar atención a sus impactos agregados. En este sentido, el balance no puede ser favorable.

Por lo que respecta a su eficacia como infraestructura de transporte, la primera constatación es que ha sido muy efectivo en adquirir dominio, cuando no hegemonía, en la cuota de pasajeros en las principales conexiones servidas a distancias competitivas para la AV. Así, según la empresa operadora, en 2009 el AVE logró el 85 por ciento de cuota en Madrid-Sevilla, más del 70 por ciento en Madrid-Málaga, y muy próxima al 50 por ciento en Madrid-Barcelona, en perjuicio sobre todo del avión. Obsérvese cómo la cuota desciende a medida que aumenta la distancia, desde los 471 kilómetros del Madrid-Sevilla hasta los 621 kilómetros del Madrid-Barcelona.

Mucho más modesto es el resultado obtenido por el AVE en viajes a distancias por encima de los 600-700 kilómetros. Para el caso de España existen los viajes entre Barcelona y Sevilla y Málaga, que se pueden realizar *non-stop* desde la entrada en servicio del *by-pass* en Madrid a principios de 2009 (el carácter radial de la red española obliga a pasar por la capital para viajar entre norte y sur de la Península, aunque ello comporte una mayor distancia). El *by-pass* redujo en unos 50 minutos el viaje entre Barcelona y las capitales andaluzas, y casi un año después de esta mejora la radiografía de la oferta en estas relaciones es la que muestra la tabla 2:

TABLA 2
Oferta del AVE y el avión entre Barcelona y Sevilla/Málaga. Plazas diarias (total para ambos sentidos) para el 17 de mayo de 2010 y precios (para un solo trayecto)

Relación	Asientos AVE	Asientos avión	Precio AVE (mínimo)	Precio avión (mínimo / máximo)	Unidades circulantes
Barcelona-Málaga	632	2.640 a 2.880	83,30 €	29,00 € // 69,44 €	AVE: 2 (1 en cada sentido) Avión: 16 (8 en cada sentido)
Barcelona-Sevilla	632	3.060 a 3.240	99,00 €	39,44 € // 70,00 €	AVE: 2 (1 en cada sentido) Avión: 18 (9 en cada sentido)

Fuente: Autor, a partir de la información en las páginas web de las compañías operadoras. Información obtenida el 17 de abril de 2010.

Efectivamente, la cuota del AVE en estas distancias es muchísimo más discreta. Esto se explica porque el tiempo en vehículo en el AVE es de 5 horas 30 minutos, mientras que en avión es de 1 hora 35 minutos. El tiempo total de viaje (de puerta a puerta) es casi el doble en AVE que en avión. Además, el hecho de que la frecuencia de AVE sea sólo una unidad (excepto en puntas singulares) ofrece mucha menor conveniencia que la del avión, con sus ocho y nueve frecuencias en Málaga y Sevilla, respectivamente. En cambio, y a pesar de la subvención a la infraestructura, el precio del billete del AVE es sustancialmente mayor que el del avión.

Al analizar el impacto del AVE sobre la movilidad nunca hay que olvidar que la conveniencia de un modo depende crucialmente, no sólo de la distancia/tiempo del viaje, sino también de la frecuencia de servicios *non-stop*. Esta última es una limitación generalmente más importante para el AVE de pasajeros que para el avión. De ahí que el operador de alta velocidad más experimentado de Europa, el francés Société National des Chemins de Fer (SNCF), sea mucho más escéptico de lo que se acostumbra a ser en España sobre las posibilidades de viaje en alta velocidad entre España y Francia. Al ser preguntado, en febrero de 2010, en cuántas horas sería posible realizar el Madrid-París en 2012, Guillaume Pépy, presidente de la SNCF, respondía: «Madrid-París será posible, pero no creo que sea un destino particularmente interesante. ¡Son muchos kilómetros frente al avión, que no para! El gran éxito será Madrid-Montpellier, Barcelona-Perpiñán, Barcelona-Marsella, Barcelona-Lyon... No hay que pensar sólo en la gente que realiza el trayecto completo».[30] La idea de conectar España con Europa mediante el AVE siempre ha sido, en España, una aproximación más romántica que práctica al servicio efectivo que presta cada modo de transporte. El coste de tiempo y el coste del billete imponen limitaciones importantes.

Con todo, destaquemos otra vez que las cuotas de tráfico del AVE en relaciones como la de Madrid-Barcelona y las que unen Madrid con las principales capitales andaluzas son impresionantes. Ahora bien, cuando transformamos cuotas en volúmenes de tráfico, la imagen que se desprende es sombría. En el año 2009, en todos los tramos ya operativos, el AVE transportó unos 16 millones de viajeros. Por tanto, con una red de alta velocidad casi tan extensa como la de Japón y Francia (de hecho, será más extensa a final de 2010), se ha transportado poco más del 5 por ciento de pasajeros que en Japón, y apenas el 15 por ciento que en Francia (y menos de un cuarto de los transportados en Alemania por el ICE, InterCity Express, cuya red es menor). Sucede que esos países tienen mayor densidad de población y una estructura urbana más adecuada para el ferrocarril de viajeros. Y, aun así, han sido más selectivos en sus prioridades de líneas y en la extensión de la red. En España, en cambio, con una estructura urbana mucho menos propicia para el transporte por ferrocarril, nos hemos convertido en los líderes en oferta de alta velocidad (con el permiso de China). Todo un símbolo de modernidad, sin duda.

Impacto económico

En España, el debate público sobre el AVE ha sido básicamente político y no se ha prestado atención a la rentabilidad social de tal inversión. Esto ha sucedido porque, aparte de sus motivaciones políticas, se considera al AVE un símbolo de modernidad y disfruta del apoyo de sus usuarios, quienes, al fin y al cabo, pagan precios bajos (con respecto a su coste real) gracias a grandes subsidios públicos.[31] Pero los análisis coste-beneficio sobre los resultados esperados para la línea Madrid-Sevilla mostraban que esta relación no se podía justificar económicamente, dados sus beneficios netos negativos y su tráfico relativamente bajo —a pesar de su gran cuota en el corredor—.[32] Análisis coste-beneficio más recientes sobre la rentabilidad de la línea Madrid-Barcelona mostraban que incluso en el caso de esta ruta la demanda potencial no compensaría la gran inversión, y que los ahorros de tiempo serían pequeños en términos agregados, aunque llegase a captar una cuota elevada del tráfico.[33]

Efectivamente, la política de extensión de la alta velocidad ha implicado unos costes de inversión extraordinariamente elevados. La tabla 3 presenta algunos datos de coste de las líneas de AVE que han entrado en servicio en los últimos años, obtenidos de la página web del Ministerio de Fomento.

TABLA 3
Inversión efectuada en las líneas de AVE que han entrado en servicio más recientemente

Línea	Servicio completo	Km (1)	Coste de construcción (millones € corrientes) (2)	Cofinanciación obtenida de la UE (millones € corrientes) (3)	Coste por km (millones € corrientes) (2)/(1)
Madrid-Valladolid	2007	180	4.311	1.767	24,0
Córdoba-Málaga	2007	155	2.959	954	19,1
Madrid-Barcelona	2008	621	8.817	3.389	14,2

Nota: • Se excluye de la tabla la línea Madrid-Sevilla, pues al haber sido construida hace veinte años la comparación de las unidades monetarias estaría muy distorsionada. Tampoco se consideran los 20,5 kilómetros del ramal La Sagra-Toledo que entró en servicio en 2005.
• El coste de la línea Madrid-Barcelona en euros de 2010 sería bastante mayor, dado el tiempo transcurrido desde la ejecución de los tramos Madrid-Zaragoza-Lleida.

Fuente: Autor, a partir de información sobre inversión contratada a 21 de diciembre de 2008 extraída de la *Memoria Económica* de 2008 de Adif (p. 50).

Los 956 kilómetros de las líneas en la tabla 3 han supuesto una inversión de más de 13.587 millones de euros (corrientes). Esta inversión supone casi el 90 por ciento de la inversión efectuada en aeropuertos en toda la década de los 2000 (el capítulo siguiente analiza con detalle la política de aeropuertos). Obsérvese que no incluimos en estas computaciones la inversión efectuada en los últimos años en líneas que no han entrado aún en servicio. Sin embargo, todas las líneas de alta velocidad en servicio sumadas (incluyendo aquí también la Madrid-Sevilla y la de velocidad alta Zaragoza-Huesca) transportaron unos 16 millones de viajeros en 2009, mientras que los aeropuertos españoles gestionaron 187 millones de pasajeros y más de medio millón de toneladas de carga en el mismo año. Si considerásemos los datos en viajeros-kilómetros la diferencia sería aún más palmaria, porque la distancia media del viaje en avión es mucho mayor que la del AVE. Estas comparaciones ofrecen una idea clara de la limitada eficacia agregada del AVE en España, muy inferior a la obtenida en países como Japón, Francia y Alemania por las elevadísimas densidades de tráficos en sus respectivos sistemas de alta velocidad.

La rentabilidad social del AVE en España es negativa, si tomamos en cuenta sus costes y beneficios. Las estimaciones de De Rus y Nombela, reportadas más arriba, indican que una línea de AV de 500 kilómetros requiere entre 8 y 10 millones de pasajeros desde el primer año para ofrecer rentabilidad social. Pero la línea Madrid-Barcelona, de 621 kilómetros, transporta alrededor de 6 millones. En conjunto, los 1.500 kilómetros en servicio en España transportaron muchos menos pasajeros de los que serían precisos para generar rentabilidad social. El hecho de que una parte importante de la inversión en líneas de AVE haya sido cofinanciada con fondos de la Unión Europea no constituye un alivio real; tales ayudas podrían haber sido invertidas en infraestructuras con gran rentabilidad económica y social, como las redes de ferrocarril de mercancías o las infraestructuras para tecnologías de comunicación. El coste de no haber invertido lo suficiente —de lejos— en este tipo de infraestructuras es un pasivo de haber concedido tal prioridad a la AV exclusiva para pasajeros. También es muy preocupante que el AVE genere pérdidas de explotación, tal y como ha puesto de manifiesto la Comisión Europea al declarar ilegales las ayudas para cubrir las pérdidas de explotación de sus servicios de larga distancia, que incluyen la AV. Tales ayudas alcanzaron la cifra de 248 millones de euros en 2007, y pueden haber ascendido a 400 millones en ejercicios posteriores.[34] Las perspectivas para el futuro son aún más sombrías, puesto que progresivamente se pondrán en servicio líneas con densidades de tráfico cada vez menores, e inferiores a las de las líneas que ya están en servicio en la actualidad.

Los hechos han venido a dar la razón a reconocidos analistas de la historia del sistema ferroviario en España. Es el caso de Uriol Salcedo, quien se interrogaba ya en 1992: «¿Cuál va a ser la demanda para las líneas de alta velocidad en España? Nos tememos que el tema no se ha estudiado en profundidad y que sus resultados no sean buenos, en cuanto a tráficos y en cuanto a ingresos y gastos».[35] O de Gómez Mendoza, quien más recientemente concluía, en un artículo de muy expresivo título «Del ferrocarril al AVE. ¿Los mismos errores históricos?», que «al contrario de lo que ocurrió con el tren en la segunda mitad del siglo XIX, los beneficios de la alta velocidad son bastante limitados [...] resulta de dudosa equidad la decisión de asignar ingentes recursos públicos para proveer recursos de alta calidad a una minoría de la sociedad española».[36]

Los impactos territoriales

Conviene, por último, analizar el impacto territorial del AVE. Se comenta a menudo que las ciudades servidas por el AVE han experimentado un aumento significativo de población y de viviendas. Ciudad Real ha sido el ejemplo citado quizá con más frecuencia. Ciertamente, Ciudad Real ha crecido de forma importante desde 1992, pero ¿es el AVE el factor que explica tal crecimiento? Para aproximarnos a una respuesta podemos comparar el crecimiento de la población y del parque de viviendas en Ciudad Real y la otra ciudad castellano-manchega con servicio de AVE desde 1992, Puertollano, con el del resto de capitales castellano-manchegas. Añadiremos también los casos de Murcia y Cartagena por sus similitudes relativas con Ciudad Real y Puertollano.

Una información de gran utilidad se obtiene al analizar la evolución de la población y el parque de viviendas entre 1991 (año antes de la entrada en servicio del AVE) y 2001, último año para el que contamos con un censo oficial. Además, este intervalo de tiempo es muy apropiado porque no se produce ninguna mejora relevante de infraestructuras en las ciudades castellano-manchegas distintas a Ciudad Real y a Puertollano que consideramos. Como muestra la tabla 4, Ciudad Real tiene un aumento de población relativamente moderado respecto al grupo de ciudades que tomamos como control (ninguna de ellas servida por AVE en 2001). El caso de Puertollano es todavía más espectacular, puesto que es la única ciudad que perdió población en el período analizado. No se incluye en la comparación la ciudad de Córdoba, que también recibió el AVE en 1992, porque es menos comparable. En cualquier caso, su crecimiento de población entre 1991 y 2001 no llegó al 2 por ciento. En el caso de Sevilla, su crecimiento de población fue incluso menor: el 0,2 por ciento.

TABLA 4
Crecimiento de la población y del parque de viviendas en Ciudad Real, Puertollano y ciudades comparables

	Población 1991	Población 2001	Δ 1991-2001	Viviendas 1991	Viviendas 2001	Δ 1991-2001
Ciudad Real	57.030	63.251	10,9%	21.664	28.799	32,9%
Puertollano	50.910	48.086	- 0,6%	19.118	22.669	18,6%
Albacete	130.023	148.934	14,5%	51.892	67.448	30,0%
Guadalajara	63.649	68.248	7,2%	23.958	29.825	24,5%
Cuenca	42.817	46.341	8,2%	18.647	23.902	28,2%
Toledo	59.802	68.382	14,3%	22.164	30.167	36,1%
Murcia	328.100	370.745	13,0%	119.437	148.850	24,6%
Cartagena	168.023	184.686	9,9%	84.916	102.045	10,2%

Fuente: Censo de 1991 y 2001. Instituto Nacional de Estadística.

En cuanto al parque de viviendas (tabla 4), encontramos un resultado muy similar. A pesar de ser una de las dos ciudades que más crecen, Ciudad Real es superada por Toledo e igualada por Albacete. El caso de Puertollano es todavía más claro: su parque de viviendas sólo crece más que Cartagena. Con respecto a Ciudad Real, existen buenos motivos para pensar que una parte importante de su aumento en el parque de viviendas se debe a la creación de un nuevo campus universitario, mucho más que al servicio ofrecido por el AVE, en consecuencia con lo que mostraba el análisis de la población.

Sí parece más probable que el AVE pueda tener un impacto significativo (difícil de medir todavía, dado el escaso tiempo transcurrido desde su entrada en servicio) en los casos de Toledo y Segovia. En estas dos ciudades, el AVE es funcional para el viaje diario a Madrid; el tiempo de viaje y su coste monetario lo permiten. De este modo, el AVE funciona como un «cercanías de lujo». Claro que está por comprobar si el efecto será de dinamización de los nodos menores de la red, o de succión de actividad por parte del nodo mayor, Madrid. La experiencia comparada indica que lo segundo sucede con mucha mayor frecuencia.

ENTONCES, ¿POR QUÉ SEREMOS EL PAÍS DE EUROPA CON MÁS KILÓMETROS DE ALTA VELOCIDAD?

Los países que nos han precedido en el desarrollo de redes de alta velocidad ferroviaria han otorgado prioridad a cuestiones como la demanda potencial de tráfico de las líneas a modernizar (relacionadas con la densidad de tráfico en el corredor), las necesidades del tráfico de mercancías como función a desempeñar por el sistema ferroviario..., es decir, a cuestiones características de la política de transporte. El caso de España, inminente líder europeo en cantidad de kilómetros de alta velocidad, ha sido diferente. La implantación y desarrollo del AVE no obedece a un enfoque derivado de su función de transporte, a la que sería aconsejable someter las decisiones de política de infraestructuras.

En un artículo publicado en *El País* el 6 de octubre de 2003, conjunto con Carme Miralles-Guasch,[37] profesora de geografía (que se reproduce en el anexo, junto a otro propio titulado «Bienvenido Míster Marshall», publicado en *La Vanguardia* el 20 de febrero de 2008), decíamos que el desarrollo del AVE parece haber sido consecuencia de una concatenación de ensoñaciones románticas de gobiernos de todo color político. La primera línea construida, Madrid-Sevilla, obedeció al deseo de unos gobernantes, procedentes de una región postergada, por dotar a su territorio de una infraestructura ultramoderna como símbolo de que el Sur, en ocasiones, «también existe». La primera línea demandada, hacia la frontera francesa, respondía al deseo de unos gobernantes regionales ansiosos por una unión más rápida con el núcleo de Europa. Para esto nada mejor que lograr vías rápidas y en ancho internacional que perforaran las fronteras. Ahora, la multitud de proyectos de líneas de AVE a todo destino imaginable responde al deseo, explicitado, de unos gobernantes reafirmados en su nacionalismo español por acercar todas las capitales de provincia a tres horas de tren con la capital del Estado y, así, «cohesionarlo».

Y añadíamos: «Pero, en cualquier caso, no es tiempo ya, ni es nuestro propósito entablar un debate sobre la extensión de la red del AVE en España. El efecto espejo tiene unas consecuencias ineludibles en política, y por tanto se trata de un hecho consumado. Sin embargo, los hechos consumados sí permiten reflexión y aprendizaje. Y otro hecho consumado es que hemos sacrificado muchos recursos y muchas prioridades al AVE, lo que han pagado el resto de infraestructuras, sobre todo las convencionales y las que mejoran la movilidad urbana [...] algún día [el AVE] se acabará, y quedará al desnudo la irrelevancia cuantitativa del resto de inversiones en infraestructuras de transporte terrestre».

Lamentablemente, así ha sido. Siete años después, la prioridad del AVE sigue siendo un elemento central de la política española. Esto ha significado olvidar y dejar en un segundo plano otras infraestructuras mucho más relevantes para la economía. Especialmente, el ferrocarril de mercancías, tanto en cuanto a las líneas disponibles como a la flagrante ausencia de conectividad entre puertos y centros logísticos por vía ferroviaria —para asegurar la movilidad y conexión de mercancías que entran por vía marítima o aérea con los mercados nacionales e internacionales—. De ahí que en la «década maravillosa» de la inversión ferroviaria en España —la de los 2000—, la cuota de mercancías por ferrocarril haya bajado de más del 7 por ciento hasta menos del 4 por ciento. Malas noticias para el bienestar social, porque esto ha impedido reducir la congestión de las carreteras y las emisiones de CO_2, y además ha evitado una mayor reducción de la siniestralidad viaria.

Sin embargo, nuestro diagnóstico partía de una premisa equivocada. No se trataba de una cuestión de reflexión y de aprendizaje, como pensábamos. Se trata en realidad de la función otorgada a las infraestructuras de transporte en España. El objetivo de la extensión del AVE, como fue declarado con claridad prístina en abril de 2000 por José María Aznar, es mejorar la conexión de Madrid con todas las capitales de provincia peninsulares, al coste que sea, e independientemente de la función sustantiva de transporte que cumpla. Y lo sigue siendo. De haber conocido entonces que este objetivo ya había sido establecido como imperativo legal en la Ley General de Ferrocarriles de 1870 —para completar el camino iniciado con la Ley General de 1855—, habríamos comprendido mejor la lógica de esta política. Una lógica que es única entre los países de nuestro entorno. Por eso seremos el país con más kilómetros de AVE de Europa. Aunque su grado de utilización (medido por ejemplo en pasajeros por kilómetro de red) sea precario con respecto a los pioneros —Japón y Francia— y a los que les siguieron. Y a cualquier coste.

El desarrollo del AVE y su extensión radial seguirán;

responden a una lógica política férrea y a una dinámica política inevitable.

La lógica política es la de usar la ley y los subsidios del presupuesto para hacer realidad aquello que la dinámica económica no sustentaría en modo alguno: la radialización de las redes de comunicaciones en España. Por eso, el 21 de abril de 2010 el ministro de Fomento ha anunciado oficialmente la construcción de una línea de alta velocidad entre Ávila y Segovia (para conectar con la de Madrid), mientras sigue sin haber planes para la transformación en alta velocidad del tramo entre Castellón y Tarragona (que, por cierto, tampoco me parece una inversión socialmente deseable). El objetivo de la extensión del AVE es la conexión de Madrid con todas las capitales de provincia; y Tarragona ya lo está y para Castellón tal conexión está planificada. Objetivo cumplido por este lado. ¿Que el trayecto entre Castellón y Tarragona es el intermedio entre Barcelona y Valencia, segunda y tercera áreas metropolitanas españolas, y que en alguno de sus tramos sólo tiene una vía? Si esto provoca sorpresa es sólo porque se eligió no escuchar la ya mencionada motivación para la extensión de la red del AVE, suministrada por el ex presidente Aznar el 25 de abril de 2000: «Una red ferroviaria de alta velocidad que, en diez años, situará a todas las capitales de provincia a menos de cuatro horas del centro de la Península». Y sigue vigente.

Por otra parte, la dinámica política lleva a satisfacer aquello que en España ha sido adoptado como indicador de igualdad interterritorial en el ámbito de las infraestructuras de transporte: comunicar igualmente a todas las capitales de provincia con la capital política. De hecho, las dos principales justificaciones dadas por el ministro de Fomento a la nueva línea Ávila-Segovia es que reducirá el tiempo de viaje de Ávila a Madrid a menos de cuarenta minutos, lo que «contribuirá a la cohesión territorial de Castilla y León». Tal concepción en nada envidiaría a la de la Ley de Ferrocarriles de 1870. Claro que en esta ocasión se produce con el AVE, y esto nos ofrece una de las imágenes más conmovedoras de la política española actual: la de tantos alcaldes y presidentes regionales demandando una infraestructura que succionará la actividad económica de sus ciudades/regiones en beneficio del nodo mayor de la red, tal y como muestran los reiterados análisis de las experiencias en los países pioneros.

En suma, la pauta de desarrollo de la alta velocidad ferroviaria en España ha seguido lo que ha sido normal (por lo regular) desde la primera mitad del siglo XVIII. Y es plenamente coherente con el patrón que ha presidido el establecimiento de las prioridades en desarrollo de infraestructuras desde el 23 de abril de 1720, fecha en que se promulgó el Reglamento General para la Dirección y Gobierno de los Oficios de Correo Mayor y Postas de España, en los viajes que se hicieren, ya mencionado en el capítulo 2. Es decir, en el acto constituyente del Estado radial.

CAPÍTULO 6

LA NUEVA ESPAÑA (II): GESTIÓN DE AEROPUERTOS DESDE EL KILÓMETRO CERO

Aeropuertos Españoles y Navegación Aérea (AENA), adscrita al Ministerio de Fomento, gestiona de forma conjunta prácticamente todos los aeropuertos que canalizan el tráfico comercial en territorio español.[1] AENA es la propietaria de todas las instalaciones asociadas a los aeropuertos y, conjuntamente con el Ministerio, tiene un papel decisivo en aspectos centrales como las decisiones sobre inversiones, la asignación o coordinación —según el caso— de los derechos de aterrizaje y despegue (*slots*), o las negociaciones con las compañías aéreas.

España constituye, también aquí, un caso excepcional, porque es el único país occidental con varias ciudades y aeropuertos de grandes dimensiones que son gestionados exclusivamente por una única entidad dependiente del Gobierno central. Sólo el caso de Rumanía es similar, pero el tamaño de su mercado aéreo es mucho menor. El análisis de esta situación tan singular ocupa este capítulo.

Los aeropuertos tienen un papel fundamental en el desarrollo económico del territorio al que prestan su servicio, generando una parte importante de la riqueza y proveyendo conectividad con el resto del mundo a su área territorial.[2] En las últimas décadas se han producido algunos cambios de gran importancia que han alterado las formas tradicionales de funcionamiento de los aeropuertos. De entre estos cambios, dos son especialmente destacados: (1) la liberalización del transporte aéreo dentro de grandes regiones económicas, primero en Estados Unidos y algo más tarde en Europa, y más recientemente los acuerdos transcontinentales denominados de «cielos abiertos» entre EE. UU. y la UE, que han intensificado las posibilidades de competencia entre aerolíneas y entre aeropuertos; y (2) la entrada en el sector del transporte aéreo de nuevos modelos de negocio, y en particular el de las llamadas compañías *low cost*, que han alterado radicalmente el mapa de la oferta y han obligado a cambios importantes en las compañías convencionales, que operan en red. Estas transformaciones han impulsado un proceso generalizado de reforma en la gestión aeroportuaria en todo el mundo. Los aeropuertos están dejando de ser concebidos única y exclusivamente como proveedores de un servicio público, y pasa a adquirir gran relevancia su consideración como entidades económicas que deben interactuar de forma ágil con un entorno tan cambiante.

Este entorno competitivo en toda la cadena de valor del transporte aéreo explica que en Europa, y en casi todos los países desarrollados, la gestión se desarrolle de forma individual para cada aeropuerto, con frecuente preeminencia de las administraciones territoriales como responsables del servicio, y con diferentes grados de cooperación entre el sector público y el sector privado. La gestión individualizada estimula la competencia entre aeropuertos para captar, según el caso, compañías de bajo coste, compañías de red, o de ambos tipos. Además, facilita que los mecanismos de financiación de aeropuertos deficitarios sean transparentes. De todo esto se derivan estímulos para una mayor eficiencia en la gestión aeroportuaria.

Dado el modelo vigente de gestión de aeropuertos en

España, no existe la posibilidad de una política comercial diferenciada. Además, se emplea un mecanismo de caja única para la asignación de los recursos económicos que generan. La caja única implica un sistema de subsidios cruzados entre los aeropuertos, sistema nada transparente ni eficiente.

La persistencia del modelo centralizado y de gestión conjunta de aeropuertos en España, en un contexto internacional que ha convertido en arcaico este modelo, se explica por las posibilidades que su conservación ofrece a las autoridades políticas y funcionariales del nivel central para definir un papel específico para cada aeropuerto y para jerarquizar, de esta forma, las áreas urbanas españolas y las relaciones entre las mismas. En lugar de seguir criterios propios de la política de transporte, la gestión aeroportuaria desde el kilómetro cero permite el uso de los aeropuertos como un instrumento de poder político y de política territorial. En el siglo XXI, en el que la gestión de las infraestructuras ha adquirido una importancia cada vez mayor, el control centralizado de los aeropuertos permite estimular el carácter radial de las relaciones aéreas en España, y con ello de su conectividad global.

Emergencia de los aeropuertos en España y desarrollo del modelo de gestión

El primer aeródromo español se instaló en 1911 en Cuatro Vientos (Madrid). En opinión de Gómez Mendoza,[3] «los estrechos lazos de la industria aeronáutica con la demanda militar y la preferencia del ejército por Madrid como base de sus operaciones en este terreno explican por qué Madrid se erigió en un importante punto nodal de la red aérea española». Más tarde seguirían los aeródromos de Barcelona-El Prat en 1918, y de Ingenio-Telde en Gran Canaria y Málaga, ambos en 1919. Los aeródromos eran concesionados en paralelo a la concesión para la explotación de líneas aéreas.

Durante la dictadura de Primo de Rivera aparece la primera normativa específica para la organización del funcionamiento de los aeródromos, las Reglas para la elección de terrenos destinados a aeródromos o aeropuertos y para su funcionamiento, de 19 de junio de 1926. Un año después, el 19 de julio de 1927, se aprueba el Real Decreto Ley de Aeropuertos Nacionales, que distingue entre aeródromos y aeropuertos. Estos últimos se clasifican en tres tipos: (1) aeropuertos al servicio del Estado, (2) de servicio público o interés general, y (3) particulares o privados.[4]

La construcción y explotación de los aeropuertos de interés general se encargarían a Juntas o Patronatos de carácter local. Las Juntas de Aeropuertos se vertebraban con las administraciones provinciales y locales, lo que era «un buen ejemplo de descentralización administrativa y de gestión».[5] Por reglamento posterior se estableció que la Junta del Aeropuerto haría uso de los ingresos generados para financiar el mantenimiento y las obras del propio aeropuerto, con el objetivo de que se autofinanciasen. Era, en suma, un modelo muy próximo a lo que en la actualidad se entiende por gestión individual.

En 1930 se configura la Junta Central de Aeropuertos como un organismo que asume todas las competencias relativas tanto a su diseño y construcción como a su explotación. En una deriva caracterizada por «un interés centralizador de las competencias sobre los aeropuertos»,[6] a principios de 1931 el Gobierno del almirante Aznar suprime las Juntas Locales de los aeropuertos de Madrid y Barcelona, y traslada sus funciones a la Junta Central de Aeropuertos.

Durante la Segunda República, se aprueba en enero de 1933 la transferencia de los servicios de aviación civil a la Generalitat de Cataluña. En el contexto general de la inestabilidad del período, la competencia de estos servicios es recuperada por el Gobierno central en octubre de 1934, y vuelve otra vez a la Generalitat tras el triunfo del Frente Popular en las elecciones de 1936.

Tras la guerra civil de 1936-1939, las competencias sobre los aeropuertos pasan a manos del Ministerio del Aire, y en noviembre de 1940 se aprueba la Ley de Régimen y Características de Aeródromos y Aeropuertos.[7] La ley clasifica los aeropuertos en militares, comerciales y privados, y todos ellos quedan bajo la jurisdicción militar. Se suprimen la Junta Central y las Juntas Locales de aeropuertos, y la gestión de los aeropuertos comerciales se encarga a la Dirección General de la Aviación Civil. En 1957 se produce una reorganización de algunos aspectos de la organización aeroportuaria. Por una parte, a efectos de percepción de tasas se establecen tres categorías de aeropuertos, clasificación todavía vigente (aunque con cambios en su composición). Por otra, se crea el Organismo Autónomo Aeropuertos Nacionales. Este organismo autónomo es el precedente lejano de la actual AENA, creada en 1991 con el objetivo de dar mayor flexibilidad y agilidad a la gestión pública.

El modelo de gestión centralizada y conjunta de los aeropuertos es el adoptado tras la segunda guerra mundial por los países con dictadura comunista, en los que los aeropuertos estaban bajo el control de las autoridades militares. Es el caso también de los dos únicos países continentales de Europa occidental (España y Portugal) con modelo centralizado y conjunto de gestión, también sometida a control militar. El control militar coincide también en el otro caso continental de origen no comunista, el de Grecia.[8] En sustancia, por tanto, el modelo de gestión que tenemos en la actualidad es el heredero —modernizado— de aquella estructura organizativa de los aeropuertos españoles.

Referencias del entorno: el modelo de gestión de los aeropuertos en los países desarrollados

En Europa, los aeropuertos han sido tradicionalmente considerados como proveedores de un servicio público. De ahí que la propiedad pública, con diferentes grados de implicación de los respectivos gobiernos territoriales, haya sido predominante hasta muy recientemente. No obstante, los procesos de privatización aplicados en las últimas décadas también han afectado a la política aeroportuaria de muchos países. Por ello, en la actualidad se observan diferentes estructuras de propiedad en los aeropuertos a lo largo de Europa, y se ha extendido la creación de empresas —públicas, privadas, o mixtas— que se hacen cargo de la gestión aeroportuaria.[9]

En algunos países, el gobierno central todavía mantiene la titularidad y control de la gestión de los aeropuertos. En estos casos, los aeropuertos suelen ser gestionados de forma conjunta, «como si» se tratase de una «red nacional» (que en realidad es algo inexistente). Entre los países de la Unión Europea, la gestión centralizada y conjunta existe en España, Estonia, Finlandia, Lituania, Portugal y Rumanía. Todos estos países —con la única excepción de España— se caracterizan por tener un solo gran aeropuerto y un mercado aéreo de reducidas dimensiones. Por ejemplo, el tráfico total de Finlandia es similar al del aeropuerto de Málaga y bastante inferior al de Palma de Mallorca, y Helsinki mueve más del 90 por ciento del tráfico exterior del país. Por tanto, España es el único caso en que se gestionan de forma conjunta diferentes aeropuertos con un volumen de tráfico significativo, como muestra el cuadro 1.

CUADRO 1
Modelos de gestión (individual versus centralizada) en la Unión Europea

Forma de gestión	Tipo de mercado	Países de la UE
Centralizada y conjunta	Grande	España
	Pequeño	Estonia, Finlandia, Lituania, Portugal, Rumanía
Híbridos	Grande	Ø
	Pequeño	Suecia, Grecia
En cambio desde gestión conjunta a individualizada	Grande	Ø
	Pequeño	Polonia
Gestión individualizada	Grande	Alemania, Francia, Gran Bretaña, Italia
	Pequeño	Austria, Bélgica, Bulgaria, Chipre, Dinamarca, Eslovaquia, Eslovenia, Holanda, Hungría, Irlanda, Letonia, Luxemburgo, Malta, República Checa

Nota 1: Tipo de mercado «Grande» indica un número de pasajeros alrededor de 100 millones por año, o superior. El país con más viajeros entre los de «mercado pequeño» es Holanda, con menos de 50 millones por año.

Nota 2: Fuera de la UE, en el caso de Noruega, la gestión es centralizada y conjunta. El resto de países anglosajones (EE. UU., Canadá, Australia y Nueva Zelanda) tienen gestión individual, así como Suiza.

Fuente: Para países de la Unión Europea y otros de la OCDE, Germà Bel y Xavier Fageda, *Aeroports i Poder*, Edicions 62, Barcelona, 2007. Páginas web de los aeropuertos para países de Europa Central y del Este.

Suecia tiene un modelo mixto con una parte de los aeropuertos sometidos a gestión centralizada y conjunta, mientras que otra parte (con menor tráfico) se gestionan de forma individual. Curiosamente, entre estos últimos se halla el aeropuerto de Estocolmo-Skavsta, segundo de la capital y tercero en tráfico del país, gestionado por la empresa TBI, de la que es socia AENA. En Grecia, Atenas se gestiona de forma individual y el resto de aeropuertos de forma centralizada y conjunta.

El resto de países europeos usan modelos de gestión individualizada. Ésta es la tendencia predominante en los países europeos de mayor dimensión: Gran Bretaña, Alemania, Italia y Francia. La gestión individualizada también es predominante en muchos países de dimensión menor: Austria, Bélgica, Bulgaria, Chipre, Dinamarca, Eslovaquia, Eslovenia, Holanda, Hungría, Irlanda, Letonia, Malta y República Checa. Cada aeropuerto es gestionado por una empresa pública, privada o mixta. Con la gran excepción del Reino Unido, la administración suele mantener la propiedad de los aeropuertos, de forma que los procesos de privatización implican básicamente la venta de la empresa que gestiona las instalaciones.

En suma, los países desarrollados comparables a España por superficie, población y tamaño del mercado aéreo, tienen un modelo de gestión de los aeropuertos basado en la gestión individual, aeropuerto por aeropuerto, o mediante grupos de aeropuertos en la misma área metropolitana. A continuación se revisan las principales características del modelo aeroportuario en Alemania, Gran Bretaña, Francia e Italia.

Alemania

Generalmente, los propietarios de las empresas gestoras de los aeropuertos alemanes han sido los gobiernos locales y regionales, así como el federal, en proporciones variables. La participación del Gobierno federal era minoritaria, y dependía del tipo de aeropuerto y del Estado (*land*) donde éste se ubicaba. El principal motor del cambio en la estructura de la propiedad de los operadores aeroportuarios practicado desde principios de los noventa ha sido las desinversiones efectuadas por el Gobierno federal, y en mucha menor medida por los gobiernos regionales y locales. Tales desinversiones han sido efectuadas en un contexto de deterioro progresivo de las finanzas públicas. Como resultado de este proceso, el Gobierno federal mantiene actualmente sólo una participación muy reducida (y ajena a la gestión) en los operadores aeroportuarios de Berlín, Colonia/Bonn y Múnich.

Además, varios aeropuertos han sido privatizados, generalmente de forma parcial. El consorcio Fraport, del que son accionistas mayoritarios el estado de Hesse y la ciudad de Francfort, gestiona los aeropuertos de Francfort (mayor del país), Hannover y Saarbrücken. Por su parte, el consorcio Airport Partners GmbH es accionista en los aeropuertos de Hamburgo, Monchengladbach y Düsseldorf. Este último caso —aunque menos conocido que Francfort y Múnich— es interesante, pues es el tercer aeropuerto de Alemania, y el 50 por ciento de la empresa gestora es propiedad de la ciudad de Düsseldorf.

Además, la segunda terminal del aeropuerto de Múnich (segundo aeropuerto alemán, con mayoría accionarial del gobierno regional y totalmente público) ha sido construida y es gestionada por una empresa mixta compuesta por el propio gestor aeroportuario (60 por ciento) y la aerolínea Lufthansa (40 por ciento).[10] En suma, los inversores privados han sido capaces de acceder a la propiedad parcial y gestión de los tres mayores aeropuertos de Alemania, y a su vez han adquirido posiciones relevantes en otros aeropuertos pequeños cercanos. No obstante, los gobiernos locales y regionales correspondientes son aún el principal —cuando no el único— accionista de los aeropuertos comerciales alemanes (y también habitualmente de los aeropuertos de menor tráfico).

Reino Unido

Antes de las reformas aplicadas en los ochenta, las autoridades territoriales eran la base institucional del sistema de gestión de los aeropuertos británicos. La excepción a esta regla era el organismo British Airports Authority, dependiente del Gobierno central, que había sido creado en 1965 para centralizar la gestión de los principales aeropuertos internacionales de Londres. A partir de 1965 la Authority se hizo cargo de la gestión de los tres principales aeropuertos de la capital (Heathrow, Gatwick y Stansted). En 1971 adquirió los tres principales aeropuertos escoceses (Aberdeen, Edimburgo y Glasgow).[11]

El Libro Blanco de 1985 determinó la necesidad de extender la comercialización y la privatización de los aeropuertos en el Reino Unido, con los objetivos de aumentar la eficiencia en la gestión y aliviar la carga que los aeropuertos deficitarios representaban para el sector público. Esta posición era consecuente con la política general en el Reino Unido durante los años ochenta, que tuvo un fuerte sesgo a favor de la privatización. En 1986 se disolvió British Airports Authority y se creó la empresa BAA, que fue privatizada en 1987. Además, se estableció la corporatización (transformación de gestión por unidad burocrática a empresa pública) del resto de aeropuertos con un volumen relevante de tráfico.

Con la excepción de BAA, los propietarios de las nuevas empresas de gestión de aeropuertos eran los gobiernos locales. Se estableció la posibilidad de que inversores privados se convirtiesen en accionistas de las autoridades aeroportuarias. De hecho, desde 1990 muchas de las autoridades aeroportuarias han sido parcial o totalmente vendidas a inversores privados. Como consecuencia, en la actualidad la mayoría de operadores son privados, aunque subsisten algunas excepciones como Manchester, East Midlands y algunos aeropuertos de menor tamaño.

Uno de los acontecimientos recientes más importantes en la política aeroportuaria del Reino Unido (y del conjunto de Europa) ha sido el proceso de consulta e investigación (y el subsiguiente establecimiento de un paquete de remedios) sobre las condiciones de competencia entre los aeropuertos de BAA —adquirida en 2006 por Ferrovial— en el Reino Unido. En ese momento, BAA era propietaria y gestionaba Heathrow, Gatwick y Stansted en Londres; Glasgow, Edimburgo y Aberdeen en Escocia; y Southampton, adquirido en 1990. Además, se investigó también el estado de la competencia entre lo aeropuertos de BAA. La consulta e investigación fue llevada a cabo por la autoridad británica de la competencia (United Kingdom Competition Commission-UKCC), que decidió la ruptura del grupo BAA por los perjuicios que la falta de competencia causaba a usuarios y aerolíneas. Por ello, obligó a BAA a vender los aeropuertos de Gatwick y Stansted, y uno de los dos mayores de Escocia (Edimburgo o Glasgow). Ferrovial vendió Gatwick en 2009. A pesar de que la decisión de la UKCC ha sido anulada judicialmente por un motivo de tipo formal, BAA sigue adelante con los planes para vender Stansted, pero es más incierta la venta de Edimburgo o Glasgow.

Finalmente, es oportuno señalar que el problema de la supervivencia de aeropuertos de escaso tráfico se centra en los ubicados en zonas remotas de Escocia. En tales casos, el Gobierno central ofrece una amplia gama de ayudas, que van desde subsidios corrientes y de capital, a obligaciones de servicio público en rutas que garantizan la conexión aérea directa con las principales ciudades inglesas y escocesas. Además, aquellos pequeños aeropuertos que siguen bajo propiedad del gobierno local reciben subsidios de este nivel de gobierno, en caso que sea necesario.

Francia

El Estado tuvo un papel fundamental en la puesta en marcha del sector aeroportuario en Francia. Fue el propietario del suelo y también quien creó las instalaciones. Sin embargo, ya desde la década de los cincuenta se puso en marcha un régimen de concesiones mediante el cual fueron las cámaras de comercio locales las que pasaron a gestionar todos los aeropuertos comerciales franceses, con la única excepción de los de París.[12] En la actualidad, los tres aeropuertos comerciales de París (Charles de Gaulle, Orly y Le Bourget) son gestionados por la sociedad Aéroports de Paris —ADP—. El principal propietario de ADP es el Estado francés, con el 68,4 por ciento del capital. El resto de la propiedad está en manos de inversores privados minoritarios. Las acciones de ADP se negocian en la Bolsa de París.

En la década de los 2000 se produce un nuevo impulso descentralizador en Francia. Además de mantener el sistema de gestión local, en una primera fase de esta reforma el Estado transfirió a los entes territoriales la propiedad de los aeropuertos provinciales más modestos (como Córcega, Perpiñán, Béziers, Carcasona y Tarbes). En los últimos años, los mayores aeropuertos fuera de París (como Lyon, Toulouse o Burdeos) han pasado a ser gestionados como sociedades anónimas, y diversos inversores privados van tomando posiciones en la gestión, reemplazando parcialmente a las cámaras de comercio. El Estado mantiene la propiedad de las instalaciones en los aeropuertos medianos, y ha establecido concesiones por cuarenta años a las sociedades gestoras.

El Estado ha mantenido una presencia inicial en las sociedades gestoras (sin interferencias en la gestión), y va desprendiéndose de sus participaciones, de forma similar al Gobierno federal alemán desde inicios de los noventa. El objetivo final de la política aeroportuaria es eliminar la presencia del Estado en todos los aeropuertos regionales y provinciales.[13] No se excluye un mayor grado de privatización de Aéroports de Paris en un futuro cercano.

Italia

La propiedad y titularidad de las instalaciones aeroportuarias en Italia es del Gobierno central. Sin embargo, la gestión corre a cargo de empresas de responsabilidad limitada. Estas empresas gestionan los diferentes aeropuertos de forma individual, y mediante concesiones a largo plazo. Tradicionalmente, los únicos accionistas de las compañías gestoras de los aeropuertos habían sido los gobiernos locales y provinciales. Pero desde la mitad de los noventa se registra una participación creciente del sector privado en la gestión aeroportuaria. Las dificultades financieras que limitan la actividad de los gobiernos regionales y locales son una explicación plausible para esta tendencia.

En 1997, el 70 por ciento de la empresa gestora del aeropuerto de Nápoles fue adquirido por BAA. Ese mismo año comenzó el proceso de privatización de Aeroporti di Roma S.p.A. (gestora de Fiumicino y Ciampino), y quedó culminado en 2000. El grupo privado Gemina Spa tiene el 95,8 por ciento de la empresa, y el 3 por ciento pertenece a diversos entes territoriales. También hay participación privada minoritaria en los aeropuertos de Turín, Venecia y Florencia. En general, los gobiernos locales y regionales, en ocasiones con alguna participación de operadores privados, son propietarios de la mayoría de empresas gestoras de aeropuertos en Italia. Éste es el caso, por ejemplo, del sistema de aeropuertos de Milán (Malpensa y Linate), cuyo ente gestor es propiedad básicamente de los gobiernos municipal (84,6 por ciento) y provincial (14,5 por ciento).

Finalmente, es bueno tener en cuenta que tanto el Gobierno central como los gobiernos locales y regionales han desempeñado un papel muy significativo en la financiación de inversiones en ampliación de capacidad de todo tipo de aeropuertos, desde los grandes aeropuertos internacionales hasta los de menores niveles de tráfico. Más modesto ha sido el uso de subsidios corrientes a los aeropuertos por parte de los diferentes niveles de gobierno. También han sido limitados los incentivos financieros a las compañías aéreas para que operen en rutas de baja densidad de tráfico.

Síntesis

El modelo de gestión individual de los aeropuertos es el común en los países desarrollados de mayor superficie y población, y con mercados aéreos grandes. Ha sido el modelo tradicional en la mayoría de casos, y ha sido adoptado a principios de los noventa por algunos países, como Australia y Canadá, que tenían un modelo centralizado similar al de AENA.

Por lo que respecta a la forma de la propiedad en la gestión de los aeropuertos, los casos de Reino Unido, Alemania, Italia —e incipientemente Francia— muestran que un mismo país puede experimentar con muy variadas formas de titularidad de los operadores aeroportuarios. En sustancia, lo que es realmente importante por lo que respecta a la eficiencia es la competencia, mucho más que la propiedad per se.

Las reformas encaminadas hacia la individualización en la gestión de los aeropuertos sí están más estrechamente asociadas a mejorar la eficiencia en el desarrollo de las operaciones. En efecto, las compañías aéreas presionan para que haya una mayor eficiencia en la provisión de la infraestructura aeroportuaria. Estas presiones obligan a los responsables políticos a ofrecer un marco institucional que permita la competencia entre aeropuertos. Éste es un aspecto clave para que un aeropuerto pueda ofrecer el mejor producto a su cliente, la compañía aérea, tanto en términos de precios como de calidad de servicio.

La disciplina que la gestión individual impone a todos los aeropuertos puede limitar la magnitud de los subsidios necesarios para sostener a los deficitarios.[14] Además, en un modelo de gestión individual, la financiación de los aeropuertos deficitarios se puede abordar de diferentes formas. Por un lado, se puede realizar mediante subsidios específicos a los aeropuertos. Tales subsidios, sean de capital o corrientes, pueden proceder del Gobierno central (Irlanda), del gobierno regional (Alemania), de los gobiernos locales (Australia o Reino Unido) o de todas las administraciones (Italia). Por otro lado, la financiación de los aeropuertos deficitarios puede llevarse a cabo también mediante un fondo creado con parte de los excedentes generados por los grandes aeropuertos, como ilustra el caso de Canadá. Los subsidios pueden aplicarse también a las compañías aéreas, como fórmulas alternativas de sostener a los aeropuertos deficitarios en la medida que se garantiza un nivel mínimo de tráfico.[15] Los casos de Irlanda y Reino Unido muestran la importancia que pueden llegar a tener estos mecanismos de apoyo a las compañías.

En cualquier caso, lo que está muy claro es que no es necesario tener un modelo centralizado como el español para articular mecanismos de apoyo financiero a los aeropuertos con déficit y dificultades para la autofinanciación que se considere necesario mantener operativos.

La retórica del modelo de gestión centralizado en España: solidaridad y eficiencia

El argumento tradicional esgrimido para preservar el modelo de gestión centralizada y con caja única de los aeropuertos en España ha sido la pretendida solidaridad que ofrece a los aeropuertos más pequeños, lo que permite —se dice— sostener financieramente los aeropuertos que no generan el tráfico necesario para ser autosuficientes, y conseguir así que todos los españoles seamos iguales. Más recientemente, se ha venido alegando también la pretendida eficiencia que proporciona este modelo.

De hecho, el debate sobre la reforma de la gestión de los aeropuertos en España se acentuó a partir de comienzos de los 2000, como muestran los artículos «Aeropuertos: El diagnóstico» y «Aeropuertos: La alternativa», publicados en *El País* respectivamente el 20 de febrero y el 1 de marzo de 2002, que se reproducen en el anexo. En ese contexto, el 4 de junio de 2002 el ministro de Fomento Álvarez Cascos declaraba que si los doce aeropuertos más importantes se segregasen, los otros 33 provocarían pérdidas al Estado, «y alguien debería explicar cómo se financiaban». De ahí, infería, la solidaridad con los aeropuertos no-principales obligaba a mantener el sistema centralizado.

Esta argumentación en términos de solidaridad con los pequeños e igualdad entre los españoles es recurrente en los responsables de infraestructuras del Partido Popular, ahora en la oposición. Por ejemplo, en diciembre de 2008 Andrés Ayala, portavoz del PP en la Comisión de Fomento del Congreso de los Diputados, enfatizaba como uno de los principios fundamentales de la política de su partido «el principio de igualdad y de solidaridad con todos los españoles y territorios de España. Señora ministra: AENA y el funcionamiento de nuestro modelo aeroportuario tiene que tener una visión global del interés público y no territorial. Por tanto, ese principio de igualdad y de solidaridad en segundo lugar es imprescindible mantenerlo como elemento del modelo de AENA... No queremos, señora ministra —y lo queremos destacar—, que se rompan los principios de solidaridad y de igualdad de todos los españoles en el trato de este servicio público que es el transporte aéreo».[16]

La respuesta ofrecida por la ministra de Fomento Magdalena Álvarez al requerimiento del portavoz del PP fue categórica: «Y aquí, de la solidaridad territorial de los aeropuertos hemos hecho virtud y hemos conseguido... Efectivamente, señor Ayala, estoy completamente de acuerdo con usted en que el buen funcionamiento de

AENA es achacable tanto a gobiernos socialistas como a gobiernos del Partido Popular»,[17] respuesta que satisfizo al portavoz popular: «Señora ministra, el Grupo Parlamentario Popular va a mantener el planteamiento que ha tenido. Su planteamiento también es similar, muy parecido al programa del Partido Popular, lo cual no es ni bueno ni malo, simplemente hemos coincidido».[18]

En una discusión parlamentaria más reciente, el 12 de enero de 2010, Rafael Simancas, portavoz del Grupo Socialista en la Comisión de Fomento, aludía a la necesidad de «asegurar que cualquier dinámica descentralizadora sea plenamente compatible con el cumplimiento de nuestra obligación de garantizar la supervivencia y la viabilidad de los aeropuertos económicamente dependientes y de cumplir con la determinación constitucional de mantener la solidaridad, la cohesión y la igualdad de todos los españoles en términos de movilidad y conectividad en todos los territorios de España».[19]

Añadía Simancas la petición al ministro de Fomento José Blanco, «que se mantenga sin ningún tipo de titubeo, tal y como plantea el ministro, el modelo de funcionamiento en red para nuestros aeropuertos, porque asegura eficiencia al sistema, garantiza conectividad plena a todos los ciudadanos, vivan donde vivan, y cumple con los principios de solidaridad, cohesión e igualdad entre todos los españoles».[20]

Como ya había sucedido a finales de 2008, con la anterior ministra, los planteamientos expresados por el ministro también merecieron la adhesión del portavoz del Grupo Popular, Andrés Ayala: «Señor Blanco: competitividad, sostenibilidad, eficacia, mantenimiento de la titularidad estatal, sensibilidad del servicio público reforzado que se debe tener con las islas y con Ceuta y Melilla, solidaridad e igualdad y funcionamiento en red [...]. Éstos son los principios que se deducen de su intervención y que se han dicho claramente por parte de este portavoz y, por tanto, el Partido Popular, que ya ha mantenido estos principios, señor ministro, va a apoyar este modelo».[21]

No cabe duda de que la solidaridad —de forma tradicional— y más recientemente la eficiencia son los recurrentes argumentos que sustentan el mantenimiento del modelo de gestión centralizada. ¿Están estos argumentos sustentados por la realidad?

La realidad del modelo de gestión centralizado en España: insolidaridad e ineficiencia

Durante largo tiempo, desde finales de los noventa hasta enero de 2010, el Gobierno central no ha hecho pública la información económica de explotación aeropuerto por aeropuerto, con la excusa de que esta información no existía (¿?), a pesar de que había sido proporcionada regularmente hasta 1998.

En ese período, la única información económica desagregada disponible a nivel de aeropuerto ha sido la inversión liquidada a nivel regional, dada la obligación legal que existe de hacerla pública al haber sido aprobada por las Cortes Generales. Los últimos datos publicados corresponden a 2008, y la tabla 1 recoge el volumen de inversión en aeropuertos en cada región en el período 1985-2008, en valor constante (euros de 2008), en la columna (1). Hay que observar que este período es sustancialmente más largo que un ciclo completo de inversión, por lo que los resultados no están distorsionados por inversiones puntuales. Se incluyen también el porcentaje que cada región aeroportuaria absorbe del total, en la columna (2), y el porcentaje que cada región aeroportuaria ha gestionado del total de pasajeros en el período, en la columna (3).

Tabla 1
Distribución regional de la inversión en aeropuertos del Gobierno central, y porcentajes en la inversión y en el total de los pasajeros (1985-2008)

Región	(1) Inversión total 85-08 millones euros 2008	(2) % Inversión 85-08	(3) % Pasajeros 85-08
Madrid	10.109,2	44,5%	22,2%
Cataluña	4.579,8	20,2%	15,3%
Andalucía	2.135,1	9,4%	10,0%
Canarias	2.082,3	9,2%	20,7%
Baleares	1.467,8	6,5%	18,3%
C. Valenciana	768,4	3,4%	6,3%
País Vasco	411,4	1,8%	2,1%
Galicia	408,0	1,8%	1,9%
Castilla y León	209,1	0,9%	0,2%
Aragón	173,0	0,8%	0,2%
Asturias	95,4	0,4%	0,6%
Murcia	82,6	0,4%	0,4%
Melilla	82,5	0,4%	0,2%
Cantabria	56,9	0,3%	0,2%
Navarra	55,1	0,2%	0,2%
Extremadura	5,6	0,0%	0,0%
Total	22.722,2		

Nota: No se incluyen las regiones de Castilla-La Mancha y La Rioja porque los aeropuertos de Albacete y Logroño no han tenido operativa comercial en la mayor parte del período. Tanto su participación en la inversión como en el tráfico de pasajeros es muy reducida.

Fuente: Elaboración propia a partir de datos de inversión del Ministerio de Fomento; datos de tráfico del Ministerio de Fomento y de AENA.

Los datos de la tabla muestran que:

- La inversión en aeropuertos refleja una concentración muy fuerte en la región de Madrid (casi exclusivamente en Madrid-Barajas); el peso de la región en la inversión total (44,5 por ciento) es el doble que su peso en el tráfico de pasajeros gestionado (22,2 por ciento). Es oportuno precisar que los cálculos efectuados probablemente infravaloran la concentración de la inversión en Madrid. De acuerdo con los datos económicos a nivel de aeropuerto proporcionados por el Gobierno el 12 de enero de 2010,[22] a los aeropuertos de Madrid les correspondía una deuda imputable de 6.212 millones de euros a final de 2009, cifra que representaba el 54,4 por ciento de la deuda total de los aeropuertos de AENA.
- La siguiente región con mayor inversión es Cataluña (sobre todo en Barcelona-El Prat); su cuota en la inversión es del 20 por ciento, algo superior a su cuota en el tráfico de pasajeros. La deuda imputable a los aeropuertos catalanes de AENA es de 2.035,2 millones de euros, cifra que representaba el 17,8 por ciento de la deuda total, muy poco por encima de su cuota de viajeros.
- La cuota en inversión y la cuota en pasajeros presentan equilibrio en Andalucía. En el caso de las regiones insulares, la cuota de la inversión es muy inferior a la cuota en pasajeros.
- Entre las regiones con tráfico medio, la Comunidad Valenciana y el País Vasco presentan una inversión por debajo de su cuota en pasajeros, y la situación presenta mayor equilibrio en Galicia.

- Por último, entre las regiones de menor tráfico los resultados son dispares; Castilla y León, Aragón, y Murcia aparecen como relativamente favorecidas en la inversión, mientras que Asturias presenta déficit inversor. La situación es relativamente equilibrada en el resto de regiones de menor tráfico.

¿Es razonable que Madrid —la región más rica de España— concentre una cuota de inversión que duplica su cuota en el tráfico? El asunto puede abordarse desde diferentes ópticas. Pero, se mire como se mire, es imposible sostener que la inversión en aeropuertos en España ha estado presidida por un criterio de solidaridad interterritorial. De hecho, al analizar con técnicas empíricas robustas la distribución regional de la inversión en aeropuertos, se encuentra que ésta tiene una asociación sistemática positiva con el producto interior bruto per cápita y con el tráfico en el aeropuerto, que es justo lo contrario de lo que exigiría un principio de solidaridad interterritorial.[23] Además, también se encuentra una relación positiva sistemática entre inversión efectuada e identidad partidaria entre gobierno central y gobierno regional. Nada sorprendente.

Los datos económicos a nivel de aeropuerto proporcionados por el Gobierno el 12 de enero de 2010 permiten profundizar en el asunto de la solidaridad, a partir de la información suministrada en la tabla 2. Antes de proceder con la discusión de los mismos, el cuadro 2 resume el significado de los principales términos e indicadores, para hacer más ágil el análisis.

CUADRO 2
Glosario de términos en las cuentas económicas de los aeropuertos

Término	Significado
Unidad de Carga	Unidad básica de volumen de tráfico. Un pasajero es equivalente a 100 kg de carga. Por tanto, el total de unidades de carga proceden de sumar «número de pasajeros» + kilos de mercancías/100.
Beneficio bruto operativo (BBO)	Resultado operativo de cada aeropuerto. El beneficio bruto indica la eficiencia económica de la gestión de aeropuertos, pues toma en cuenta la gestión de las instalaciones más las decisiones sobre inversiones.
EBITDA	Beneficios antes de intereses, impuestos, depreciación y amortización. Es el resultado de explotación, sin tener en cuenta las inversiones, su financiación y amortización. El EBITDA indica la eficiencia técnica de la gestión de aeropuertos, pues no toma en cuenta las decisiones sobre inversiones y sus consecuencias.
Deuda imputable	Deuda que corresponde a cada aeropuerto de la deuda total.

Ahora ya podemos desgranar las cuestiones relativas a la solidaridad y la eficiencia del modelo.

1. ¿Se distribuyen las inversiones (reflejadas por la deuda imputable) de forma equilibrada?

Esta cuestión había sido abordada más arriba con datos de inversiones y pasajeros para 1985-2008. Al atender ahora a la deuda imputable se observa que la concentración en los aeropuertos de Madrid (Barajas, Torrejón y Cuatro Vientos) es el 54,4 por ciento, aún mayor que la que se encontraba con el análisis histórico de inversiones (columna (8) de la tabla 2). La previsión para 31 de diciembre de 2010, también proporcionada, indica que Madrid concentrará en esa fecha el 51,9 por ciento de la

Tabla 2
Datos económicos de los aeropuertos gestionados por AENA

AEROPUERTO	(1) Pasajeros 2009	(2) Unidades de Carga (UdC)	(3) Beneficio bruto operativo (BBO)
Madrid Barajas	48.270.581	51.298.577	-300,9
Barcelona	27.311.765	28.209.893	-42,0
Palma Mallorca	21.203.028	21.373.889	37,8
Málaga	11.622.443	11.656.453	12,8
Gran Canaria	9.155.670	9.415.598	6,5
Alicante	9.139.607	9.171.604	43,5
Tenerife Sur	7.108.073	7.161.785	13,9
Girona	5.286.975	5.287.688	18,0
Valencia	4.748.981	4.846.993	-1,2
Lanzarote	4.701.480	4.742.948	-0,9
Ibiza	4.572.814	4.604.191	4,0
Tenerife Norte	4.054.147	4.237.197	-5,6
Sevilla	4.051.268	4.101.079	-2,3
Fuerteventura	3.738.492	3.757.625	-2,3
Bilbao	3.654.951	3.681.866	0,1
Menorca	2.433.672	2.459.886	-14,2
Santiago	1.943.900	1.963.786	-10,2
Reus	1.706.609	1.706.705	-7,1
S. Javier-Murcia	1.630.521	1.630.607	1,5
Asturias	1.316.088	1.317.219	-4,2
Granada-Jaén	1.187.736	1.188.148	-6,6
Vigo	1.103.291	1.111.258	-6,9
Jerez	1.079.787	1.080.763	-12,2
A Coruña	1.068.823	1.071.220	-4,4
La Palma	1.042.969	1.053.807	-12,9
Santander	958.157	958.268	-4,7
Zaragoza	528.313	897.676	-8,7
Almería	791.830	791.992	-7,5
Valladolid	365.683	366.435	-4,9
Pamplona	335.590	336.036	-6,4

(4) Ratio BBO/UdC	(5) EBITDA	(6) Ratio EBITDA / UdC	(7) Deuda Imputable	(8) Deuda total por ciento
-5,9	138,9	2,7	6.097,0	53,4%
-1,5	96,6	3,4	1.813,8	15,9%
1,8	62,5	2,9	0,0	0,0%
1,1	51,0	4,4	572,8	5,0%
0,7	14,7	1,6	0,0	0,0%
4,7	46,7	5,1	0,0	0,0%
1,9	20,1	2,8	0,0	0,0%
3,4	24,5	4,6	51,0	0,4%
-0,2	14,0	2,9	127,2	1,1%
-0,2	9,1	1,9	0,0	0,0%
0,9	11,2	2,4	0,0	0,0%
-1,3	5,1	1,2	94,5	0,8%
-0,6	5,5	1,3	0,0	0,0%
-0,6	10,1	2,7	128,5	1,1%
0,0	15,1	4,1	174,3	1,5%
-5,8	-1,4	-0,6	135,6	1,2%
-5,2	-1,3	-0,7	96,5	0,8%
-4,1	-0,5	-0,3	97,3	0,9%
0,9	7,1	4,3	73,6	0,6%
-3,2	0,8	0,6	68,2	0,6%
-5,6	-1,3	-1,1	75,4	0,7%
-6,2	-1,6	-1,5	65,7	0,6%
-11,3	-6,7	-6,2	81,0	0,7%
-4,1	0,5	0,4	72,9	0,6%
-12,3	-4,9	-4,7	187,1	1,6%
-4,9	0,1	0,1	83,9	0,7%
-9,6	-1,5	-1,6	139,5	1,2%
-9,4	-1,6	-2,1	80,0	0,7%
-13,3	-1,4	-3,7	55,8	0,5%
-19,2	-3,2	-9,4	78,0	0,7%

Tabla 2 (cont.)
Datos económicos de los aeropuertos gestionados por AENA

AEROPUERTO	(1) Pasajeros 2009	(2) Unidades de Carga (UdC)	(3) Beneficio bruto operativo (BBO)
San Sebastián	314.262	314.573	-6,8
Vitoria	39.933	313.813	-16,5
Melilla	293.692	297.198	-10,9
El Hierro	183.470	185.010	-5,9
León	94.282	94.319	-6,9
Badajoz	75.353	75.353	-1,1
Salamanca	53.088	53.088	-2,8
La Rioja	35.664	35.664	-6,2
La Gomera	34.609	34.715	-5,1
Burgos	27.710	27.710	-5,3
Torrejón	26.650	26.652	-3,0
Ceuta	20.566	20.576	-2,1
Córdoba	15.459	15.459	-3,9
Albacete	15.262	15.262	-2,9
Huesca-Pirineos	6.341	6.341	-6,2
Cuatro Vientos	229	229	-9,3
Sabadell	0	0	-7,9
Son Bonet	0	0	-2,4
Total	187.349.814	192.997.155	-433,0

Fuente: Información proporcionada por el Ministro de Fomento a grupos parlamentarios y prensa en la Comisión de Fomento del Congreso, 12 de enero de 2010. Para pasajeros y UdC, página web de AENA.

deuda. Sin embargo, en el año 2009 su cuota en el tráfico de pasajeros ha sido del 25,8 por ciento.

En el caso de los aeropuertos de Cataluña (Barcelona, Girona, Reus y Sabadell), la situación es mucho más equilibrada. La deuda significa el 17,8 por ciento del total en 2009 (columna (8) de la tabla), y se prevé que sea

(4) Ratio BBO/UdC	(5) EBITDA	(6) Ratio EBITDA / UdC	(7) Deuda Imputable	(8) Deuda total por ciento
-21,5	-4,3	-13,5	52,7	0,5%
-52,6	-10,5	-33,6	92,3	0,8%
-36,6	-5,5	-18,4	105,3	0,9%
-31,6	3,6	-19,5	51,3	0,4%
-73,5	-1,6	-17,1	86,7	0,8%
-14,6	-0,3	-4,1	19,6	0,2%
-53,5	-1,3	-24,7	31,1	0,3%
-173,8	-3,6	-102,1	49,0	0,4%
-147,8	-2,9	-83,8	33,5	0,3%
-191,3	-1,9	-68,6	59,9	0,5%
-113,7	-2,0	-73,2	36,5	0,3%
-103,5	-1,4	-67,6	16,9	0,1%
-252,3	-1,9	-121,0	68,8	0,6%
-191,3	-1,6	-105,5	24,1	0,2%
-977,8	-2,1	-326,4	67,7	0,6%
-40.480,3	-6,4	-27.947,6	78,5	0,7%
∞	-4,9	∞	73,1	0,6%
∞	-1,7	∞	16,1	0,1%
-2,2	450,8	2,4	11.412,6	100,0%

el 18,1 por ciento en 2010, mientras que su cuota en el tráfico en 2009 ha sido algo superior, el 18,3 por ciento.

Básicamente, ésta es casi toda la historia de la deuda de AENA, pues sólo el aeropuerto de Málaga (5 por ciento de la deuda total) en Andalucía (7,7 por ciento) añade algo más reseñable.

En síntesis, la inversión acumulada de AENA ha reflejado una exorbitante concentración en el aeropuerto de la capital política, cuya cuota en la inversión es más del doble de su cuota en el tráfico. En el otro extremo, los aeropuertos grandes de uso eminentemente turístico y los medianos han recibido inversiones muy por debajo de su volumen de tráfico, aunque todos ellos se hallan en zonas relativamente más pobres que la capital. ¿Solidaridad e igualdad?

2. *¿Subvencionan los aeropuertos grandes y rentables el déficit de los aeropuertos pequeños y deficitarios?*

La premisa contiene un error que algunos trabajos ya venían observando con anterioridad, aun a falta de datos detallados:[24] los grandes aeropuertos españoles no tienen superávit, sino déficit.

Los datos de la columna (3) muestran el déficit de cada aeropuerto, y sumando el de todos los aeropuertos con déficit (37 más el helipuerto de Ceuta) se obtiene un total de 570 millones de euros. A su vez, los nueve aeropuertos con superávit sumaban unos beneficios totales de 137 millones. En su conjunto, AENA tiene un déficit operativo de 433 millones de euros.[25]

El aeropuerto de Madrid-Barajas, el mayor de España, tuvo un déficit de 301 millones de euros en 2009, cifra que representa ¡el 53 por ciento de las pérdidas operativas brutas de todos los aeropuertos deficitarios! Muy lejos de Madrid-Barajas, Barcelona-El Prat es el segundo aeropuerto con más déficit, 42 millones (el 7 por ciento del total de déficits).

Pero ¿cuánto perdieron los aeropuertos con tráfico comercial[26] que gestionan menos de un millón de unidades de carga (UdC) al año? Esta cifra es relevante, pues de acuerdo con los estudios de la Comisión Europea, los aeropuertos con más de un millón de unidades de carga tienden a ser autosuficientes (depreciación incluida) y «los que no lo hacen, o bien están ofreciendo grandes descuentos en sus tasas aeronáuticas, o bien tienen algunos problemas fundamentales de eficiencia en su gestión».[27] Pues bien, los aeropuertos de AENA con servicio comercial y tráfico inferior a un millón de UdC tuvieron un déficit agregado de 118 millones de euros, esto es, el 20 por ciento de la suma de déficits, y el 39 por ciento del que tuvo Madrid-Barajas.

En España los aeropuertos más grandes no son rentables y no financian a los más pequeños. Los aeropuertos financiadores son los grandes turísticos y algunos medianos. Y quien disfruta su solidaridad es, sobre todo, el aeropuerto de Madrid-Barajas y, en mucho menor grado, el de Barcelona-El Prat.

El modelo aeroportuario español es insolidario, y además muy ineficiente desde el punto de vista económico. Por eso AENA es el gestor aeroportuario del mundo que más dinero pierde con su negocio, tanto en términos absolutos como relativos a su tamaño.[28] Para justificar esta situación se dice que el responsable de esto es la gran inversión realizada, y que si no se tiene en cuenta la inversión se obtienen beneficios. Bien; precisamente desde los años sesenta está asentada en el análisis económico la proposición de que en ámbitos de servicio público las empresas públicas tienen incentivos a sobreinvertir (y las privadas a lo contrario). Y la sobreinversión realizada por AENA ha sido muy exagerada. Es difícil encontrar en el mundo ejemplos de expansiones aeroportuarias con un coste relativo (y absoluto) tan elevado como las realizadas recientemente en Madrid-Barajas y en Barcelona-El Prat. Si acaso, las realizadas en Dubai y en Pekín.

Ahora, una vez mostrado que AENA adolece de ineficiencia económica, vamos a soslayar la inversión y evaluar, por tanto, su eficiencia técnica. A esto nos ayudan las columnas (5) y (6) de la tabla 2.

3. ¿Ganan lo que deben los aeropuertos con beneficios de explotación?

A modo de ejercicio, podemos prescindir por un momento de las inversiones efectuadas en cada aeropuerto, y de los correspondientes gastos de amortización y costes financieros implicados. Aunque esto no tiene mucho sentido económico estricto, permite discutir el argumento de que la inversión explica la anomalía del déficit en los aeropuertos mayores. La columna (5) muestra los beneficios antes de intereses, impuestos, depreciación y amortización (EBITDA), y sus datos indican que diecinueve aeropuertos lograron beneficios de explotación. Otros dos tienen un resultado muy cercano al equilibrio. La información muestra que Madrid-Barajas obtiene el mayor beneficio de explotación, con 139 millones de euros, seguido de Barcelona-El Prat, con 97 millones.

Sin embargo, la columna (6) nos ofrece un indicador mucho más preciso de la eficiencia técnica: el EBITDA por unidad de carga, o beneficio de explotación unitario. A priori, los aeropuertos deben tener beneficios crecientes a medida que aumenta su tráfico, dada la existencia de economías de escala en su operación. Por ese motivo, con una gestión técnica adecuada, los aeropuertos con mayor volumen de tráfico deberían tener beneficios unitarios mayores. Pero no sucede así en el caso de España. El gráfico 1 muestra el EBITDA unitario de todos los aeropuertos con beneficios de explotación, ordenados de menor a mayor tráfico. Al menos, nueve aeropuertos tienen un EBITDA unitario mayor que Madrid-Barajas, y cinco tienen un EBITDA unitario mayor que Barcelona-El Prat.

Gráfico 1
Ratio EBITDA/UdC (euros)

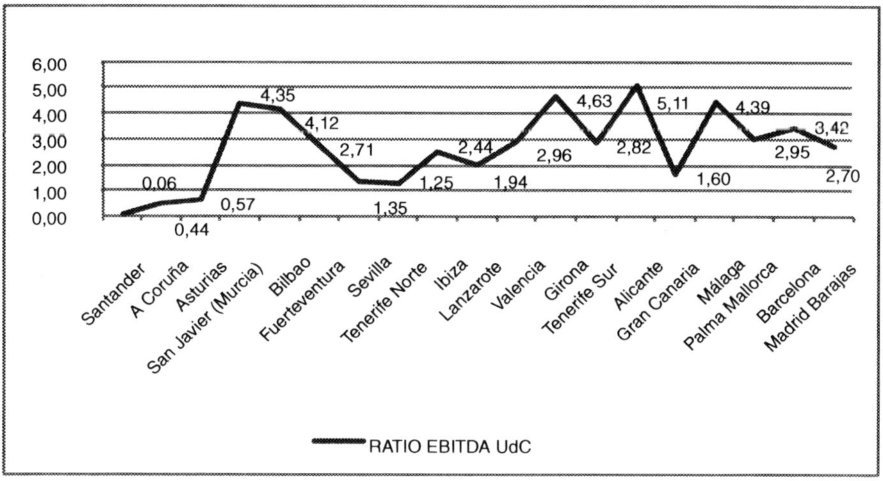

La situación todavía se revela con más claridad si se eliminan de la comparación los aeropuertos insulares, puesto que en todos ellos los vuelos domésticos (intraespañoles) e interinsulares tienen una bonificación en las tasas pagadas, lo que disminuye artificialmente sus ingresos por tasas. El gráfico 2 compara los aeropuertos no insulares con beneficios de explotación. Sólo los aeropuertos de Sevilla, Santander, A Coruña y Asturias presentan un EBITDA unitario inferior al de Madrid-Barajas. En el caso de los tres últimos hay que tener en cuenta un hecho importante: por su relativamente escaso volumen de tráfico, por debajo de 1,5 millones de unidades de carga, operan bien por debajo de la escala óptima. Por ello es normal que su beneficio unitario sea menor.

Gráfico 2
Ratio EBITDA/UdC (euros)

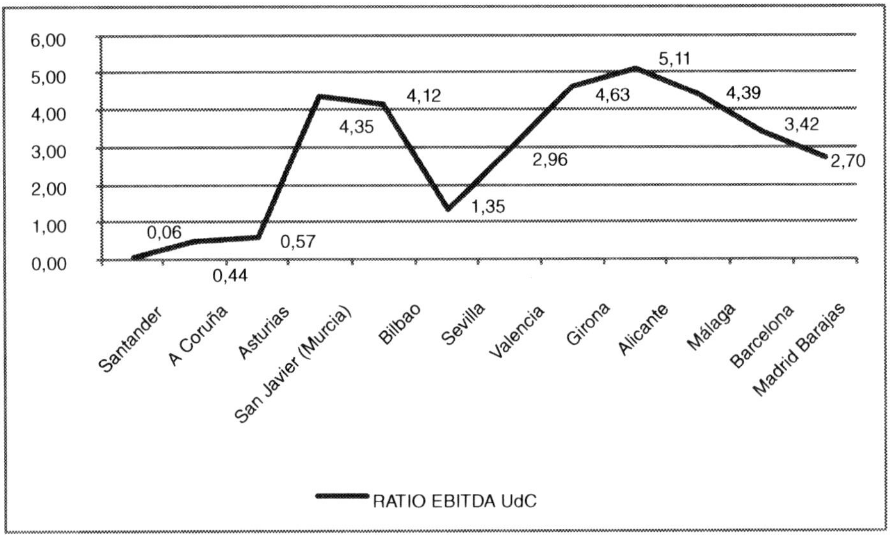

La eficiencia técnica en la gestión de los aeropuertos de AENA es manifiestamente mejorable. Esto ha sido analizado con otros datos relativos a la eficiencia global de AENA,[29] y por otros trabajos, como el de Martín, Román y Voltes-Dorta,[30] que estudian en detalle la eficiencia de los aeropuertos españoles para años anteriores —hasta finales de los noventa—, y hallan que los aeropuertos españoles funcionan con ineficiencia en rangos entre el 15 por ciento y el 26 por ciento.

Algunas de las razones de esta ineficiencia en la gestión de los aeropuertos están estrechamente vinculadas al modelo de gestión en España. Por ejemplo, los trece aeropuertos de mayor tráfico aplican las mismas tasas, aunque el coste de operación de cada uno de ellos es diferente. Por el tipo de instalaciones y de tráficos, aeropuertos como Madrid-Barajas y Barcelona-el Prat tienen costes unitarios más altos que otros como Málaga, Alicante, Palma de Mallorca, Bilbao o Valencia. Esto genera ineficiencias en el conjunto del sistema, y subsidios cruzados desde estos últimos aeropuertos a los de Barcelona y, sobre todo, Madrid. Por supuesto, la práctica de aplicación de tasas unitarias sin relación directa con los costes no se produce en el resto de países comparables, en los que las tasas reflejan los costes de los aeropuertos, excepto en el caso de que éstos sean tan pequeños como para no ser autosuficientes.

Como se ha dicho, en todos los países se aplican subsidios a los aeropuertos más pequeños, cuando desempeñan un papel de garantía de la movilidad. Dicho esto, también es apropiado preguntarse si tiene mucha lógica que en los últimos años se hayan hecho cuantiosas inversiones para realizar operaciones comerciales en aeropuertos de zonas con escasa demanda propia y servidas por autopistas, y en ocasiones también por el tren de alta velocidad. Es el caso de aeropuertos como los de Córdoba, Huesca-Pirineos, Albacete y Burgos (también los de Ciudad Real y Lleida-Alguaire). El tráfico comercial de estos aeropuertos es minúsculo y, a diferencia de los localizados en las islas menores, no constituyen un modo de movilidad obligada. Sin embargo, someten al sistema a déficits importantes y se han embalsado en ellos volúmenes de deuda importantes. Sin duda, la política de expansión de aeropuertos comerciales en España se habría beneficiado de la existencia de un modelo de gestión individual, en el que las cuestiones relativas a la obligación de servicio público en los aeropuertos menores fuesen escrutadas con mayor sentido de la realidad (del transporte).

¿POR QUÉ LE LLAMAN SOLIDARIDAD, IGUALDAD Y EFICIENCIA, CUANDO SE TRATA TAN SÓLO DE CONTROL POLÍTICO?

Al igual que ha sucedido con otros tipos de infraestructuras de transporte en España, conceptos como solidaridad, igualdad y (mucho más recientemente) eficiencia son las palabras clave para justificar la persistencia de un modelo de gestión de los aeropuertos singular entre los países de nuestro entorno, que tiene sus raíces en las épocas de control militar sobre los equipamientos aeroportuarios, para garantizar el control centralizado sobre el tráfico aéreo.

Los aeropuertos tienen un papel importante en la conectividad moderna de las áreas metropolitanas y las áreas urbanas de una cierta dimensión demográfica y económica. Como en otras actividades, las ciudades compiten por actividad económica. Esta competencia se produce entre ciudades de un mismo país, entre ciudades de una misma región económica (como la Unión Europea) y también en el espacio global. Y la gestión de los aeropuertos es uno de los instrumentos para aplicar estrategias propias y desarrollar las potencialidades del territorio al que sirve el aeropuerto. Lo relevante, por tanto, no es qué gobierno puede manejar los aeropuertos, sino si éstos funcionan en régimen de monopolio o de competencia.

El modelo de gestión centralizado en España permite el control del Gobierno central sobre la gestión de los aeropuertos, y en particular sobre las decisiones relativas a inversiones, tasas y política comercial. En este último ámbito destacan especialmente la asignación de franjas horarias para las operaciones de los aviones y las relaciones comerciales con las diferentes compañías.

La retención centralizada del control sobre estos elementos permite definir la misión para cada uno de los aeropuertos del sistema, y establecer jerarquías entre los mismos. Esto no tiene nada que ver con la solidaridad ni con la igualdad. Además es ineficiente, porque adolece de todos los defectos del monopolio en los sectores en que éste no se justifica económicamente.

Pero la política aeroportuaria en España, al igual que otras políticas de infraestructuras, no responde a criterios propios de política de transporte, sino a criterios de política de ordenación territorial. De ahí que reformar los modelos de gestión para adaptarlos a lo que es normal sea misión imposible. No porque no se pueda, sino porque no se quiere. Al fin y al cabo, 323 de los 350 parlamentarios en el Congreso (los de los Grupos Socialista y Popular, y la única diputada de UPyD) apoyan el modelo centralizado. ¿Por qué reformar un modelo apoyado por el 92 por ciento de los diputados?

EPÍLOGO

Y AHORA, ¿UNA ESPAÑA COMO FRANCIA?

Nuestra singladura ha llegado a puerto, si me permiten la metáfora. Según el Diccionario de la Lengua Española, de la Real Academia Española, singladura es, «en las navegaciones, el intervalo de 24 horas que empiezan ordinariamente a contarse al ser mediodía». Sin embargo, éste es el final de un viaje algo más largo, pues ha recorrido 290 años de la historia de la política de infraestructuras en España.

Nuestro viaje comenzó en las carreras de postas de Felipe V, quien el 23 de abril de 1720 cambió (literalmente hablando) el mapa de España al designar seis carreras como «carreras reales»; las seis carreras radiales que desde entonces han vertebrado España. Fernando VI pretendió su modernización como carreteras y, habida cuenta de la reticencia de los municipios a financiar las carreteras del Rey, dispuso por Real Cédula de 1747 la posibilidad de financiarlas por medio del Tesoro de la Corona. Su sucesor, Carlos III, acometió con decisión esta política, y mediante Decreto de 1761 allegó presupuestos generales para financiar las seis carreteras reales y preferentes, y «delegando» la financiación del resto de carreteras a quienes estuviesen interesados en ellas.

Un papel más importante tuvo la demanda provocada por el tráfico comercial en el desarrollo de los ferrocarriles en España, en los momentos centrales del siglo XIX, que se inició por una serie de trayectos cuya financiación se acometía por los interesados. Desde luego, hubo excepciones destacadas, como los proyectos impulsados por el marqués de Salamanca, quien supo aplicar una especial magia financiera que conseguía atraer cual imán la ayuda financiera del Estado. La preocupación por la situación de aislamiento ferroviario que amenazaba a Madrid fue uno de los principales factores que llevaron a promulgar una legislación general, contenida en La Ley General de 1855. En sustancia, esta ley estableció el carácter preferente de cinco líneas radiales que debían conectar a Madrid con diversos puertos y fronteras de la Península. Estas líneas absorbieron la parte del león del ingente volumen de recursos públicos asignados como subvención a la construcción del ferrocarril. Poco después, en 1870, se legisló la extensión de la conexión de Madrid a todas las capitales de provincia, al coste de recursos públicos que fuese necesario.

Las políticas de infraestructuras y servicios de transportes puestas en práctica en los siglos XVIII y XIX muestran cómo las normas legales y los fondos del presupuesto estatal fueron empleados para organizar el poder político y satisfacer las necesidades de la Corona y de su capital. Esto fue hecho con independencia de las prioridades del sistema económico y de las necesidades de conexión entre núcleos de producción económica. Estos últimos quedaron sistemáticamente fuera de las prioridades establecidas, y por tanto fueron postergados en la asignación de recursos presupuestarios estatales, cuando llegaron a recibirlos. Mercado transversal, Estado radial.

Los objetivos administrativos y políticos gozaron siempre de un rango superior, relegando la eficiencia del transporte y su contribución a la productividad de la economía. Éste fue el patrón regular en el desarrollo de las infraestructuras de transporte en la España de los últimos siglos. Y tal patrón ha continuado funcionando en la política de infraestructuras aplicada en los últimos cincuenta años, como ya se ha ilustrado al analizar la implantación y extensión de las autopistas, el desarrollo del ferrocarril de alta velocidad y la política aeroportuaria. Todo esto ha ofrecido una contribución difícilmente superable a la realización práctica del proyecto político vigente desde principios del siglo XVIII: hacer una España como Francia, con un Madrid como París.

Efectivamente, esta sucesión de políticas han acompañado estrechamente a la transformación del estatus de Madrid. La capitalidad política, lograda a inicios del siglo XVIII, se ha visto completada con la capitalidad económica lograda en las dos últimas décadas. La consecuencia es la conversión —por fin— de Madrid en el París de España. Una transformación que satisface a la gran mayoría de las élites políticas y económicas y de la población española. Al fin y al cabo, el afán de emular a Francia ha gozado de amplísima aceptación desde el mismo momento en que fue formulado.

Además, el papel de Madrid como capital ha reforzado su legitimación en las últimas décadas entre amplias capas de la población española. El proceso autonómico iniciado tras la transición democrática ha aumentado la percepción de diferenciación interterritorial y la percepción de la existencia de desigualdades. Aunque —en realidad— nunca ha existido en la España contemporánea una mayor igualdad interterritorial real en la provisión de servicios públicos básicos. Por ejemplo, en un servicio básico y esencial para el bienestar social y comunitario como la Sanidad, las desigualdades intraautonómicas son en la actualidad más preocupantes que las desigualdades interterritoriales, que son moderadas en comparación con las de otros países del entorno.[1] Sin embargo, quizá porque en España preocupa mucho más la desigualdad entre territorios que entre personas, el proceso autonómico ha suscitado gran preocupación, y la capital del Estado ha quedado instituida para muchos españoles en ancla de la homogeneidad y de la igualdad entre territorios.

También por esto, la capitalidad total (política y económica) de Madrid es un fenómeno irreversible. Y con ello su función como París de España. Como ha expresado José Luis García Delgado, «Madrid puede cumplir una auténtica función *vertebradora* del territorio español, en lo económico como en lo geográfico, en lo institucional como en lo cultural».[2] Aunque no es que París y Madrid sean exactamente lo mismo. Por ejemplo, los aeropuertos de Lyon o de Marsella NO se gestionan desde París, el Gobierno francés NO tiene el objetivo de conectar París con todas las capitales departamentales mediante el TGV (por eso Francia no necesitará tantos kilómetros de alta velocidad como España), y los peajes de autopistas están tan presentes en las comunicaciones radiales de París como en el resto del país. Aunque, claro está, es necesario comprender que París «siempre» ha sido como París.

El acceso de Madrid al estatus de capital total ha eliminado una de las tensiones seculares de la política territorial española: la contradicción entre poder político y poder económico. Pero España todavía no es como Francia. En este sentido, en los últimos años es perceptible la recuperación del proyecto de construcción de un país como Francia. En momentos posteriores a cambios drásticos en el régimen político de España, como fue la

Segunda República, el proyecto «francés» sufrió un paréntesis, un *stand-by*. Lo mismo sucedió en la Transición y los primeros años de la democracia, tras la superación del régimen franquista. Ahora, las aguas han vuelto a su cauce: el proyecto ha recuperado su rumbo.

Algunos de los problemas emergentes en la agenda política de España lo ilustran con claridad. Entre ellos destacan el de la unidad de mercado y el de la recuperación para el Estado de competencias en Educación.

Traté el asunto de la unidad de mercado en mis artículos «España, capital París» y «¿Unidad de mercado o Unidad Nacional?», publicados en *La Vanguardia* el 24 de abril y el 4 de junio de 2009, respectivamente —y que aparecen reproducidos en el anexo—. En particular, en el segundo de ellos explicaba cómo en Estados Unidos —que es probablemente el gran mercado más unido del mundo— existen muchas especificidades fiscales y regulatorias entre los diferentes estados y nadie considera que esté en riesgo por ello la unidad de mercado. ¿Y cómo va a estar en riesgo la unidad de mercado dentro de una región de la Unión Europea? Aunque, añadía, «claro que sería muy ingenuo pensar que el problema es tan sólo de falta de información. La obsesión por la unidad de mercado es un síntoma (sólo uno más) de algo más profundo: la creciente percepción en España de que la descentralización ha llegado a un "límite" al que nunca debió haber llegado, porque amenaza la Unidad Nacional. Se acaricia la rectificación, y en ésas andamos. ¿Sería mucho pedir que no se diga unidad de mercado cuando en realidad se quiere decir Unidad Nacional? Al menos, así nos entenderíamos mejor».

El hecho de que alguien inteligente diga una cosa estúpida como que está en riesgo la unidad de mercado en España no desmiente su inteligencia (a no ser que acabe creyéndose la estupidez si la repite demasiado). Más bien indica que nos quiere decir alguna otra cosa. En este caso, que se acabó la deriva de España, y que es momento de darle de nuevo velocidad de crucero al rumbo unitarista.

Algo similar sucede con la creciente discusión sobre la recuperación de competencias en Educación por el Estado. Las propuestas en tal dirección, lejos de atender a la calidad del sistema educativo y al bienestar y cohesión de los españoles del futuro, sufren de una enfermiza obsesión por «reconducir» las particularidades lingüísticas y culturales que se expresan en los sistemas educativos. Al fin y al cabo, la lengua y la cultura constituyen espejos donde se refleja la diferencia, y la diferencia incomoda, y distorsiona a la homogeneidad. ¡Se hace tan difícil vivir en un mundo complejo!

Temas como éstos van a marcar la agenda de la política territorial en la España que viene, y me parece plausible que conduzcan a cambios en la dirección que la mayoría (o, en todo caso, una parte suficientemente decidida) de la sociedad española desea. El resultado puede acabar siendo un país como Francia, que probablemente habrá dejado de ser la España que hemos conocido. ¿Sería esto lo que adelantaba la reflexión de un pensador español —tan citado y tan poco leído— como José Ortega y Gasset?:

> Para mí esto no ofrece duda: cuando una sociedad se consume víctima del particularismo, puede siempre afirmarse que el primero en mostrarse particularista fue precisamente el Poder central. Y esto es lo que ha pasado en España [...]. Castilla ha hecho a España, y Castilla la ha deshecho (*España Invertebrada*, 1921, p. 61).

AGRADECIMIENTOS

Este libro ha gozado del estímulo y apoyo de un gran número de amigos y de colegas de diferentes ámbitos. Aunque sea imposible mencionarlos a todos, obviar a algunos de ellos sería sencillamente imperdonable.

Con mis amig@s del grupo de Investigación *Gobiernos y Mercados* de la Universitat de Barcelona he compartido muchas conversaciones sobre estos (y otros muchos) asuntos, que han ayudado a ordenar mis ideas. La interacción ha sido más intensa con quienes he realizado conjuntamente investigación sobre transportes y comunicaciones: Joan Calzada y, especialmente, Daniel Albalate en el transporte terrestre, y Xavier Fageda en el aéreo. Así lo testifica fehacientemente la lista de referencias bibliográficas. A Marta González Aregall agradezco una entusiasta tarea de asistencia de investigación. Aún en mi universidad, Alfonso Herranz me ha prestado una ayuda de gran valor, especialmente valiosa siendo como es uno de los mejores expertos españoles en el análisis histórico del ferrocarril. Y debo expresar mi reconocimiento a la influencia que han tenido los maestros en mi forma de ir pensando estos temas: a Jordi Nadal, porque me enseñó que sin pasión no hay empresa; a Ernest Lluch, por trasladarme visiones y lecciones importantes de una trayectoria y vivencias estúpidamente interrumpidas; y a Antón Costas, mi mentor —en sentido literal del término.

Las largas, pero en realidad demasiado cortas, discusiones con Ángel de la Fuente han ayudado a germinar una amistad a prueba de contradicciones sobre los temas de esta obra. Alain Cuenca, amigo aragonés de formación francesa y de posición relevante en la capital total, me ha regalado su amistad y, además, comentarios sustantivos tras una lectura con método del capítulo 1. Carlos Álvarez Nogal me facilitó información y sugerencias sobre el crecimiento económico a nivel regional en los siglos XVII y XVIII. Con Jack Donahue, de Harvard, he tenido la oportunidad de comentar la importancia de la confianza dentro de las organizaciones y el efecto disolvente que su pérdida comporta.

La actividad política me permitió enriquecer mis reflexiones con conversaciones con compañer@s, en esa época —que ya parece tan lejana— en que compartimos escaños en el Congreso de los Diputados. Entre ellos me parece justo destacar a Jesús Caldera, Carme Miralles y José Segura, con quienes coincidí —y también discrepé— sobre política de infraestructuras, siempre con sinceridad y afecto. Con gran amabilidad, Pere Macías dirigió mi atención a las sesiones de la Comisión Olózaga en 1850. Finalmente, debo mencionar que diversas conversaciones con los presidentes Pasqual Maragall y Jordi Pujol me han permitido conocer de primera mano sendas visiones cruciales sobre las cuestiones de fondo que subyacen en esta obra, además de constituir para mí un verdadero honor. Merecen reconocimiento por todo lo que han conseguido. Y también por haber intentado aquello en que no tuvieron tanto éxito. Al fin y al cabo, seguramente se trataba de una misión imposible.

El Centro de Documentación del Ministerio de Fomento ha atendido muy amablemente mis solicitudes de información, lo que me ha permitido evitar algunos desplazamientos no deseados. Me fueron de gran ayuda las sugerencias y pistas que Domingo Cuéllar Villar me dio sobre actuaciones en infraestructuras a finales del XIX. Salvador Guillermo dirigió mi atención a información parlamentaria de 1876, muy ilustrativa de los debates sobre los subsidios al ferrocarril. Me han enriquecido los debates en el Observatorio sobre infraestructuras y medio ambiente del Cercle d'Economía, dinamizados por Pilar de Torres y Ángel Simón. También lo han hecho las experiencias transmitidas por Toni Brunet y Jordi Valls, desde la perspectiva de quienes operan grandes infraestructuras y equipamientos de transporte, y las reflexiones de Josep Maria Ureta, agudo analista de la economía.

Emili Rosales y Ramón Perelló, de Destino, son responsables de que este proyecto no haya esperado a 2012 para ver la luz, como era mi intención inicial. Afortunadamente, me convencieron de que no tenía sentido demorar por más tiempo llevarlo a la práctica. A Ramon Aymerich y Manel Pérez les debo que me hayan permitido someter a la luz algunas de mis ideas en la sección de Economía de *La Vanguardia.*

He dejado para el final mi agradecimiento especial a Milagros, por haberme acompañado en mi propio viaje y por demostrar cada día que vivir la complejidad no sólo es posible, también es enriquecedor. Y a Anton (sin acento en la o), cuyo futuro es mi verdadero rumbo.

APÉNDICE

PAPÁ O MAMÁ: ¡VEN EN TREN!

Germà Bel y Carme Miralles
(Publicado en *El País*, el 6 de octubre de 2003)

Por fin, el AVE comienza sus viajes regulares entre Madrid y Lleida el 11 de octubre. Lo de alta velocidad es, por ahora, una metáfora. También lo de alta seguridad; causa desazón la sucesión de incidentes, unos geológicos y otros técnicos, en las fases iniciales de prueba. En el franquismo, algún pantano del sur de Cataluña se hizo sobre terrenos permeables. Estas cosas se evitan con estudios geológicos previos, pero éstos cuestan dinero, y a veces es tan necesario ahorrar... Lo del AVE actual parece un *revival* de aquel tiempo, que marcó un cénit de la ineficacia del sector público español. Pero bien, demos por buena la dicha aunque llegue tarde y mal. Habrá tren de velocidad alta, que no es lo mismo que alta velocidad.

Quizá debería haberse programado así desde el inicio. El desarrollo del AVE parece haber sido consecuencia de una concatenación de ensoñaciones románticas de gobiernos de todo color político. La primera línea construida, Madrid-Sevilla, obedeció al deseo de unos gobernantes, procedentes de una región postergada, por dotar a su territorio de una infraestructura ultramoderna como símbolo de que el Sur, en ocasiones, «también existe». La primera línea demandada, hacia la frontera francesa, respondía al deseo de unos gobernantes ansiosos por una unión más rápida con el núcleo de Europa. Para esto nada mejor que lograr vías rápidas y en ancho internacional que perforaran las fronteras. Ahora, la multitud de proyectos de líneas de AVE a todo destino imaginable responde al deseo, explicitado, de unos gobernantes reafirmados en su nacionalismo español por acercar todas las capitales de provincia a tres horas de tren con la capital del Estado y, así, «cohesionarlo».

Vayamos a los inicios. En su momento, fue un acierto técnico priorizar la modernización ferroviaria entre Andalucía y Madrid. Al fin y al cabo, en los ochenta el paso de Despeñaperros era el nudo ferroviario con más viajeros en España, y la degradación de la infraestructura admitía pocas comparaciones. Pero ¿fue un acierto embarcarse en una nueva vía de ancho internacional y de velocidad alta? Sobre todo, cuando existían alternativas de modernización que hubiesen exigido muchos menos recursos.

Por su parte, al impulso del AVE en ancho internacional para penetrar en Europa le faltó una consideración de pragmatismo puro: dos no se unen si uno no quiere. La voluntad de los sucesivos gobiernos franceses para acercar su alta velocidad al sur continúa brillando por su ausencia, más allá de las regulares declaraciones de firme voluntad de impulsar las relaciones mutuas que clausuran cada cumbre bilateral entre España y Francia. Además, al plantear el ancho internacional para alta velocidad de viajeros se cometió un error y un olvido. El error es pensar que el AVE puede ser alternativa al avión para los viajes a la zona central de la UE. Hace diez años, el umbral de competitividad del AVE con el avión estaba en 600 kilómetros. Ahora hay quien dice que con las mejoras tecnológicas ha llegado a 800 kilómetros. Durante décadas ir de Barcelona a París en tren será una opción para viajes de ocio o para viajes de negocio de aviófobos. Pero no para el viajero por motivos de trabajo típico. Y se olvidó lo que sí era, y continúa siendo realmente urgente para la economía catalana, del Eje Mediterráneo y de toda España: habilitar el trazado Frontera-Barcelona en ancho internacional para las mercancías y articular con intercambiadores la conexión con el resto de la red española. Las demandas reiteradas de las autoridades locales de Barcelona en este sentido nunca fueron atendidas, y así estamos todavía.

Los deseos del actual gobierno español son más viables. De ahí la extensión progresiva de los proyectos de alta velocidad por doquier, al coste que sea. ¡Y cuesta mucho! Tanto que la inversión en AVE lleva años absorbiendo una gran parte de la inversión total. En Cataluña, en los últimos años, la mitad del total. Pero los recursos no son infinitos, y la inversión estatal en carreras convencionales cae desde 2001, y en 2004 otra vez, y la red convencional se debate entre estrangulamientos y puntos negros de alta siniestralidad. La inversión estatal en tren de cercanías también cae desde 2001, y en la movilidad urbana los viajeros pierden mucho tiempo. En total, muchísimo más del que ahorrará la nueva línea de alta velocidad. A su vez, la falta de mantenimiento y mejora de la red convencional de ferrocarril provoca cada vez más accidentes.

Alguien dijo con ingenio hace ya una década que la introducción del AVE en España era como pasar directo del carro de caballos a la nave espacial, sin pasar por las fases intermedias. Pero, en cualquier caso, no es tiempo ya, ni es nuestro propósito entablar un debate sobre la extensión de la red del AVE en España. El efecto espejo tiene unas consecuencias ineludibles en política, y por tanto se trata de un hecho consumado. Sin embargo, los hechos consumados sí permiten reflexión y aprendizaje. Y otro hecho consumado es que hemos sacrificado muchos recursos y muchas prioridades al AVE, lo que han pagado el resto de infraestructuras, sobre todo las convencionales y las que mejoran la movilidad urbana. Es bueno tenerlo en cuenta, porque a pesar del gran retraso del AVE en Cataluña, algún día se acabará, y quedará al desnudo la irrelevancia cuantitativa del resto de inversiones en infraestructuras de transporte terrestre.

BIENVENIDO, MÍSTER MARSHALL

GERMÀ BEL
(Publicado en *La Vanguardia* el 20 de febrero de 2008)

¿Recuerdan la película de Berlanga? Inicios de los 1950: Villar del Río se prepara para la llegada de los americanos, que traerán progreso material y oportunidades. El pueblo se engalana. Todo para, al final, ver pasar de largo la caravana de la prosperidad. Lo que queda en Villar del Río es el lavado de cara dado por sus propias gentes. Esta obra maestra del cine español evoca un tanto el frenesí y la expectativa generada con la llegada del AVE a Barcelona (y a cualquier sitio).

No es que el AVE pase de largo de Barcelona (aunque tampoco estaría mal que llegase más allá). La similitud con la película es que, en la práctica, los efectos del AVE irán poco más allá de la reforma urbana en las zonas metropolitanas por donde ha entrado la vía, y las que se operen en el futuro en la Sagrera.

Pero, en cuanto a movilidad, ¿les parece exagerado afirmar que el AVE tendrá efectos muy pequeños? Veamos. Ahora entran en servicio diecisiete trenes —en cada sentido— para el servicio Barcelona-Madrid, lo que supondrá que cada día salgan 6.750 asientos desde Barcelona (algunos ocupados sólo hasta Lleida o Zaragoza). Si, como se dice, algún día se llega a 25 trenes serán 10.000 los asientos servidos desde Barcelona. Comparen esto con los 60.000 asientos que salen cada día del aeropuerto de El Prat hacia muchos destinos de España —además de Madrid—, y del resto del mundo. O con los cientos de miles servidos cada día por Cercanías.

¿Complejo? Pues hay otra forma de plantearlo: pregúntese qué pasaría si cerrasen el aeropuerto de El Prat durante un mes. ¿Y si cerrasen las cercanías? ¡Uff! Y ahora ¿qué pasaría si cerrase el AVE durante un mes?: pues que necesitaríamos entre siete y nueve aviones más (volando varias veces al día, claro) entre Barcelona y Madrid.

El AVE sirve una parte muy pequeña de la movilidad (ni siquiera la mayoría de los viajes a Madrid). Por eso, sus efectos sobre la economía y la sociedad son tan limitados. Lo han comprobado suficientemente en Ciudad Real y Puertollano, donde el AVE llegó hace dieciséis años, y ha servido mucho más para ir a Madrid que para recibir viajeros de Madrid. Al cabo, es para lo que está pensado.

Claro que cuando uno cae en que el coste de la línea de AVE Madrid-Barcelona es más del doble que la inversión histórica en El Prat (ampliación actual incluida)... Y si lo comparamos con la inversión histórica en cercanías, o con la no inversión en mercancías... Ya saben, los economistas somos gente triste que siempre pregunta «¿Cuánto cuesta?» y compara el coste con el beneficio (financiero o social, según el caso).

Pero hoy procede un tono más positivo. Porque, esto sí, el AVE será fantástico para usuarios como el que firma, que viaja con cierta frecuencia al centro de Madrid, y reside y trabaja en el centro de Barcelona. Es puntual, se trabaja muy bien con el PC, se puede usar el móvil... y los contribuyentes subvencionan una buena parte del coste. ¡Muchas gracias!

AEROPUERTOS: EL DIAGNÓSTICO

Germà Bel

(Publicado en *El País*, el 20 febrero de 2002)

El ministro de Fomento rechaza la privatización del organismo Aeropuertos Españoles y Navegación Aérea (AENA) porque en los próximos años se han de efectuar inversiones muy importantes, como las ampliaciones de los aeropuertos de Madrid y Barcelona, y argumenta que «no podrían ser asumidas por el sector privado». El ministro tiene razón en parte: el sector privado no podría asumir sus previsiones de inversión en Madrid. Pero sí las de Barcelona. Y una fórmula práctica para realizar inversiones que la iniciativa privada no haría es mantener un sistema de caja única entre todos los aeropuertos: así, las inversiones en unos se podrían financiar también con ingresos de otros.

En España, los aeropuertos están sometidos a gestión pública y centralizada. Las decisiones sobre proyectos futuros se toman de forma centralizada, y también así se gestionan los recursos económicos del sistema, mediante la caja única. Los ingresos de AENA proceden de las tasas pagadas por los usuarios (por servicios de control de tráfico aéreo y por servicio de infraestructura) y de las actividades comerciales. Algunos aeropuertos tienen beneficios y otros pérdidas, y el sistema en su conjunto tiene superávit, que sirve para financiar el endeudamiento que AENA contrae para realizar las inversiones.

¿Cuál es la realidad de esta inversión? Ahora, los aeropuertos de Barajas y El Prat son los que reciben mayor inversión, pero las cifras son muy dispares. Entre 2000 y 2002, AENA ha previsto invertir 721,1 millones de euros en Barcelona y 2.469 millones en Madrid. Así, la inversión en Madrid es 3,4 veces la de Barcelona. Si tomamos el período 1997-2002, la inversión en Madrid es 4 veces la de Barcelona. ¿Se corresponde esta diferencia con la diferencia de beneficios generados en cada aeropuerto? Esta cuestión es importante, pues los beneficios son el factor básico para afrontar el endeudamiento en un modelo de financiación sin subvenciones relevantes del Presupuesto del Estado.

El gobierno es reticente a dar datos de ingresos y gastos de cada aeropuerto. A finales de 2000, un diputado de la oposición preguntó por ello y el gobierno contestó que no existe información aeropuerto por aeropuerto [*sic*], porque AENA funciona con caja única. Afortunadamente, un par de años antes un profesor universitario había obtenido esta información de AENA para 1997 y la publicó en la revista *Papeles de Economía Española* (n.º 82). Así podemos saber que los beneficios de Barajas eran 2,2 veces mayores que los de El Prat. Un ratio de beneficios Barajas/Prat de 2,2 parece insuficiente para compensar un ratio de inversiones Madrid/Barcelona de 3,4 en 2000-2002, y aún menos para compensar un ratio de 4,0 en 1997-2002.

Parece claro que los resultados generados por El Prat permiten financiar mejor sus inversiones que los de Barajas. Esto alcanza su dimensión más plástica al recordar el propósito del gobierno de construir un nuevo macroaeropuerto en Madrid, en Campo Real, que reemplazará a

Barajas como gran aeropuerto español. Teniendo en cuenta las inversiones en curso en Barajas y las futuras en Campo Real, es lógico que el sector privado no sea capaz de comprometerse con ellas. Sencillamente, porque sus probabilidades de rentabilidad financiera son mínimas.

Para alivio de quienes se sienten incómodos al comparar Madrid y Barcelona, destaquemos que el problema afecta a todos los aeropuertos relevantes de España. Xavier Fageda ha recogido de la página web del Ministerio de Fomento la información sobre inversión y tráfico de pasajeros entre 1994 y 1999. En este período, Madrid concentra el 45 por ciento de la inversión media, mientras que su cuota en el tráfico de pasajeros es el 25 por ciento. En el resto de las provincias con tráfico significativo (Baleares, Las Palmas, Barcelona, Santa Cruz de Tenerife, Málaga y Alicante) pasa lo contrario: la cuota de tráfico es mayor que la de inversiones. Igual sucede con la mayoría de aeropuertos de menor dimensión, en los que, por cierto, se dan las situaciones de insuficiencia financiera.

Aquí reside una explicación plausible de la insistencia en mantener una gestión centralizada y pública de los aeropuertos españoles. Por un lado, el gobierno se reserva la decisión sobre el papel que ha de desempeñar cada aeropuerto. Por otro, los proyectos de inversión se pueden financiar mediante el sistema de caja única, independientemente de la corriente de beneficios de explotación generada por cada aeropuerto.

Esto no es bueno para la posición futura del aeropuerto de Barcelona, y tampoco para el conjunto del sistema aeroportuario español. Primero, porque permite decidir administrativamente que un único aeropuerto sirva de central de distribución (*hub*) de tráficos internacionales. Segundo, porque resta posibilidades al desarrollo de aeropuertos regionales que puedan ofrecer capacidad alternativa a los grandes aeropuertos. Tercero, porque resta eficiencia al sistema aeroportuario al disminuir las posibilidades de competencia entre grandes aeropuertos para la captación de tráficos de conexión. En este segmento de negocio se ha superado la visión del aeropuerto como un monopolio sin espacio para la competencia, pero el diseño de nuestro sistema impide aprovechar los beneficios de la competencia. Sin embargo, se puede pensar en un modelo alternativo, mejor y viable. A ello iremos en un próximo artículo.

AEROPUERTOS: LA ALTERNATIVA

Germà Bel
(Publicado en *El País*, el 1 de marzo de 2002)

Decía en estas páginas («Aeropuertos: el diagnóstico», 20 de febrero) que el actual modelo de gestión y financiación centralizada no es bueno para el conjunto del sistema aeroportuario español. Porque permite decidir administrativamente que un único aeropuerto sirva de *hub* de tráficos internacionales, porque limita el desarrollo de aeropuertos regionales y porque resta eficiencia al sistema al disminuir las posibilidades de competencia entre grandes aeropuertos para captar tráficos de conexión. Una buena alternativa es descentralizar la gestión de los aeropuertos (no del control del tránsito aéreo, que tenderá a centralizarse al nivel europeo) y dar participación al sector privado en la propiedad y en la gestión de los servicios. Esto nos acercaría más a los países con los que nos tenemos que comparar, y es viable sin reducir las posibilidades de servicio de los aeropuertos más pequeños y menos rentables.

¿Cuáles son las características de la gestión aeroportuaria en la UE? Entre los Estados de gran dimensión y población, España es el único en que la red es centralizada y de titularidad exclusiva del gobierno central. Esto sólo se da en algunos de los países menos poblados (no en todos) y con un solo aeropuerto relevante: Irlanda, Grecia,

Portugal, Suecia y Finlandia. En cambio, todos los países de mayor dimensión y con una red de aeropuertos más compleja tienen gestión descentralizada: Francia, Italia, Reino Unido y Alemania. Igual sucede en otros países más pequeños de la UE como Holanda, Dinamarca, Austria y Bélgica. Y también, por supuesto, en otros países desarrollados y con gran tráfico aéreo como Estados Unidos y Canadá.

Las redes descentralizadas presentan modelos de gestión diversos: unos combinan la presencia de la administración central y las territoriales (Alemania y Holanda); en el resto, la titularidad es territorial, aunque en el Reino Unido es generalmente privada. En muchos casos, la titularidad territorial se combina con la participación privada en la gestión y, a veces, en la propiedad: Berlín, Roma, Nápoles, Copenhague, Bruselas, Viena, Ámsterdam, etc. De hecho, esta fórmula está ganando posiciones.

Los modelos descentralizados tienen un resultado interesante: reflejan la estructura urbana de cada país. Así, en Francia y el Reino Unido, países con una gran macrocapital, el tráfico internacional descansa sobre París y Londres. En cambio, en los países con redes urbanas más compensadas, como Alemania e Italia, existen diferentes *hubs* de tráfico internacional (Berlín, Francfort, Múnich, Roma, Milán, etc.). La estructura real de ciudades de España se asemeja mucho más a las de Alemania e Italia que a las del Reino Unido y Francia. Con una red aeroportuaria descentralizada, seguramente España seguiría pautas similares a Alemania e Italia. Sin embargo, nuestra gestión centralizada puede usarse para buscar artificialmente una estructura de tráfico aéreo similar a la francesa y británica. Y no sería bueno que la España aeroportuaria fuera tan diferente de la España real.

Una preocupación central de los partidarios de la red

centralizada es que hay aeropuertos que no pueden autofinanciarse y, aun así, es de interés general mantenerlos en servicio. Por tanto, se dice, con un sistema de caja única los ingresos de los aeropuertos rentables pueden subvencionar los déficits de los deficitarios. Pero este sistema presenta un problema muy grave: con las subvenciones cruzadas nunca se sabe bien qué, por qué y cómo se subvenciona. Por eso el análisis económico prefiere la subvención directa (del presupuesto público) a la cruzada (en este caso, entre unos aeropuertos y otros). Las subvenciones directas son más transparentes y evaluables.

Además, una descentralización al nivel regional de los aeropuertos podría realizarse sin generar problemas relevantes de incapacidad financiera. Es fácil articular sistemas de agregación regional o territorial de los aeropuertos que reduzcan los problemas de falta de suficiencia. Por ejemplo, el superávit del aeropuerto de Málaga es muy superior al déficit total de los aeropuertos no rentables de Andalucía. Igual sucede con Alicante en el Levante, Barcelona en Cataluña, Madrid en la meseta, y también en las Baleares y las Canarias. Los problemas que subsistan de aeropuertos deficitarios se pueden gestionar bien con programas de compensación acordados entre las diferentes administraciones. También mediante un fondo de compensación financiado por los aeropuertos españoles con superávit si se desea mantener un sistema de subvención cruzada (aunque esto es menos eficiente). Todo ello sin considerar aún que una gestión más descentralizada y abierta al sector privado podría mejorar la eficiencia y, por tanto, los resultados de los aeropuertos menos rentables.

En suma, la gestión centralizada de los aeropuertos españoles es una excepción entre los países comparables, y puede provocar errores graves de asignación de recursos y falta de aprovechamiento de los beneficios de la competencia. Si el objetivo de la política aeroportuaria es una red más eficiente y eficaz de aeropuertos, sería oportuno incorporar elementos de descentralización y de participación privada. Éste es el camino que ya han tomado los países que nos van por delante, y nosotros no deberíamos tardar demasiado en emprenderlo.

ESPAÑA, CAPITAL PARÍS

Germà Bel
(Publicado en *La Vanguardia*, el 24 de abril de 2009)

Ha emergido con fuerza en las recientes semanas —y en círculos diversos— la opinión de que el gobierno central no tiene instrumentos adecuados para actuar ante la crisis económica por culpa del Estado Autonómico. Éste parece ser uno de los argumentos subyacentes en la remodelación de gobierno efectuada en la Semana de Pasión, mensaje político incluido de pasar de la «reivindicación» a la «cooperación». Tales reflexiones y análisis se han acentuado después de la última reunión del G-20 en Londres. Se diría que algunas autoridades y analistas político-económicos quedaron deslumbrados ante los instrumentos a mano de los gobernantes centrales de otros países, y añoran regresar a una situación en la que los órganos centrales del Estado español tengan todo el poder que necesitarían para hacer frente a emergencias como las actuales.

Yo, por mi parte, sigo estupefacto ante estos análisis. Veamos. En la reunión del G-20 en Londres hubo dos posiciones diferentes: (a) el grupo de los que dan prioridad a aplicar todo el gasto público necesario (y aún más), y (b) el grupo que da prioridad a evaluar el efecto de lo ya gastado antes de gastar más, y mientras tanto ir modificando la regulación financiera. Por cierto, ganó este segundo grupo, porque no hay nuevos compromisos de gasto derivados de la reunión del G-20. Pues bien; el grupo de los partidarios de más y más gasto estaba encabezado por Estados Unidos y Barak Obama, y el de la prudencia fiscal y cambio regulatorio liderado por Alemania y Angela Merkel. Ya ven; Estados Unidos encabeza una de las posiciones, aunque en este país son los Estados quienes controlan el IVA, su parte propia del IRPF, y hasta si existe o no la pena de muerte. Y por lo que respecta al liderazgo del otro grupo, en Alemania tienen un Senado netamente territorial que es primera Cámara para muchas leyes, no tienen Ministerio de Cultura (sino Comisionado), y han resuelto bien la participación de los Länder en las instituciones de la UE.

Puestos a copiar (lo que no siempre sale bien), lo que deberían reclamar los partidarios del liderazgo es «más federalismo». Pero el federalismo pasó a mejor vida en España. Lo que subyace en el fondo de aquellas posiciones neocentralistas, probablemente mayoritarias en la sociedad española, es el deseo de rectificar «los excesos» del proceso autonómico, visto como consecuencia de las distorsiones de la transición política y su larga resaca. Al cabo, una distorsión temporal en el largo proceso, ya va para tres siglos, de construir un país como Francia y una capital como París. Éste fue el espíritu con el que los gobiernos de Aznar abordaron la cuestión territorial, y las posiciones del Aznar de la mayoría absoluta han conseguido cierta hegemonía en la política española, sobreviviendo al propio Aznar. En fin, es en lo que andamos. Y no estaría nada mal comenzar a llamar a las cosas por su nombre, aunque sólo sea para entendernos.

¿UNIDAD DE MERCADO O UNIDAD NACIONAL?

GERMÀ BEL

(Publicado en *La Vanguardia*, el 4 de junio de 2009)

Se extiende la obsesión por la ruptura de la unidad de mercado en España. No se entiende muy bien por qué, pues la preocupación se expresa en categorías conceptuales, pero no desciende al contraste de problemas concretos y reales. Claro que quizá este malestar sea sólo síntoma de algo más grave y profundo.

La Constitución y su desarrollo legislativo posterior reservó el control de la unidad de mercado a las instituciones centrales del Estado. Dos ejemplos bastarán: la regulación del comercio interior (la más destacada competencia autonómica sobre mercados) se ejerce según las bases dictadas por el legislador central. Así, en 1985 el gobierno central decretó la libertad total de horarios comerciales, que estuvo en vigor hasta entrados los años noventa. Esto evidencia con claridad dónde reside la potestad regulatoria fundamental. Por tanto, cualquier formación política puede —si quiere— postular un único marco general de regulación comercial para España, lo que requiere poco más que aprobar una ley ordinaria en las Cortes. Otro ejemplo muy relevante es el del control de las actuaciones restrictivas de la competencia, que en España está reservado en su práctica totalidad a la Comisión Nacional, mientras que algunos tribunales autonómicos ejercen algunas funciones en asuntos de orden interior (y menor).

¿En qué piensan quienes sufren por la unidad de mercado? ¿En las diferencias fiscales (en Sucesiones)? ¿En que existen diferentes lenguas oficiales en algunas regiones? ¿En que algunas regiones acatan dar subsidios a concesionarias de coches y otras no? Francamente, estas obsesiones se curan viajando o leyendo. Lo ilustra el caso de Estados Unidos, paradigma de economía de mercado: cada estado tiene su IRPF propio, el IVA es decisión libre estatal..., incluso hay especificaciones estatales en las reglas de los seguros de tráfico y de consumo. ¡Ah!, y las placas de las matrículas son propiedad estatal, y existe la obligación legal de rematricular cualquier vehículo en el estado de residencia (¡en un país con tanta movilidad!). Con todo esto, ¡nadie discute en Estados Unidos sobre dolencias imaginarias de la unidad de mercado! Tampoco existen debates acerca del efecto sobre la unidad de mercado de la existencia de diversas lenguas oficiales (más y mejor reconocidas que en España) en países tan avanzados y con mercados tan dinámicos y unidos como Suiza, Canadá, Bélgica o Finlandia.

Claro que sería muy ingenuo pensar que el problema es tan sólo de falta de información. La obsesión por la unidad de mercado es un síntoma (sólo uno más) de algo más profundo: la creciente percepción en España de que la descentralización ha llegado a un 'límite' al que nunca debió haber llegado, porque amenaza la Unidad Nacional. Se acaricia la rectificación, y en ésas andamos. ¿Sería mucho pedir que no se diga unidad de mercado cuando en realidad se quiere decir Unidad Nacional? Al menos, así nos entenderíamos mejor.

REFERENCIAS BIBLIOGRÁFICAS

Acosta España, Rafael, y otros, *La España de las Autonomías. Pasado, presente y futuro*, Tomo I., Espasa-Calpe, Madrid, 1981.

Aguilar López, Manuel, «Carreteras modernas», *Revista de Obras Públicas*, 1926, 74 (2467), 524-527.

Albalate, Daniel y Germà Bel, «Regulating Concessions of Toll Motorways: An Empirical Study on Fixed vs. Variable Term Contracts», *Transportation Research-A*, 2009, 43(2), 219-229.

—, «High-Speed Rail: Lessons for Policy Makers from Experiences Abroad», Universitat de Barcelona: WP 2010/03 del Institut de Recerca en Economia Aplicada, 2010.

Albalate, Daniel, Germà Bel y Xavier Fageda, «Privatization and regulatory reform of toll motorways in Europe», *Governance*, 2009, 22 (2), 295-318.

Alcaide Guindo, Pablo, «Avance de las magnitudes económicas españoles en 2009 y serie provisional del Balance Económico Regional. Años 2000 a 2009», *Cuadernos de Información Económica*, 2010, 214, 1-64.

Alvar Ezquerra, Alfredo, *Felipe II, la corte y Madrid en 1561*, CSIC, Madrid, 1985.

—, *El nacimiento de una capital europea. Madrid entre 1561 y 1606*, Turner Libros, Madrid, 1989.

Álvarez Junco, José, *Mater Dolorosa. La idea de España en el siglo XIX*, Taurus, Madrid, 2001.

Álvarez-Nogal, Carlos y Leandro Prados de la Escosura, «The decline of Spain (1500–1850): conjectural estimates», *European Review of Economic History*, 2007, 11 (3), 319-366.

Alzola y Minondo, Pablo, «Las obras públicas en España: Estudio histórico», *Revista de Obras Públicas*, 1899.

Artola, Miguel, «Introducción», en Miguel Artola (dir.), Ramón Cordero, Diego Mateo y Fernando Menéndez, *Los ferrocarriles en España 1844/1943. Tomo I. El Estado y los ferrocarriles*, Banco de España, Madrid, 1978, pp. 13-25.

—, «La acción del Estado», en Miguel Artola (dir.), Ramón Cordero, Diego Mateo y Fernando Menéndez, *Los ferrocarriles en España 1844/1943. Tomo I. El Estado y los ferrocarriles*, Banco de España, Madrid, 1978, pp. 339-453.

—, *Los afrancesados*, Alianza Universidad, Madrid, 1989.

Artola, Miguel (dir.), Ramón Cordero, Diego Mateo y Fernando Menéndez, *Los ferrocarriles en España 1844/1943. Tomo I. El Estado y los ferrocarriles*, Banco de España, Madrid, 1978.

Artola, Miguel (dir.), Rafael Anes y Pedro Tedde, *Los ferrocarriles en España 1844/1943. Tomo II. Los ferrocarriles y la economía*, Banco de España, Madrid, 1978.

Astigarraga, Jesús, «Necker en España, 1780-1800», *Revista de Economía Aplicada*, 2000, 8(23), 119-141.

Aznar, José María, «Debate sobre la investidura del candidato a la Presidencia del Gobierno». Diario de Sesiones del Congreso de los Diputados. Pleno y Diputación Permanente. Año 2000, n.º 2 (25 de abril).

Bel, Germà, *La demanda de transporte en España: Competencia intermodal sobre el ferrocarril interurbano*, Instituto de Estudios del Transporte y las Comunicaciones (IETC), Madrid, 1994.

—, «Efectos imprevistos de la política de transporte», *Revista de Economía Aplicada*, 1994, 2 (6), 105-127.

—, «Un estudio desagregado de la demanda de transporte ferroviario interurbano», *Estudios de Transportes y Comunicaciones*, 1994, 62, 69-88.

—, «Intermodal competition on inter-urban rail», *International Journal of Transport Economics*, 1995, 22 (2), 181-198.

—, «Diagnóstico de algunos impactos intermodales de las autovías previstas en el PDI», *Estudios de Transportes y Comunicaciones*, 1996, 71, 51-60.

—, «Changes in travel time across modes and its impact on the demand for inter-urban rail travel», *Transportation Research-E*, 1997, 33 (1), 43-52.

—, «Financiación de infraestructuras viarias: la economía política de los peajes», *Papeles de Economía Española*, 1999, 82, 123-139.

—, «Infraestructures i Catalunya: alguns problemes escollits», *Revista Econòmica de Catalunya*, 2002, 45, 11-25.

—, «Política de transporte: ¿Más recursos o mejor gestión?», *Economistas*, 2007, 111, 279-284.

—, «From public to private: Privatization policy in 1920's fascist Italy». EUI Working Papers, Robert Schuman Centre for Advanced Studies, WP 2009/46.

—, «La (desitjable) gestió de les infraestructures de Catalunya en el futur», *IDEES*, 2009, 32, 32-37.

—, «Comment VIII», en Núria Bosch, Marta Espasa y Albert Solé Ollé (eds.), *The political economy of inter-regional fiscal flows. Measurement, determinants and effects on country stability*, Edward Elgar, Cheltenham, 2010, pp. 320-325.

—, «Las infraestructuras y los servicios de transporte en la LES», en Jesús Fernández-Villaverde, Luis Garicano y Manuel Bagüés, *La Ley de Economía Sostenible*, FEDEA, Madrid, 2010, pp. 102-105.

Bel, Germà y Xavier Fageda, «Is a mixed funding model for the highway network sustainable over time? The Spanish case?», *Research in Transportation Economics*, 2005, 15, 187-203.

—, «Airport management and airline competition in OECD countries», en F. Fichert, Justus Haucap, y K. Rommel (eds.), *Competition Policy in Network Industry*, LIT-Verlag, 2006, pp. 81-98.

—, *Aeroports i Poder*, Edicions 62, Barcelona, 2007.
—, «Implicacions de la gestió centralitzada dels aeroports a Espanya», *Revista Econòmica de Catalunya*, 2007, 55, 32-44.
—, «Getting there fast: Globalization, intercontinental flights and location of headquarters», *Journal of Economic Geography*, 2008, 8(4), 471-495.
—, «La reforma del model de finançament i gestió dels aeroports a Espanya: lliçons de l'experiència internacional», *Revista Econòmica de Catalunya*, 2008, 57, 11-26.
— (eds.), *Buena práctica sobre gestión aeroportuaria en Europa*, Fundació Catalunya-Europa, Barcelona, 2009.
—, «Preventing competition because of 'solidarity': Rhetoric and reality of airport investments in Spain», *Applied Economics*, 2009, 41(22), 2.853-2.865.
—, «Privatization, regulation and airport pricing: An empirical analysis for Europe», *Journal of Regulatory Economics*, 2010, 37 (2), 142-161.
BEL, GERMÀ Y JOHN FOOTE, «Tolls, terms and Public Interest in road concessions privatization: A comparative analysis of recent transactions in the USA and France», *Transport Reviews*, 2009, 29 (3), 397-413.
BERGHAUS, ERWIN, *Historia del Ferrocarril*, Ediciones Zeus, Barcelona, 1964 (1.ª ed. en alemán, 1960).
BONNAFOUS, A., «The regional impact of the TGV», *Transportation*, 1987, 14 (2), 127-137.
BORIA, JOSEP VICENT, «El eje mediterráneo y las redes transeuropeas de transporte (RTE-T): Historia de un desencuentro. De la cumbre de Essen (1994) a la dimensión exterior (2006)», *Papers*, 2007, 44, 44-63.
BORTOLOTTI, LANDO, «Origini e primordi della rete autostradale in Italia, 1922-1933», *Storia Urbana*, 1992, XVI (59), 35-70.
BORTOLOTTI, LANDO Y GIUSEPPE DE LUCA, *Fascismo e autostrade. Un caso di sintesi: la Firenze-mare*, Francoangeli, Milano, 1994.

Bosch, Núria, Marta Espasa y Albert Solé Ollé (eds.), *The political economy of inter-regional fiscal flows. Measurement, determinants and effects on country stability*, Edward Elgar, Cheltenham, 2010.

Brueckner, Jan, «Airline traffic and urban economic development», *Urban Studies*, 2003, 40(8), 1455-1469.

Buccella, M. R., «Le autovie nel sistema dei trasporti», *Giornale degli Economisti e Rivista di Statistica*, 1927, LXVIII (diciembre), 726-748.

Caron, François, «France», en Patrick O'Brien, *Railways and the economic development of Western Europe, 1830-1914*, MacMillan, Londres, 1983, pp. 28-48.

Carr, Raymond, *España 1808-1939*, Ariel, Barcelona, 1970, p. 203 (1.ª ed. en inglés, Oxford University Press, Oxford, 1996.

Casañas Vallés, Magí, «El ferrocarril en España, 1844-1868. Consideraciones en torno a una crisis», *Investigaciones Económicas*, 1977, 4, 39-68.

Casson, Mark, *The World's First Railway System*, Oxford University Press, Oxford, 2009.

Castells, Antoni, y Albert Solé-Ollé, «The regional allocation of infrastructure investment: the role of equity, efficiency and political factors», *European Economic Review*, 2005, 49 (5), 1165-1205.

Clairac Sáenz, Pelayo, «La administración de obras públicas en el período revolucionario», *Revista de Obras Públicas*, 1871, 19 (4), 43-48.

Colás Arias, Enrique, «Autostradas italianas», *Revista de Obras Públicas*, 1925, 73 (2429), 204-207.

Comín, Francisco, «Comentarios en torno al ferrocarril y el crecimiento económico español entre 1855 y 1931», *Revista de Historia Económica*, 1983, 1 (1), 181-195.

Comín, Francisco, Pablo Martín Aceña, Miguel Muñoz Rubio y Javier Vidal Olivares, *150 años de historia de los ferrocarriles españoles. Volumen I*, Anaya, Madrid, 1998.

Cordero, Ramón y Fernando Menéndez, «El sistema

ferroviario español», en Miguel Artola (dir.), Ramón Cordero, Diego Mateo y Fernando Menéndez, *Los ferrocarriles en España 1844/1943. Tomo I. El Estado y los ferrocarriles*, Servicio de Estudios del Banco de España, Madrid, 1978, pp. 161-338.

Costas Comesaña, Antón, *Apogeo del liberalismo en «La Gloriosa». La reforma económica en el Sexenio liberal (1868-1874)*, Siglo XXI, Madrid, 1988.

Cuadrado Roura, Juan R., «La política regional de los Planes de Desarrollo (1964-1975)», en Rafael Acosta España y otros, *La España de las Autonomías. Pasado, presente y futuro*, Tomo I, Espasa-Calpe, Madrid, 1981, pp. 547-608.

De Diego García, Emilio, «El ferrocarril: La Habana-Güines», *Cuadernos de Historia Moderna y Contemporánea*, 1983, 4, 59-77.

De la Encina, Salvador, *Comparecencia de la señora ministra de Fomento (Álvarez Arza) para informar sobre las líneas básicas del nuevo modelo de gestión aeroportuaria*. Diario de Sesiones del Congreso de los Diputados. Comisión de Fomento. Año 2008, n.º 177 (16 de diciembre).

De la Fuente, Ángel, «Second-best redistribution through public investment: a characterization, an empirical test and an application to the case of Spain», *Regional Science and Urban Economics*, 2004, 34 (5), 489-503.

De Luca, Giuseppe, «La costruzione della rete autostradale italiana: L'autostrada Firenze-mare, 1927-1940», *Storia Urbana*, 1992, XVI (59), 71-126.

De Luzán, Ignacio, *Memorias literarias de París*, Imprenta de don Gabriel Ramírez, Madrid, 1751.

De Riquer i Permanyer, Borja, «Aproximación al nacionalismo español contemporáneo», *Studia Historica. Historia Contemporánea*, 1994, 12, 11-29.

De Rus, Ginés y Vicente Inglada, «Cost-benefit analysis of the high-speed train in Spain», *Annals of Regional Science*, 1997, 31(2), 175-188.

De Rus, Ginés y Chris Nash, *In what circumstances is investment in HSR worthwhile?* University of Leeds: ITS, WP 590, 2007.

De Rus, Ginés y Gustavo Nombela, «Is investment in High Speed Rail socially profitable?», *Journal of Transport Economics and Policy*, 2007, 41 (1), 3-23.

De Rus, Ginés y Concepción Román, «Análisis económico de la línea de alta velocidad Madrid-Barcelona», *Revista de Economía Aplicada*, 2006, 14 (42), 35-80.

Derry, T.K. y Trevor I. Williams, *Historia de la tecnología. Desde 1750 hasta 1900 (I)*, Siglo XXI, Madrid, 2002 (1.ª ed. en inglés, Oxford University Press, Oxford, 1960).

Desportes, Marc, «Le prime autostrade francesi: resistenze e dilazioni», *Storia Urbana*, 2002, XXVI (100), 55-84.

Dunham, Arthur L., «How the first French railways were planned», *Journal of Economic History*, 1941, 1(1), 12-25.

Dunn, James y Anthony Perl, «Policy networks and industrial revitalization: High Speed Rail initiatives in France and Germany», *Journal of Public Policy,* 1994, 14 (3), 311-343.

Elliott, John H., *La España Imperial 1469-1716*, CL y Vicens Vives, Barcelona, 1996 (1.ª ed. en inglés, Edward Arnold Publishers, Londres, 1963).

Fayard, Alain, Francesco Gaeta y Emile Quinet, «French motorways: Experience and assessment», *Research in Transportation Economics*, 2005, 15, 93-105.

Fayard, Alain, David Meunier y Emile Quinet, «Motorway Provision and Management in France: Analyses and Policy Issues», *Network and Spatial Economics*, 2010.

Fenoaltea, Stefano, «Italy», en Patrick O'Brien, *Railways and the economic development of Western Europe, 1830-1914*. MacMillan, Londres, 1983, pp. 49-121.

Fernández, Ramón, Eduardo Molina y Fernando Nebot, «El fracaso de la política de las autopistas de peaje», *Información Comercial Española,* 1983, 594, 37-54.

Fernández Álvarez, Manuel, *Felipe II y su tiempo*, (6.ª ed. Espasa Calpe, Madrid, 1998.

FERNÁNDEZ DE PINEDO, EMILIANO, «Coyuntura y políticas económicas», en Manuel Tuñón de Lara, dir., *Historia de España. Tomo VII, Centralismo, Ilustración y agonía del Antiguo Régimen (1715-1833)*, Editorial Labor, Barcelona, 1980, pp. 9-173.

FERNÁNDEZ-VILLAVERDE, JESÚS, LUIS GARICANO Y MANUEL BAGÜÉS, *La Ley de Economía Sostenible*, FEDEA, Madrid, 2010.

FICHERT, F., JUSTUS HAUCAP, Y K. ROMMEL (eds.), *Competition Policy in Network Industry*. LIT-Verlag, 2006.

FOGEL, ROBERT W., *Railroads and American Economic Growth: Essays in Econometric History*, Johns Hopkins Press, Baltimore, 1964.

FREMDLING, RAINER, «Germany», en Patrick O'Brien, *Railways and the economic development of Western Europe, 1830-1914*, MacMillan, Londres, 1983, pp. 121-148.

GARCÍA DELGADO, JOSÉ LUIS, «Madrid, capital económica», *Arbor*, 2001, 169 (666), 359-369.

GARCÍA ORMAECHEA, PEDRO, «La red de carreteras españolas. Su modernización», *Revista de Obras Públicas*, 1957, 105 (2906), 294-296.

GARCÍA ORTEGA, PEDRO, *Las concesiones administrativas de carreteras en el ordenamiento jurídico español*, Ministerio de Obras Públicas y Urbanismo, Madrid, 1979.

GIL NOVALES, ALBERTO, «Política y sociedad», en Manuel Tuñón de Lara, dir., *Historia de España. Tomo VII, Centralismo, Ilustración y agonía del Antiguo Régimen (1715-1833)*, Editorial Labor, Barcelona, 1980, pp. 175-320.

GIVONI, MOSHE, «Development and impact of the Modern High-speed Train: A Review», *Transport Reviews*, 2006, 26 (5), 593-611.

GOERLICH GISBERT, FRANCISCO, MATILDE MAS IVARS (dirs.), JOAQUÍN AZAGRA ROS Y PILAR CHORÉN RODRÍGUEZ, *La localización de la población española sobre el territorio, un siglo de cambios; un estudio basado en series homogéneas (1900-2001)*, Fundación BBVA, Bilbao, 2006.

GÓMEZ-IBÁÑEZ, JOSÉ A. Y JOHN R. MEYER, *Going private. The international experience with transport privatization*, Brookings Institution, Washington D. C., 1993.

GÓMEZ MENDOZA, ANTONIO, *Ferrocarril y cambio económico en España (1855-1913)*, Alianza, Madrid, 1982.

—, *Ferrocarril, industria y mercado en la modernización de España*, Espasa-Calpe, Madrid, 1989.

—, «Madrid, centro de la red de comunicaciones», *Arbor*, 2001, 169 (666), 343-358.

—, «Del ferrocarril al AVE. ¿Los mismos errores históricos?», *Clío. Revista de Historia*, 2005, 45, 44-49.

GONZÁLEZ LÓPEZ-VALCÁRCEL, BEATRIZ Y PATRICIA BARBER PÉREZ, «Desigualdades territoriales en el Sistema Nacional de Salud (SNS) de España», Fundación Alternativas, Madrid, Documento de trabajo 90/2006.

GRAHAM, ANNE, «Airport Planning and Regulation in the United Kingdom», en Clifford Winston y Ginés de Rus (eds.), *Aviation Infrastructure Performance. A Study in Comparative Political Economy*, Brookings Institution Press, Washington D. C., 2008, pp. 100-136.

GRECO, ANDREA Y GIORGIO RAGAZZI, «History and regulations of Italian highways concessionaires», *Research in Transportation Economics*, 2005, 15, 121-133.

HAWKE, GARY Y JIM HIGGINS, «Britain», en Patrick O'Brien, *Railways and the economic development of Western Europe, 1830-1914*, MacMillan, Londres, 1983, pp. 170-202.

HAYNES, KINGSLEY E., «Labor markets and regional transportation improvements: the case of high-speed trains. An introduction and review», *Annals of Regional Science*, 1997, 31 (1), 57-76.

HERRANZ LONCÁN, ALFONSO, *La dotación de infraestructuras en España, 1844-1935*, Banco de España, Madrid, 2004.

—, «The Spanish Infrastructure Stock, 1845-1935», *Research in Economic History*, 2005, 23, 85-129.

—, «Railroad Impact in Backward Economies: Spain, 1850-1913», *Journal of Economic History*, 2006, 66 (4), 853-881.

—, «Infrastructure investment and Spanish economic growth, 1850–1935». *Explorations in Economic History*, 2007, 44 (3), 452-468.

—, *Infraestructuras y crecimiento económico en España (1850-1935)*, Fundación de los Ferrocarriles Españoles, Madrid, 2008.

Imashiro, Mitsuhide, «Changes in Japan's Transport Market and Privatization», *Japan Railway and Transport Review*, 1997, 13, 50-53.

Izquierdo de Bartolomé, Rafael, «El modelo de transporte», en Rafael Acosta España, y otros, *La España de las Autonomías. Pasado, presente y futuro*, Tomo I, Espasa-Calpe, Madrid, 1981, pp. 367-470.

—, *Gestión y financiación de las infraestructuras de transporte terrestre*, Asociación Española de la Carretera, Madrid, 1997.

Juliá, Santos, «Madrid, capital del Estado (1833-1993)», en Santos Juliá, David Ringrose y Cristina Segura, *Madrid. Historia de una capital*, Alianza Editorial, Madrid, 1994 (ed. 2000), pp. 315-576.

Juliá, Santos, David Ringrose y Cristina Segura, *Madrid. Historia de una capital*. Alianza Editorial, Madrid, 1994 (ed. 2000).

Juliana, Enric, *La deriva de España. Geografía de un país vigoroso y desorientado*, RBA, Barcelona, 2009.

Junta Consultiva de Caminos, Canales y Puertos, «Anteproyectos del Plan General de Ferrocarriles. Informe y ante-proyecto.», *Revista de Obras Públicas*, 1864, 12 (21, 22, y 23), 246-251, 259-262, 268-273.

Kemmerling, Achim, y Andreas Stephan, «The contribution of local public infrastructure to private productivity and its political economy: evidence from a panel of large German cities», *Public Choice*, 2002, 113 (3/4), 403-424.

Kerkloh, Michael, «El modelo alemán, y el caso del aeropuerto de Múnich», en Germà Bel y Xavier Fageda (eds.),

Buena práctica sobre gestión aeroportuaria en Europa, Fundació Catalunya-Europa, Barcelona, 2009, pp. 73-87.

KEYNES, JOHN MAYNARD, *The General theory of employment interest and Money*, St. Martin's Press, Londres, 1973.

LAFFUT, MICHEL, «Belgium», en Patrick O'Brien, *Railways and the economic development of Western Europe, 1830-1914*, MacMillan, Londres, 1983, pp. 203-226.

LLUCH, ERNEST, *La Catalunya vençuda del segle XVIII. Foscors i clarors de la Il·lustració*, Edicions 62, Barcelona, 1996.

MADRAZO, SANTOS, *El Sistema de Transportes en España, 1750-1850*, Madrid, Ediciones Turner, 1984.

MANNONE, VALÉRIE, *L'impact régional du TGV Sud-Est*, Tesis Doctoral, Université de Provence, Aix-en-Provence, 1995.

MARAGALL, PASQUAL, «Madrid se va», *El País*, 27 de febrero de 2001.

MARTÍ HENNENBERG, JORDI, «Un balance del tren de alta velocidad en Francia. Enseñanzas para el caso español», *Ería*, 2000, 52, 131-143.

MARTÍN, JUAN CARLOS, CONCEPCIÓN ROMÁN Y AUGUSTO VOLTES-DORTA, «A stochastic frontier analysis to estimate the relative efficiency of Spanish airports», *Journal of Productivity Analysis*, 2009, 31 (3), 163-176.

MAS IVARS, MATILDE, FRANCISCO PÉREZ GARCÍA Y EZEQUIEL URIEL JIMÉNEZ (dirs.), *El stock y los servicios del capital en España y su distribución territorial (1964-2005). Nueva metodología*, Fundación BBVA, Bilbao, 2007.

MATEO DEL PERAL, DIEGO, «Los orígenes de la política ferroviaria en España (1844-1877)», en Miguel Artola (dir.), *et al.*, *Los ferrocarriles en España 1844/1943. Tomo I. El Estado y los ferrocarriles*, Servicio de Estudios del Banco de España, Madrid, 1978, pp. 31-159.

MENÉNDEZ PIDAL, GONZALO, *Los caminos en la Historia de España*, Ediciones Cultura Hispánica, Madrid, 1951.

MILLS, GORDON, «Airports users don't pay enough - and now here's privatisation», *Economic Papers*, 1995, 14 (1), 73-84.

MITCHELL, B.R., *Internacional Historical Statistics: Europe 1750-1993*, Macmillan, Londres, 1998.

MORAGLIO, MASSIMO, «L'autostrada Torino-Milano, 1923-1933: I progetti e la costruzione», *Storia Urbana*, 1999, XXIII (86), 103-121.

—, «Per una storia delle autostrade italiane: Il periodo tra le due Guerre Mondiali», *Storia Urbana*, 2002, XXVI (100), 11-25.

NADAL, JORDI, *El fracaso de la revolución industrial en España. 1814-1913*, Ariel, Barcelona, 1975.

NAVAS, TERESA, «Il riflesso della modernità: le autostrade spagnole, 1920-1960», *Storia urbana*, 2002, XXVI (100), 27-54.

NOLAN, JAMES, PAMELA RITCHIE Y JOHN ROWCROFT, «Small market air service and regional policy», *Journal of Transport Economics and Policy*, 2005, 39 (3), 363-378.

O'BRIEN, PATRICK, «Transport and economic development in Europe, 1789-1914», en Patrick O'Brien, *Railways and the economic development of Western Europe, 1830-1914*, MacMillan, 1983, pp. Londres, 1-27.

OLIVER ALONSO, JOSEP, (dir.), *La apertura exterior de las regiones en España*, Tirant lo Blanch, Valencia, 2003.

ONAINDÍA, MARIO, *La construcción de la nación española*, Ediciones B, Barcelona, 2002.

ORTEGA Y GASSET, JOSÉ, *España invertebrada,* 1921 (2.ª ed., Espasa Calpe, Madrid, 1967).

PASCUAL DOMÈNECH, PERE, *Los caminos de la era industrial. La construcción y financiación de la Red Ferroviaria Catalana (1843-1898)*, Edicions de la Universitat de Barcelona, Barcelona, 1999.

PEMÁN GAVÍN, JUAN, «Sobre la regulación de las carreteras en el Derecho Español: Una visión de conjunto», *Revista de Administración Pública*, 1992, 129, 117-161.

PÉREZ TOURIÑO, EMILIO, «Efectos del Plan. Realizaciones y balance socioeconómico», *Estudios de Transporte y Comunicaciones*, 1994, 65 (separata), 9-27.

PLAUD, ALAIN, «Les nouvelles voies ferrées à grande vitesse et l'aménagement du territoire au Japon», *Transports*, 1977, 225, 387-393.

PUJOL, JORDI, *Un modelo malogrado*, Centre d'Estudis Jordi Pujol, Barcelona, 2009.

PUNCEL CHORNET, ALFONSO, *La Autopista del Mediterráneo. Cesiones, concesiones, servicios y servidumbres*, Universitat de Valencia, Valencia, 1996.

RINGROSE, DAVID R., *Los transportes y el estancamiento económico de España (1750-1850)*, Editorial Tecnos, Madrid, 1972 (1.ª ed. en inglés, Duke University Press, Durham (NC), 1970).

—, *Madrid y la economía española, 1560-1850. Ciudad, Corte y País en el Antiguo Régimen*, Alianza Universidad, Madrid, 1985 (1.ª ed. en inglés, University of California Press, Berkeley, 1983)

—, «Madrid, capital imperial (1561-1833)», en Santos Juliá, David Ringrose y Cristina Segura, *Madrid. Historia de una capital*, Alianza Editorial, Madrid, 1994 (ed. 2000), pp. 153-314.

—, *España, 1700-1900: el mito del fracaso*, Alianza Editorial, Madrid, 1996.

RODRÍGUEZ BUGARÍN, MIGUEL, MARGARITA NOVALES ORDAX Y ALFONSO ORRO ARCAY, «Alta velocidad y territorio: Algunas experiencias internacionales», *Ingeniería y Territorio*, 2005, 70, 4-11.

RODRÍGUEZ ZAPATERO, JOSÉ LUIS, «Una idea actual de España». Intervención del presidente del Gobierno en el acto de presentación del n.º 100 de la revista *La Aventura de la Historia*, Madrid, 1 de febrero de 2007.

ROTHENGATTER, WERNER, «Motorways and motorway finance in Germany and Austria», *Research in Transportation Economics*, 2005, 15, 75-91.

SÀNCHEZ, ESTHER, «La inversió de l'Estat en infraestuctures per comunitats autònomes», *Nota d'economia. Revista d'economia catalana i de sector públic*, 2006, 83/84, 51-67.

SANSALVADÓ, MONTSERRAT, *La financiación de las inversiones a largo plazo. El caso de las autopistas de peaje*, Tesis doctoral, Universitat de Barcelona, 1987.

SEGURA, CRISTINA, «Madrid en la Edad Media. Génesis de una capital (873?-1561)», en Santos Juliá, David Ringrose y Cristina Segura, *Madrid. Historia de una capital*, Alianza Editorial, Madrid, 1994 (ed. 2000), pp. 11-151.

SMITH, ADAM, *The Wealth of Nations*, 1776 (3.ª ed., W. Strahan y T. Cadell, Londres, 1784). [Tra. cast.: *La riqueza de las naciones*, Alianza, 2010.]

TEDDE LORCA, PEDRO, «Las compañías ferroviarias en España» en Miguel Artola (dir.), Rafael Anes y Pedro Tedde, *Los ferrocarriles en España 1844/1943. Tomo II. Los ferrocarriles y la economía*, Servicio de Estudios del Banco de España, Madrid, 1978, pp. 9-354.

TERRAZONI, CLAUDE Y JEAN-MICHEL VERNHES, «El modelo francés, y el caso del aeropuerto de Tolosa», en Germà Bel y Xavier Fageda, (eds.), *Buena práctica sobre gestión aeroportuaria en Europa*, Fundació Catalunya-Europa, Barcelona, 2009, pp. 58-72.

THOMPSON, LOUIS S.,«High Speed Rail in the United States-Why isn't there more?», *Japan Railway and Transport Review*, 1994, 3, 32-39.

TORTELLA CASARES, GABRIEL, *Los Orígenes del capitalismo en España: Banca, industria y ferrocarriles en el siglo XIX*, Tecnos, Madrid, 1973.

TORTELLA CASARES, GABRIEL, *El desarrollo de la España contemporánea. Historia económica de los siglos XIX y XX*, Alianza, Madrid, 1994.

TUÑÓN DE LARA, MANUEL (dir.), *Historia de España. Tomo VII, Centralismo, Ilustración y agonía del Antiguo Régimen (1715-1833)*, Editorial Labor, Barcelona, 1980.

TURRÓ, MATEU, «L'EURAM, porta d'Europa. Reflexions a partir del llibre blanc de les infraestructures de l'EURAM», en EURAM, *Llibre blanc de les infraestruc-*

tures. Euroregió del arc mediterrani, EURAM, Valencia, 2010, pp. 389-434.

URIOL SALCEDO, JOSÉ I., «Los viajes por la posta en el siglo XVIII y en los primeros años del siglo XIX», *Revista de Obras Públicas*, 1977, 124 (3.151), 837-856.

—, «Las carreteras y los canales de navegación en los reinados de Fernando VI y Carlos III», *Revista de Obras Públicas*, 1978, 125 (3.159), 533-546.

—, «Las carreteras y los canales de navegación en los reinados de Fernando VI y Carlos III. Auge de la construcción de carreteras y canales. Carlos III», *Revista de Obras Públicas*, 1978, 125 (3.160), 625-636.

—, «Las calzadas romanas y los caminos del siglo XVI», *Revista de Obras Públicas*, 1985, 132 (3.237), 553-563

—, *Historia de los caminos de España. Vol. I Hasta el siglo XIX*, Editorial AC, Madrid, 1990.

—, *Historia de los caminos de España. Vol. II Siglos XIX y XX*, Editorial AC, Madrid, 1992.

VAN DEN BERG, LEO Y PETER POL, *The European high-speed train-network and urban development*, Ashgate, Aldershot, 1998.

VAN ESSEN, HUIB, OLIVIER BELLO, JOS DINGS, Y ROBERT VAN DEN BRINK, *To shift or not to shift, that's the question. The environmental performance of the principal modes of freight and passenger transport in the policy-making process*, CE Delft, Delft, 2003.

VAN ORMAN QUINE, WILLARD, «On what there is», *Review of Metaphysics*, 1948, 2 (5), 21-38.

VAN WEE, BERT, ROBERT VAN DEN BRINK, Y HANS NIJLAND, «Environmental impacts of high-speed rail links in cost-benefit analyses: a case study of the Dutch Zuider Zee line». *Transportation Research D*, 2003, 8 (4), 299-314.

VICENS VIVES, JAUME, *Aproximación a la Historia de España*, Vicens Vives, Barcelona, 1952 (4.ª ed., Vicens Vives, Barcelona, 1966).

VICKERMAN, ROGER, «High-speed rail in Europe: experience

and issues for future development», *Annals of Regional Science*, 1997, 31 (1), 21-38.

VV. AA., «Anteproyectos del Plan General de Ferrocarriles. Memoria», *Revista de Obras Públicas*, 1864, 12 (17 y 18), 198-204 y 208-215, Comisión de ingenieros.

—, *Anuario Estadístico 2008*. Ministerio de Fomento, Madrid, 2009.

—, *European Regional Database*, Cambridge Econometrics, Cambridge, 2008.

—, *Informe del Banco Mundial. El desarrollo económico de España*, BIRF, Madrid, 1962.

—, *Información parlamentaria hecha por la Comisión de Ferrocarriles nombrada por el Congreso de los Diputados en 10 de enero de 1850*, Imprenta Nacional, Madrid, 1850.

—, *Informe sobre las Autopistas Nacionales de Peaje*, Ministerio de Obras Públicas y Urbanismo, Madrid, 1974.

—, *Interaction between High Speed and Air Passenger Transport – Interim Report*. Interim Report on the Action COST 318, European Commission, Bruselas, abril 1996.

—, *Los aeropuertos españoles. Su historia 1911-1996, Aeropuertos Españoles y Navegación Aérea*, Madrid, 1996.

—, *Los transportes, las infraestructuras y los servicios postales. Informe Anual 2008*. Ministerio de Fomento, Madrid, 2009.

—, *Rete AV/AC. Analisi dei costi*, Grupo Ferrovie dello Stato, Roma, 2007.

—, Société d'Agriculture, Sciences, Art et Commerce de l'arrondissement de St-Étienne (Loire), *Bulletin Industriel*, Imprimerie de Gaudelet, Saint Étienne, 1830.

—, *Previsión de resultados económicos de los aeropuertos españoles. Ejercicio 2009. Ejercicio 2010*. Documento entregado por el ministro de Fomento en la sesion de la Comision de Fomento celebrada en el Congreso de los Diputados, 12 de enero de 2010.

—, *Study on Competition Between Airports and the Appli-*

cation of State Aid Rules, European Commission, Directorate-General Energy and Transport Directorate F-Air Transport, September 2002.

WAIS SAN MARTÍN, FRANCISCO, «Recuerdo a Bernardo Ward y sus caminos», *Revista de Obras Públicas*, 1963, 111 (2981), 563-566.

—, *Historia de los ferrocarriles españoles I*, Fundación de los Ferrocarriles Españoles, Madrid, 1987, 3.ª ed. (1.ª ed. 1968).

WHITEHEAD, ALFRED NORTH, *Process and Reality*, Cambridge University Press, Cambridge, 1929.

WILLIAMS, GEORGE Y ROMANO PAGLIARI, «A comparative analysis of the application and use of public service obligations in air transport within the EU», *Transport Policy*, 2004, 11 (1), 55-66.

WINSTON, CLIFFORD Y GINÉS DE RUS (eds.), *Aviation Infrastructure Performance. A Study in Comparative Political Economy*, Brookings Institution Press, Washington D. C., 2008.

YAMANO, NOHIRIKO Y TORU OHKAWARA, «The regional allocation of public investment: efficiency or equity?», *Journal of Regional Science*, 2000, 40 (2), 205-229.

NOTAS

PREFACIO

1. Germà Bel, «Financiación de infraestructuras viarias: la economía política de los peajes», *Papeles de Economía Española*, 1999, 82, 123-139.
2. El contenido de la tesis doctoral ha sido publicado en Alfonso Herranz Loncán, *Infraestructuras y crecimiento económico en España (1850-1935)*, Fundación de los Ferrocarriles Españoles, Madrid, 2008.
3. Santos Juliá, «Madrid, capital del Estado (1833-1993)», en Santos Juliá, David Ringrose y Cristina Segura, *Madrid. Historia de una capital*, Alianza Editorial, Madrid, 1994 (ed. 2000), pp. 315-576 (p. 406).
4. José Luis García Delgado, «Madrid, capital económica», *Arbor*, 2001, 169 (666), 359-369, pp. 361-363.
5. *Ibid.*, p. 363.
6. Véanse, por ejemplo, Germà Bel, «Política de transporte: ¿Más recursos o mejor gestión?», *Economistas*, 2007, 111, 279-284; y Germà Bel, «Las infraestructuras y los servicios de transporte en la LES», en Jesús Fernández-Villaverde, Luis Garicano y Manuel Bagüés, (eds.), *La Ley de Economía Sostenible*, FEDEA, Madrid, 2010, pp. 102-105.
7. Como se aprecia en el muy ilustrativo artículo de Josep Vicent Boria, «El eje mediterráneo y las redes transeuropeas de transporte (RTE-T): Historia de un desencuentro. De la cumbre de Essen (1994) a la dimensión exterior (2006)», *Papers*, 2007, 44, 44-63.

8. Enric Juliana, *La deriva de España. Geografía de un país vigoroso y desorientado*, RBA, Barcelona, 2009.

CAPÍTULO 1
¿UN MADRID COMO PARÍS?

1. John H. Elliott, *La España Imperial 1469-1716*, CL y Vicens Vives, Barcelona, 1996 (1.ª ed. en inglés, Edward Arnold Publishers, Londres, 1963).
2. Se puede encontrar más información sobre la inversión en los diferentes modos de transporte en Germà Bel, «Las infraestructuras y los servicios de transporte en la LES», en Jesús Fernández-Villaverde, Luis Garicano y Manuel Bagüés, *La Ley de Economía Sostenible*, FEDEA, Madrid, 2010, pp. 102-105 (p. 103).
3. *Ibid.*, p. 103.
4. Josep Oliver Alonso, dir., *La apertura exterior de las regiones en España*, Tirant lo Blanch, Valencia, 2003, p. 259.
5. Una visión más detallada del estado y necesidades del corredor ferroviario del Mediterráneo para mercancías puede encontrarse en Mateu Turró, «L'EURAM, porta d'Europa. Reflexions a partir del llibre blanc de les infraestructures de l'EURAM», en *EURAM, Llibre blanc de les infraestructures. Euroregió del arc mediterrani*, EURAM, Valencia, 2010, pp. 389-434.
6. Los datos para el peso de los peajes en la red de autopistas a cargo del Estado, tanto a nivel conjunto de España como a nivel regional, se han elaborado a partir de la información contenida en el *Anuario Estadístico de 2008* del Ministerio de Fomento (2009).
7. Polonia se encuentra en una situación intermedia, con un peso de los peajes próximo al 50 por ciento. La información detallada sobre las características de financiación de las autopistas en Europa se puede encontrar en

Daniel Albalate, Germà Bel y Xavier Fageda, «Privatization and regulatory reform of toll motorways in Europe» («Privatización y reforma regulatoria de las autopistas de peaje en Europa»), *Governance*, 2009, 22 (2), 295-318.

8. Una explicación más detallada de los modelos de gestión en Europa puede encontrarse en Germà Bel y Xavier Fageda, *Aeroports i Poder*, Edicions 62, Barcelona, 2007; o en Germà Bel y Xavier Fageda, «Privatization, regulation and airport pricing: An empirical analysis for Europe» («Privatización, regulación y precios de los aeropuertos: Un Análisis empírico para Europa»), *Journal of Regulatory Economics*, 2010, 37 (2), 142-161.
9. Como expresó hace ya casi una década Pasqual Maragall: «Antes Madrid era la capital política, y Barcelona y Bilbao, y luego Valencia, las capitales industriales y económicas. Ahora figura que es al revés. Ahora Madrid es ante todo la capital económica» (Pasqual Maragall, «Madrid se va», *El País*, 27 de febrero de 2001).
10. Pablo Alcaide Guindo, «Avance de las magnitudes económicas españoles en 2009 y serie provisional del Balance Económico Regional. Años 2000 a 2009», *Cuadernos de Información Económica*, 2010, 214, 1-64 (p. 22).
11. Esta información ha sido elaborada por la compañía Iberinform, del Grupo Crédito y Caución. Está accesible (11 de febrero de 2010) en http://www.iberinform.es/Noticias_Iberinform/noticia/mitad-empresas-espana-ranking-5000-madrid-2009.html
12. Del *ranking* de mayores empresas se han excluido aquellas que si bien están entre las diez primeras por capitalización, no tienen su sede en el país en cuestión. Por ejemplo, es el caso de Arcelormittal (sede en Luxemburgo) en las Bolsas de Madrid y París, Tenaris (sede en Luxemburgo) en la Bolsa de Milán, y Royal Dutch Shell (en Holanda) en la Bolsa de Londres.

13. Santos Juliá, «Madrid, capital del Estado (1833-1993)», en Santos Juliá, David Ringrose y Cristina Segura, *Madrid. Historia de una capital*, Alianza Editorial, Madrid, 1994 (ed. 2000), pp. 315-576 (p. 497).
14. Véase, por ejemplo, Jordi Pujol, «El desgarro», en Jordi Pujol, *Un modelo malogrado*, Centres d'Estudis Jordi Pujol, Barcelona, 2009, pp. 21-25.
15. Alfred North Whitehead, *Process and Reality* (Proceso y realidad), Cambridge University Press, Cambridge, 1929.
16. Willard Van Orman Quine, «On what there is» («Sobre lo que es»), *Review of Metaphysics*, 1948, 2 (5), 21-38.
17. Adam Smith, *The Wealth of Nations* (*La riqueza de las naciones*), 1776 (3.ª ed., W. Strahan y T. Cadell, Londres, 1784, vol. III.V.I, pp. 94-96).
18. Véase un buen relato en Santos Juliá, «Madrid...», *op. cit.*
19. Adam Smith, *The Wealth of Nations*, *op. cit.*, vol. I, pp. 22-23.
20. José Ortega y Gasset, *España invertebrada*, 1921 (2.ª ed., Espasa Calpe, Madrid, 1967, pp. 36-37).
21. Denominación que adopta a partir de 1996 el departamento ministerial que reunió las competencias de transporte y vivienda del anterior Ministerio de Obras Públicas, Transporte y Medio Ambiente.
22. Partido Popular, *Acta de la Reunión de la Comisión Nacional de Infraestructuras para las Comunicaciones*, de 29 de septiembre de 1997, Partido Popular, Madrid, 1997.
23. Diego Mateo del Peral, «Los orígenes de la política ferroviaria en España (1844-1877)», en Miguel Artola (dir.), Ramón Cordero, Diego Mateo y Fernando Menéndez, *Los ferrocarriles en España 1844/1943. Tomo I, El Estado y los ferrocarriles*, Servicio de Estudios del Banco de España, Madrid, 1978, pp. 31-159 (pp. 75-76).
24. José María Aznar, *Debate sobre la investidura del candidato a la Presidencia del Gobierno*, Diario de Sesiones

del Congreso de los Diputados. Pleno y Diputación Permanente. Año 2000, n.º 2 (25 de abril), p. 29.

25. Comisión de ingenieros, «Anteproyectos del Plan General de Ferrocarriles. Memoria», *Revista de Obras Públicas*, 1864, 12 (17 y 18), 198-204 y 208-215 (p. 200).

26. José Luis Rodríguez Zapatero, *Una idea actual de España*, Intervención del presidente del Gobierno en el acto de presentación del n.º 100 de la revista *La Aventura de la Historia*. Madrid, 1 de febrero de 2007. (La cursiva es mía.) Un largo extracto del discurso fue publicado en el periódico *El Mundo*, 2 de febrero de 2007, pp. 6-7. El texto íntegro puede encontrarse en http://www.pedrojhernando.com/aelpa2007/informacion/zapatero-ideaactualespa por cientoC3 por cientoB1a.pdf

27. Diego Mateo del Peral, «Los orígenes...», *op. cit.*, pp. 123 y 125.

28. Véanse, por ejemplo, Norihiko Yamano y Toru Ohkawara, «The regional allocation of public investment: efficiency or equity?» («La distribución regional de la inversión pública: ¿Eficiencia o equidad?»), *Journal of Regional Science*, 2000, 40 (2), 205-229; y Ángel de la Fuente, «Second-best redistribution through public investment: a characterization, an empirical test and an application to the case of Spain» («Redistribución de "segundo mejor" a través de la inversion pública: una caracterización, test empírico y una aplicación al caso de España»), *Regional Science and Urban Economics*, 2004, 34 (5), 489-503.

29. Véanse, por ejemplo, Achim Kemmerling y Andreas Stephan, «The contribution of local public infrastructure to private productivity and its political economy: evidence from a panel of large German cities» («La contribución de la infraestructura pública local a la productividad privada y su economía política: evidencia de un panel de ciudades alemanas grandes»), *Public Choice*, 2002, 113 (3/4), 403-424; y Antoni Castells y Albert Solé-Ollé, «The regional allocation of infrastructure investment: the role

of equity, efficiency and political factors» («La distribución regional de la inversion en infraestructura: el papel de la equidad, la eficiencia y los factores políticos»), *European Economic Review*, 2005, 49 (5), 1.165-1.205.

30. Una exploración más extendida de esta idea puede encontrarse en Germà Bel, «Comment VIII», en Núria Bosch, Marta Espasa y Albert Solé Ollé, (eds.), *The political economy of inter-regional fiscal flows. Measurement, determinants and effects on country stability*, Edward Elgar, Cheltenham, 2010, pp. 320-325.
31. Germà Bel y Xavier Fageda, «Preventing competition because of «solidarity»: Rhetoric and reality of airport investments in Spain» («Represión de la competencia por motivos de «solidaridad»: Retórica y realidad de la inversión en aeropuertos en España»), *Applied Economics*, 2009, 41(22), 2.853-2.865.
32. *El País*, 5 de junio de 2002.
33. Salvador de la Encina, *Comparecencia de la señora ministra de Fomento (Álvarez Arza) para informar sobre las líneas básicas del nuevo modelo de gestión aeroportuaria*, Diario de Sesiones del Congreso de los Diputados. Comisión de Fomento. Año 2008, n.º 177 (16 de diciembre), pp. 19-20.
34. Con ese acto de transparencia del ministro Blanco se ponía fin a la negativa mantenida por el Gobierno central desde los primeros años 2000 a hacer pública la información de ingresos y gastos a nivel de aeropuertos, información que sí había sido suministrada hasta finales de los noventa.
35. Ministerio de Fomento, *Previsión de resultados económicos de los aeropuertos españoles. Ejercicio 2009. Ejercicio 2010*. Documento entregado por el ministro de Fomento en la sesión de la Comisión de Fomento celebrada en el Congreso de los Diputados, 12 de enero de 2010, p. 3. Más adelante se ofrecen detalladamente estos datos.

CAPÍTULO 2
DE LA CAPITALIDAD ADMINISTRATIVA A LA CAPITALIDAD POLÍTICA

1. David R. Ringrose, *Madrid y la economía española, 1560-1850. Ciudad, Corte y País en el Antiguo Régimen*, Alianza Universidad, Madrid, 1985 (1.ª ed. en inglés, University of California Press, Berkeley, 1983), p. 209. Las estimaciones de población para mediados del siglo XVII son divergentes según las fuentes. Las proporcionadas por Ringrose permiten comparar Madrid con otras ciudades castellanas, y también ver su evolución en el tiempo.
2. John H. Elliott, *La España Imperial 1469-1716*, CL y Vicens Vives, Barcelona, 1996 (1.ª ed. en inglés, Edward Arnold Publishers, Londres, 1963), p. 306.
3. Alfredo Alvar Ezquerra, *Felipe II, la Corte y Madrid en 1561*, CSIC, Madrid, 1985, p. 29.
4. Manuel Fernández Álvarez, *Felipe II y su tiempo*, Espasa Calpe, Madrid, 1998 (6.ª ed.), p. 149; John Elliott, *La España*, *op. cit.*, p. 306.
5. Alfredo Alvar Ezquerra, *El nacimiento de una capital europea. Madrid entre 1561 y 1606*, Turner Libros, Madrid, 1989, pp. 275 y 284.
6. Manuel Fernández Álvarez, *Felipe II*, *op. cit.*, p. 149.
7. Cristina Segura, «Madrid, capital imperial (1561-1833)», en Santos Juliá, David Ringrose y Cristina Segura, *Madrid. Historia de una capital*, Alianza Editorial, Madrid, 1994 (ed. 2000), pp. 11-151 (p. 15).
8. David R. Ringrose, *Madrid y la economía...*, *op. cit.*, p. 112.
9. *Ibid.*, p. 209.
10. David Ringrose, «Madrid, capital imperial (1561-1833)», en Santos Juliá, David Ringrose y Cristina Segura, *Madrid...*, *op. cit.*, pp. 153-314 (p. 159).
11. David Ringrose, «Madrid, capital...», *op. cit.*, p. 197.

12. David R. Ringrose, *Madrid y la economía...*, *op. cit.*, p. 175.
13. Alberto Gil Novales, «Política y sociedad», en Manuel Tuñón de Lara, dir., *Historia de España. Historia de España. Tomo VII, Centralismo, Ilustración y agonía del Antiguo Régimen (1715-1833)*, Editorial Labor, Barcelona, 1980, pp. 175-320 (pp. 212-213).
14. David Ringrose, «Madrid, capital...», *op. cit.*, p. 162.
15. Carlos Álvarez-Nogal y Leandro Prados de la Escosura, «The decline of Spain (1500-1850): conjectural estimates» («El declive de España (1500-1850): estimaciones conjeturales»), *European Review of Economic History*, 2007, 11 (3), 319-366, p. 354.
16. David Ringrose, «Madrid, capital...», *op. cit.*, p. 295.
17. John H. Elliott, *La España...*, *op. cit.*, p. 455.
18. David Ringrose, *España, 1700-1900: el mito del fracaso*, Alianza Editorial, Madrid, 1996, p. 139.
19. Emiliano Fernández de Pinedo, «Coyuntura y políticas económicas», Manuel Tuñón de Lara (dir.), *Historia de España...*, *op. cit.*, pp. 9-173 (pp. 73-74).
20. David Ringrose, «Madrid, capital...», *op. cit.*, p. 296.
21. John H. Elliott, *La España...*, *op. cit.*, p. 457.
22. José Álvarez Junco, *Mater Dolorosa. La idea de España en el siglo* XIX, Taurus, Madrid, 2001, pp. 102-103.
23. Aunque las posiciones favorables a una Ilustración «diferente» no fueron inexistentes, como se muestra en Ernest Lluch, *La Catalunya vençuda del segle* XVIII. *Foscors i clarors de la Il·lustració*, Edicions 62, Barcelona, 1996.
24. *Ibid.*, p. 122.
25. Borja de Riquer, «Aproximación al nacionalismo español contemporáneo», *Studia Historica. Historia Contemporánea*, 1994, 12, 11-29.
26. Jaume Vicens Vives, *Aproximación a la Historia de España*, Vicens Vives, Barcelona, 1952 (4.ª ed., 1966), p. 197.
27. Ignacio de Luzán, *Memorias literarias de París*, Impren-

ta de don Gabriel Ramírez, Madrid, 1751, p. 2. [Tomado de Mario Onaindía, *La construcción de la nación española*, Ediciones B, Barcelona, 2002, p. 53.]

28. Mario Onaindía, *La construcción...*, *op. cit.*, p. 327.
29. *Ibid.*, p. 328.
30. Miguel Artola, *Los afrancesados*, Alianza Universidad, Madrid, 1989.
31. José Álvarez Junco, *Mater Dolorosa...*, *op. cit.*, p. 535.
32. *Ibid.*, p. 535.
33. Jesús Astigarraga, «Necker en España, 1780-1800», *Revista de Economía Aplicada*, 2000, 8(23), 119-141, pp. 130-133.
34. Real Decreto de 30 de noviembre de 1833 sobre la división civil de territorio español en la Península e islas adyacentes en 49 provincias, *Gaceta de Madrid*, n.º 154, 3 de diciembre de 1833.
35. Jaume Vicens Vives, *Aproximación...*, *op. cit.*, p. 164.
36. David R. Ringrose, *Madrid y la economía...*, *op. cit.*, p. 389.
37. Raymond Carr, *España 1808-1939*, Ariel, Barcelona, 1970, p. 203 (1.ª ed. en inglés, Oxford University Press, Oxford, 1996).
38. José Álvarez Junco, *Mater Dolorosa...*, *op. cit.*, p. 537.
39. Santos Madrazo, *El Sistema de Transportes en España, 1750-1850*, Madrid, Ediciones Turner, 1984, pp. 27 y 151-152.
40. José I. Uriol, «Las calzadas romanas y los caminos del siglo XVI», *Revista de Obras Públicas*, 1985, 132 (3.237), 553-563, p. 557.
41. José I. Uriol, «Los viajes por la posta en el siglo XVIII y en los primeros años del siglo XIX», *Revista de Obras Públicas*, 1977, 124 (3.151), 837-856, p. 837.
42. *Ibid.*, p. 841.
43. José I. Uriol, «Las carreteras y los canales de navegación en los reinados de Fernando VI y Carlos III», *Revista de Obras Públicas*, 1978, 125 (3.159), 533-546,. 535.

44. Gonzalo Menéndez Pidal, *Los caminos en la Historia de España*, Ediciones Cultura Hispánica, Madrid, 1951, p. 122.
45. José I. Uriol Salcedo, *Historia de los caminos de España. Vol. I Hasta el siglo* XIX, Editorial AC, Madrid, 1990, p. 242.
46. Francisco Wais San Martín, «Recuerdo a Bernardo Ward y sus caminos», *Revista de Obras Públicas*, 1963, 111 (2.981), 563-566, p. 563.
47. José I. Uriol, «Las carreteras y los canales de navegación en los reinados de Fernando VI y Carlos III. Auge de la construcción de carreteras y canales. Carlos III», *Revista de Obras Públicas*, 1978, 125 (3.160), 625-636, p. 626.
48. Gonzalo Menéndez Pidal, *op. cit.*, p. 123.
49. José I. Uriol, «Las carreteras y los canales...», *op. cit.*, pp. 626-627.
50. Antonio Gómez Mendoza, «Madrid, centro de la red de comunicaciones», *Arbor*, 2001, 169 (666), 343-358, p. 349.
51. Santos Madrazo, *El Sistema de Transportes...*, *op. cit.*, pp. 62-63 y 159.
52. *Ibid.*, p. 630.
53. Carlos Álvarez-Nogal y Leandro Prados de la Escosura, «The decline of Spain...», *op. cit.*, p. 354.
54. Gonzalo Menéndez Pidal, *Los caminos...*, *op. cit.*, p. 124.
55. Alfredo Alvar Ezquerra, *El nacimiento...*, *op. cit.*, pp. 107-188.
56. David Ringrose, «Madrid, capital...», *op. cit.*, p. 179.
57. David Ringrose, *España...*, *op. cit.*, p. 138.
58. David Ringrose, *Madrid y la economía...*, *op. cit.*, p. 129.
59. David Ringrose, *Los transportes y el estancamiento económico de España (1750-1850)*, Editorial Tecnos, Madrid, 1972 (1.ª ed. en inglés, Duke University Press, Durham [NC], 1970), p. 49.
60. David Ringrose, «Madrid, capital...», *op. cit.*, p. 277.

61. Antonio Gómez Mendoza, «Madrid...», *op. cit.*, p. 348.
62. David Ringrose, *Madrid y la economía...*, *op. cit.*, p. 106.
63. David Ringrose, *Los transportes...*, *op. cit.*, p. 143-147.
64. Antonio Gómez Mendoza, «Madrid...», *op. cit.*, p. 356.

CAPÍTULO 3
MERCADO TRANSVERSAL, ESTADO RADIAL (I): LOS PRIMEROS FERROCARRILES

1. Mark Casson, *The World's First Railway System* (*El primer sistema ferroviario mundial*), Oxford University Press, Oxford, 2009, p. 126.
2. Francisco Wais, *Historia de los ferrocarriles españoles I*, Fundación de los Ferrocarriles Españoles, Madrid, 1987, 3.ª ed. (1.ª ed. 1968), p. 26.
3. *Ibid.*, pp. 27-28.
4. *Ibid.*, pp. 29-30.
5. Emilio de Diego García, «El ferrocarril: La Habana-Güines», *Cuadernos de Historia Moderna y Contemporánea*, 1983, 4, 59-77, p. 61.
6. Patrick O'Brien, «Transport and economic development in Europe, 1789-1914» («Transporte y desarrollo económico en Europa, 1789-1914»), en Patrick O'Brien, *Railways and the economic development of Western Europe, 1830-1914*, MacMillan, Londres, 1983, pp. 1-27 (p. 8).
7. Mark Casson, *The World's...*, *op. cit.*, p. 137.
8. Gary Hawke y Jim Higgins, «Britain», en Patrick O'Brien, *Railways*, *op. cit.*, pp. 170-202 (p. 182).
9. B. R. Mitchell, *Internacional Historical Statistics: Europe 1750-1993*, Macmillan, Londres, 1998, pp. 673-674. La misma fuente se usa para los datos históricos de la extensión de las redes a mediados del siglo XIX en los restantes países revisados.

10. Alfonso Herranz Loncán, *Infraestructuras y crecimiento económico en España (1850-1935)*, Fundación de los Ferrocarriles Españoles, Madrid, 2008, p. 49.
11. Gary Hawke y Jim Higgins, «Britain», *op. cit.*, p. 184.
12. T. K. Derry y Trevor I. Williams, *Historia de la tecnología. Desde 1750 hasta 1900 (I)*, Siglo XXI, Madrid, 2002 (1.ª ed. en inglés, Oxford University Press, 1960), p. 426.
13. Michel Laffut, «Belgium», *op. cit.*, p. 205.
14. Erwin Berghaus, *Historia del Ferrocarril*, Ediciones Zeus, Barcelona, 1964 (1.ª ed. en alemán, 1960), p. 53.
15. Tomado de Erwin Berghaus, *Historia...*, *op. cit.*, p. 54.
16. Rainer Fremlindg, «Germany», en Patrick O'Brien, *Railways*, *op. cit.*, pp. 121-148 (p. 121).
17. Erwin Berghaus, *Historia...*, *op. cit.*, p. 84.
18. Rainer Fremdling, «Germany», en Patrick O'Brien, *Railways*, *op. cit.*, p. 122.
19. Société d'Agriculture, Sciences, Art et Commerce de l'arrondissement de ST-Étienne (Loire), *Bulletin Industriel*, Imprimerie de Gaudelet, Saint Étienne, 1830, pp. 10-13.
20. François Caron, «France», en Patrick O'Brien, *Railways*, *op. cit.*, pp. 28-48 (p. 29).
21. Arthur L. Dunham, «How the first French railways were planned» («Cómo se planificaron los primeros ferrocarriles franceses»), *Journal of Economic History*, 1941, 1(1), 12-25, p. 24.
22. François Caron, «France», *op. cit.*, p. 29.
23. Stefano Fenoaltea, «Italy», en Patrick O'Brien, *Railways*, *op. cit.*, pp. 49-121 (pp. 49-51).
24. *Ibid.*, p. 51.
25. Pere Pascual Domènech, *Los caminos de la era industrial. La construcción y financiación de la Red Ferroviaria Catalana (1843-1898)*, Edicions de la Universitat de Barcelona, Barcelona, 1999, p. 55.
26. Francisco Wais, *Historia...*, *op. cit.*, p. 84.
27. Diego Mateo del Peral, «Los orígenes de la política ferro-

viaria en España (1844-1877)», en Miguel Artola (dir.), Ramón Cordero, Diego Mateo y Fernando Menéndez, *Los ferrocarriles en España 1844/1943. Tomo I, El Estado y los ferrocarriles*, Banco de España, Madrid, 1978, pp. 31-159 (p. 46).

28. Francisco Wais, *Historia…*, *op. cit.*, p. 77.
29. *Ibid.*, p. 84.
30. Pedro Tedde Lorca, «Las compañías ferroviarias en España», en Miguel Artola (dir.), Rafael Anes y Pedro Tedde, *Los ferrocarriles en España 1844/1943. Tomo II, Los ferrocarriles y la economía*, Servicio de Estudios del Banco de España, Madrid, 1978, pp. 9-354 (p. 17).
31. Miguel Artola, «La acción del Estado», en Miguel Artola (dir.), *Tomo I.*, *op. cit.*, pp. 339-453 (pp. 344-348); contiene un extenso relato de las variadas formas en que el marqués de Salamanca logró subsidios y ayudas antes de 1855.
32. Pere Pascual Domènech, *Los caminos…*, *op. cit.*, pp. 91-94.
33. Esta información está basada en Francisco Wais, *Historia…*, *op. cit.*
34. Francisco Comín Comín, Pablo Martín Aceña, Miguel Muñoz Rubio y Javier Vidal Olivares, *150 años de historia de los ferrocarriles españoles. Volumen I*, Anaya, Madrid, 1998, p. 41.
35. Miguel Artola, «Introducción», en Miguel Artola (dir.), *Tomo I.*, *op. cit.*, pp. 13-25 (pp. 24-25).
36. Diego Mateo del Peral, «Los orígenes…», *op. cit.*, p. 48.
37. *Ibid.*, p. 56. (La cursiva es mía.)
38. Contenido que está disponible en la publicación *Información parlamentaria hecha por la Comisión de Ferrocarriles nombrada por el Congreso de los Diputados en 10 de enero de 1850*, Imprenta Nacional, Madrid, 1850.
39. *Información parlamentaria…*, *op. cit.*, p. 161.
40. *Ibid.*, p. 19.
41. *Ibid.*, p. 162.
42. *Ibid.*, p. 162.

43. *Ibid.*, p. 163.
44. *Ibid.*, p. 164.
45. *Ibid.*, p. 165.
46. *Ibid.*, pp. 183-184.
47. *Ibid.*, p. 185.
48. *Ibid.*, p. 186.
49. *Ibid.*, p. 190.
50. *Ibid.*, pp. 209-210.
51. *Ibid.*, p. 214.
52. Diego Mateo del Peral, «Los orígenes...»., *op. cit.*, p. 88.
53. Comisión de ingenieros, «Anteproyectos del Plan General de Ferrocarriles. Memoria», *Revista de Obras Públicas*, 1864, 12 (17 y 18), 198-204 y 208-215 (p. 200).
54. «Anteproyectos...», *op. cit.*, p. 201.
55. *Ibid.*, p. 214.
56. *Ibid.*, pp. 201-204 y 208-214.
57. Junta Consultiva de Caminos, Canales y Puertos, «Anteproyectos del Plan General de Ferrocarriles. Informe y anteproyecto», *Revista de Obras Públicas*, 1864, 12 (21, 22 y 23), 246-251, 259-262, 268-273 (pp. 269-272).
58. *Memoria presentada al gobierno por la comisión especial encargada de proponer el plan general de ferrocarriles*, tomado de Diego Mateo del Peral, «Los orígenes...», *op. cit.*, p. 101. Procede observar que Mateo del Peral comenta antes las críticas vertidas en 1867 por la comisión especial, y después los juicios positivos de la comisión de ingenieros en 1864. Por ello, una primera impresión podría hace creer que los juicios positivos (en realidad anteriores) corrigen los juicios negativos (en realidad posteriores).
59. Diego Mateo del Peral, «Los orígenes...», *op. cit.*, p. 118.
60. El nuevo Gobierno no era, no obstante, partidario de la ausencia de intervención del Estado en la vida económica, como se muestra en Antón Costas Comesaña, *Apogeo del liberalismo en «La Gloriosa». La reforma económica en el Sexenio liberal (1868-1874)*, Siglo XXI, Madrid, 1988, pp. 129-160.

61. Pelayo Clairac Sáenz, «La administración de Obras públicas en el período revolucionario», *Revista de Obras Públicas*, 1871, 19 (4), 43-48, p. 44.
62. Diego Mateo del Peral, «Los orígenes...», *op. cit.*, pp. 123 y 125. En lo que respecta a la política durante el sexenio liberal y la ley de 1877 sigo fundamentalmente esta obra, pp. 122-131.
63. *Ibid.*, p. 130.
64. Antonio Gómez Mendoza, «Madrid, centro de la red de comunicaciones», *Arbor*, 2001, 169, 343-358, p. 345.
65. Francisco Comín y otros, *150 años...*, *op. cit.*, p. 58.
66. Pablo Alzola y Minondo, *Las obras públicas en España: Estudio histórico*, Biblioteca de la Revista de Obras Públicas, Bilbao, 1899, p. 372. Véase también Alfonso Herranz Loncán, «The Spanish Infrastructure Stock, 1845-1935», *Research in Economic History*, 2005, 23, 85-129.
67. Francisco Comín y otros, *150 años...*, *op. cit.*, p. 93.
68. Gabriel Tortella Casares, *Los orígenes del capitalismo en España: Banca, industria y ferrocarriles en el siglo* XIX, Tecnos, Madrid, 1973, pp. 168-173.
69. Alfonso Herranz Loncán, *Infraestructuras...*, *op. cit.*, p. 125.
70. Las series disponibles son una aproximación deficiente al valor del capital, pero también la más refinada de que se dispone. Véase Alfonso Herranz Loncán, *La dotación de infraestructuras en España, 1844-1935*, Banco de España, Madrid, 2004.
71. Información publicada en «Lo de siempre», *Fomento de la Producción Española, Semanario de Intereses Generales*, 9 de diciembre de 1876, I, 22, 404-406.
72. *Fomento de la Producción Española*, *op. cit.*, p. 405.
73. La propensión al subsidio en las líneas radiales se dio incluso en casos en que eran rentables, como es el de la radial Madrid-Irun, una de las líneas más utilizadas y rentables del siglo XIX y que también recibió subvenciones.
74. Antonio Gómez Mendoza, «Madrid...», *op. cit.*, p. 353.

75. Gabriel Tortella Casares, *Los orígenes…*, *op. cit.*, y Gabriel Tortella Casares, *El desarrollo de la España contemporánea. Historia económica de los siglos XIX y XX*, Alianza, Madrid, 1994.
76. Jordi Nadal, *El fracaso de la revolución industrial en España. 1814-1913*, Ariel, Barcelona, 1975.
77. Antonio Gómez Mendoza, *Ferrocarril y cambio económico en España (1855-1913)*, Alianza, Madrid, 1982.
78. Alfonso Herranz Loncán, *Infraestructuras*, *op. cit.*, y Alfonso Herranz Loncán, «Railroad Impact in Backward Economies: Spain, 1850-1913» («Impacto del ferrocarril en economías atrasadas: España, 1853-1913»), *Journal of Economic History*, 2006, 66 (4), 853-881. Para Herranz, una de las motivaciones para el menor impacto en el crecimiento es el predominio de intereses políticos en el desarrollo del ferrocarril (Herranz Loncán, Alfonso, «Infrastructure investment and Spanish economic growth, 1850-1935» [«Inversión en infraestructuras y crecimiento económico en España, 1850-1913»], *Explorations in Economic History*, 2007, 44 (3), 452-468).
79. Robert W. Fogel, *Railroads and American Economic Growth: Essays in Econometric History*, (Ferrocarriles y crecimiento económico de Estados Unidos. Ensayos en historia econométrica), Johns Hopkins Press, Baltimore, 1964.
80. Francisco Comín y otros, *150 años…*, *op. cit.*, pp. 142-145; véase también Francisco Comín, «Comentarios en torno al ferrocarril y el crecimiento económico español entre 1855 y 1931», *Revista de Historia Económica*, 1983, 1 (1), 181-195.
81. Jordi Nadal, *El fracaso*, *op. cit.*, p. 74.
82. Rafael Izquierdo de Bartolomé, «El modelo de transporte», en Rafael Acosta España y otros, *La España de las Autonomías. Pasado, presente y futuro*, Tomo I, Espasa-Calpe, Madrid, 1981, pp. 367-470 (p. 407).
83. Ramón Cordero y Fernando Menéndez, «El sistema fe-

rroviario español», en Miguel Artola (dir.), *Tomo I, op. cit.*, pp. 161-338 (p. 195).

84. Mark Casson, *The World's..., op. cit.*, p. 4.
85. Ramón Cordero y Fernando Menéndez, «El sistema...», *op. cit.*, p. 195.
86. Unos, contrarios a la red radial, como Magí Casañas Vallés, «El ferrocarril en España, 1844-1868. Consideraciones en torno a una crisis», *Investigaciones Económicas*, 1977, 4, 39-68; y otros, favorables a este diseño, como Gabriel Tortella Casares, *El desarrollo..., op. cit.*
87. Antonio Gómez Mendoza, *Ferrocarril, industria y mercado en la modernización de España*, Espasa-Calpe, Madrid, 1989, pp. 169 y 171.
88. Antonio Gómez Mendoza, «Madrid...», *op. cit.*, p. 348.
89. *Ibid.*, p. 354.
90. Adam Smith, *The Wealth of Nations, op. cit.*, pp. 95-96.

CAPÍTULO 4
MERCADO TRANSVERSAL, ESTADO RADIAL (II): LAS PRIMERAS AUTOPISTAS

1. Los datos sobre extensión de la red para las diferentes fechas han sido obtenidos de Rafael Izquierdo de Bartolomé, «El modelo de transporte», en Rafael Acosta España y otros, *La España de las Autonomías. Pasado, presente y futuro*, Tomo I, Espasa-Calpe, Madrid, 1981, pp. 367-470 (p. 407).
2. José I. Uriol Salcedo, *Historia de los caminos de España. Vol. II Siglos* XIX *y* XX, Editorial AC, Madrid, 1992, p. 25.
3. Juan Pemán Gavín, «Sobre la regulación de las carreteras en el Derecho Español: Una visión de conjunto», *Revista de Administración Pública*, 1992, 129 (septiembre-diciembre), 117-161 p. 125.
4. Pedro García Ormaechea, «La red de carreteras españo-

las. Su modernización», *Revista de Obras Públicas*, 1957, 105 (2.906), 294-296, p. 294.

5. Alfonso Puncel Chornet, *La Autopista del Mediterráneo. Cesiones, concesiones, servicios y servidumbres*, Universidad de Valencia, Valencia, 1996, p. 15.
6. Pedro García Ortega, *Las concesiones administrativas de carreteras en el ordenamiento jurídico español*, Ministerio de Obras Públicas y Urbanismo, Madrid, 1979.
7. Una explicación detallada de estos proyectos de autopistas puede encontrarse en Teresa Navas, «Il riflesso della modernità: le autostrade spagnole, 1920-1960», *Storia urbana*, 2002, XXVI (100), 27-54, pp. 45-46.
8. El detalle del trazado puede encontrarse en Enrique Colás Arias, «Autostradas italianas», *Revista de Obras Públicas*, 1925, 73 (2.429), 204-207, p. 207.
9. Manuel Aguilar López, «Carreteras modernas», *Revista de Obras Públicas*, 1926, 74 (2.467), 524-527, p. 527.
10. Teresa Navas, «Il riflesso...», *op. cit.*, p. 48.
11. José I. Uriol Salcedo, *Historia...*, *op. cit.*, p. 258.
12. Pedro García Ormaechea, «La red de carreteras españolas...», *op. cit.*, p. 295.
13. Banco Mundial, *Informe del Banco Mundial. El desarrollo económico de España,* BIRF, Madrid, 1962, p. 312.
14. Juan R. Cuadrado Roura, «La política regional de los Planes de Desarrollo (1964-1975)», en Rafael Acosta España y otros. *La España de las Autonomías. Pasado, presente y futuro*, Tomo I, Espasa-Calpe, Madrid, 1981, pp. 547-608.
15. Juan R. Cuadrado Roura, «La política regional...», *op. cit.*, p. 592. Las siglas IMD indican Intensidad Media Diaria de tráfico, es decir, el promedio diario de tráfico durante un año en una determinada ruta. Es el indicador más usado para medir el grado de congestión de una carretera.
16. Rafael Izquierdo de Bartolomé, «El modelo de transporte», *op. cit.*, (p. 420).
17. Werner Rothengatter, «Motorways and motorway finan-

ce in Germany and Austria» («Autopistas y su financiación en Alemania y Austria»), *Research in Transportation Economics*, 2005, 15, 75-91, p. 77.

18. Germà Bel y John Foote, «Tolls, terms and Public Interest in road concessions privatization: A comparative analysis of recent transactions in the USA and France» («Peajes, plazos, e Interés Público: Un análisis comparativo de las recientes transacciones en EE. UU. y Francia»), *Transport Reviews*, 29 (3), 397-413, p. 401.
19. Werner Rothengatter, «Motorways», *op. cit.*, p. 77.
20. Marc Desportes, «Le prime autostrade francesi: resistenze e dilazioni», *Storia Urbana*, 2002, XXVI, 100, 55-84, p. 55.
21. Alain Fayard, David Meunier y Emile Quinet, «Motorway Provision and Management in France: Analyses and Policy Issues» («Provisión y gestión de autopistas en Francia: Análisis e implicaciones políticas»), *Network and Spatial Economics*, en prensa.
22. Alain Fayard, Francesco Gaeta y Emile Quinet, «French motorways: Experience and assessment» («Autopistas francesas: Experiencia y evaluación»), *Research in Transportation Economics*, 2005, 15, 93-105, p. 97-99.
23. Germà Bel y John Foote, «Tolls, terms and Public Interest», *op. cit.*, p. 400.
24. M. R. Buccella, «Le autovie nel sistema dei trasporti», *Giornale degli Economisti e Rivista di Statistica*, 1927, LXVIII, diciembre, 726-748, p. 745.
25. El detalle del trazado puede encontrarse en Enrique Colás Arias, «Autostradas italianas», *op. cit.*, p. 204.
26. Massimo Moraglio, «Per una storia delle autostrade italiane: Il periodo tra le due Guerre Mondiali», *Storia Urbana*, 2002, XXVI, 100, 11-25, p. 15.
27. Lando Bortolotti, «Origini e primordi della rete autostradale in Italia, 1922-1933», *Storia Urbana, 1992*, XVI, 59, 35-70 (p. 47); Lando Bortolotti y Giuseppe De Luca. *Fascismo e autostrade. Un caso di sintesi: la Firenze-mare*, Francoangeli, Milano, 1994, p. 46.

28. Véase una explicación más detallada en Germà Bel, *From public to private: Privatization policy in 1920's fascist Italy*, (De público a privado: Política de privatización en la Italia fascista de los 1920), EUI Working Papers, Robert Schuman Centre for Advanced Studies, WP 2009/46.
29. Massimo Moraglio, «L'autostrada Torino-Milano, 1923-1933: I progetti e la costruzione», *Storia Urbana*, 1999, XXIII, 86, 103-121, pp. 103-104.
30. De Luca, Giuseppe, «La costruzione della rete autostradale italiana: L'autostrada Firenze-mare, 1927-1940», *Storia Urbana*, 1992, XVI, 59, 71-126, p. 75.
31. Andrea Greco y Giorgio Ragazzi, «History and regulations of Italian highways concessionaires» («Historia y regulaciones de las concesionarias de autopistas italianas»), *Research in Transportation Economics*, 2005, 15, 121-133, p. 121.
32. Massimo Moraglio, «Per una storia», *op. cit.*, p. 23.
33. Andrea Greco y Giorgio Ragazzi, «History», *op. cit.*, p. 122.
34. Daniel Albalate, Germà Bel y Xavier Fageda, «Privatization and regulatory reform of toll motorways in Europe» («Privatización y reforma regulatoria de las autopistas de peaje en Europa»), *Governance*, 2009, 22 (2), 295-318, p. 300.
35. Ramón Fernández, Eduardo Molina y Fernando Nebot, «El fracaso de la política de las autopistas de peaje», *Información Comercial Española,* 1983, 594, 37-54, p. 38.
36. Banco Mundial, *Informe...*, *op. cit.*, p. 312.
37. Montserrat Sansalvadó, *La financiación de las inversiones a largo plazo. El caso de las autopistas de peaje*, Tesis Doctoral, Universitat de Barcelona, 1987, p. 22. De hecho, Sansalvadó sugiere que el tramo Sevilla-Cádiz se adjudicó pronto porque «*primaron intereses políticos*» (p. 119).
38. Montserrat Sansalvadó, *La financiación...*, *op.cit.*, p. 112.
39. El lector interesado en un análisis económico teórico de la

opción por el peaje directo puede encontrar una discusión en Germà Bel, «Financiación de infraestructuras viarias: la economía política de los peajes», *Papeles de Economía Española*, 82, 123-139, pp. 124-126.

40. José A. Gómez-Ibáñez y John R. Meyer, *Going private. The international experience with transport privatization* (Privatizando. La experiencia internacional con la privatización en el transporte), Brookings Institution, Washington D. C., 1993.
41. De hecho, estas primeras concesiones han sido muy rentables, como se desprende del análisis en Daniel Albalate y Germà Bel, «Regulating Concessions of Toll Motorways: An Empirical Study on Fixed vs. Variable Term Contracts», *Transportation Research-A*, 2009, 43(2), 219-229.
42. MOPU, *Informe sobre las Autopistas Nacionales de Peaje*, Ministerio de Obras Públicas y Urbanismo, Madrid, 1974.
43. Una discusión amplia y detallada de las cláusulas de las concesiones y de su impacto sobre la Hacienda Pública puede encontrarse en Germà Bel, «Financiación de infraestructuras viarias...», *op. cit.*, pp. 127-130.
44. Ramón Fernández, Eduardo Molina y Fernando Nebot, «El fracaso...», *op. cit.*
45. El *Plan General de Carreteras 1984-1991* fue publicado en el Boletín Oficial de la Cortes Generales (Congreso de los Diputados), Serie E, n.º 160, 1 de marzo de 1986, pp. 1.853-1.882 (p. 1.873).
46. *Plan General de Carreteras 1984-1991*, *op. cit.*, p. 1.864.
47. Un detalle año por año (hasta 1991), y carretera por carretera se puede encontrar en Germà Bel, *La demanda de transporte en España: Competencia intermodal sobre el ferrocarril interurbano*, Instituto de Estudios del Transporte y las Comunicaciones (IETC), Madrid, 1994.
48. Emilio Pérez Touriño, «Efectos del Plan. Realizaciones y balance socioeconómico», *Estudios de Transporte y Comunicaciones*, 1994, 65 (separata), 9-27, pp. 14-15.

49. Los Gobiernos de la Generalitat de Cataluña habían sido activos desde los ochenta en el uso del peaje directo para la financiación de autopistas de titularidad autonómica.
50. Rafael Izquierdo, *Gestión y financiación de las infraestructuras de transporte terrestre*, Asociación Española de la Carretera, Madrid, 1997, p. 279.
51. Una relación actualizada de las concesiones de autopistas vigentes en España puede encontrarse en Germà Bel y Xavier Fageda, «Is a mixed funding model for the highway network sustainable over time? The Spanish case?» («¿Es sostenible en el tiempo un modelo mixto de financiación de la red de autopistas?»), *Research in Transportation Economics*, 2005, 15, 187-203, pp. 195-196.
52. Los datos sobre la extensión de la red de autopistas de peaje y autopistas libres proceden de Ministerio de Fomento, *Los transportes, las infraestructuras y los servicios postales. Informe Anual 2008*, Ministerio de Fomento, Madrid, 2009, p. 36; y Ministerio de Fomento, *Anuario Estadístico 2008*, Ministerio de Fomento, Madrid, 2009, p. 158. Procede tener en cuenta que algo más de 100 kilómetros de autopista de peaje entre Bilbao y la frontera francesa fueron transferidos por el Gobierno central a las Diputaciones forales de Vizcaya y Guipúzcoa.

CAPÍTULO 5
LA NUEVA ESPAÑA (I): MODERNIZACIÓN FERROVIARIA DESDE EL KILÓMETRO CERO

1. Ginés De Rus, y Chris Nash, *In what circumstances is investment in HSR worthwhile?* (*¿En qué circunstancias vale la pena invertir en ferrocarril de alta velocidad?*), University of Leeds, ITS, working paper 590, 2007, p. 2.
2. La exposición en esta sección está basada en Daniel Albalate y Germà Bel, *High-Speed Rail: Lessons for Policy*

Makers from Experiences Abroad (*Ferrocarril de alta velocidad: Lecciones para responsables políticos de la experiencia internacional*), Universitat de Barcelona, WP 2010/03 del Institut de Recerca en Economia Aplicada, 2010.

3. Moshe Givoni, «Development and impact of the Modern High-speed Train: A Review» («Desarrollo e impacto del tren de alta velocidad moderno: Una revisión»), *Transport Reviews*, 2006, 26 (5), 593-611.
4. Alain Plaud, «Les nouvelles voies ferrées à grande vitesse et l'aménagement du territoire au Japon» («Las nuevas líneas de ferrocarril de alta velocidad y la planificación territorial en Japón»), *Transports*, 1977, 225, 387-393.
5. Mitsuhide Imashiro, «Changes in Japan's Transport Market and Privatization» («Cambios en el mercado de transporte del Japón y privatización»), *Japan Railway and Transport Review*, 1997, 13, 50-53, p. 51.
6. Roger Vickerman, «High-speed rail in Europe: experience and issues for future development» («Tren de alta velocidad en Europa: experiencias y temas para el futuro desarrollo»), *Annals of Regional Science*, 1997, 31 (1), 21-38.
7. James Dunn y Anthony Perl, «Policy networks and industrial revitalization: High Speed Rail initiatives in France and Germany» («Política de redes y revitalización comercial: Las iniciativas de ferrocarril de alta velocidad en Francia y Alemania»), *Journal of Public Policy*, 1994, 14 (3), 311-343.
8. Roger Vickerman, «High-speed rail in Europe...», *op. cit.*
9. A. Bonnafous, «The regional impact of the TGV» («El impacto regional del TGV»), en *Transportation*, 1987, 14 (2), 127-137, p. 136.
10. *Ibid.*, p. 133.
11. Valérie Mannone, *L'impact régional du TGV Sud-Est* (*El impacto regional del TGV Sureste*), Tesis Doctoral, Université de Provence, Aix-en-Provence, 1995.

12. A. Bonnafous, «The regional...», *op. cit.*, p. 132.
13. James Dunn y Anthony Perl, «Policy networks...», *op. cit.*
14. Kingsley E. Haynes, «Labor markets and regional transportation improvements: the case of high-speed trains. An introduction and review» («Mercados de trabajo y mejoras en el transporte regional: el caso los trenes de alta velocidad. Introducción y panorámica»), *Annals of Regional Science*, 1997, 31 (1), 57-76.
15. Roger Vickerman, «High-speed rail in Europe: experience...», *op. cit.*
16. *Ibid.*, p. 28.
17. Grupo Ferrovie dello Stato, *Rete AV/AC. Analisi dei costi*, Grupo Ferrovie dello Stato, Roma, 2007.
18. Ginés de Rus y Gustavo Nombela, «Is investment in High Speed Rail socially profitable?» («¿Es socialmente rentable la inversión en ferrocarril de alta velocidad?»), *Journal of Transport Economics and Policy*, 2007, 41 (1), 3-23, p. 21. Sus cálculos consideran los costes reales de construcción, el material circulante, los costes de operación y mantenimiento, valores medios del tiempo de viaje, ahorros potenciales de tiempo y una tasa de descuento del 5 por ciento.
19. Comisión Europea, *Interaction between High Speed and Air Passenger Transport — Interim Report* (*Interacción entre la alta velocidad y el transporte aéreo de pasajeros — Informe*), Interim Report on the Action COST 318, Bruselas, European Commission, abril de 1996.
20. Huib Van Essen, Olivier Bello, Jos Dings y Robert Van den Brink, *To shift or not to shift, that's the question. The environmental performance of the principal modes of freight and passenger transport in the policymaking process* (*Cambiar o no cambiar, ésta es la cuestión. El desempeño medioambiental de los principales modos de transporte de pasajeros y mercancías en el proceso de decisión política*), Delft, CE Delft, 2003.

21. Bert Van Wee, Robert Van den Brink y Hans Nijland, «Environmental impacts of high-speed rail links in cost-benefit analyses: a case study of the Dutch Zuider Zee line» («Impactos medioambientales de las líneas ferroviarias de alta velocidad y análisis coste-beneficio: Un estudio de caso de la línea holandesa Zuider Zee»), *Transportation Research D*, 2003, 8 (4), 299-314.
22. Jordi Martí Hennenberg, «Un balance del tren de alta velocidad en Francia. Enseñanzas para el caso español», *Ería*, 2000, 52, 131-143.
23. Alain Plaud, «Les nouvelles...», *op. cit.*; Moshe Givoni, «Development...», *op. cit.*; Louis S. Thompson, «High Speed Rail in the United States - Why isn't there more? («Ferrocarril de alta velocidad en EE. UU. - ¿Por qué no hay más?»), *Japan Railway and Transport Review*, 1994, 3, 32-39; y Leo Van den Berg y Peter Pol, *The European high-speed train-network and urban development* (*La red europea de tren de alta velocidad y el desarrollo urbano*), Aldershot, Ashgate, 1998.
24. Kingsley E. Haynes, «Labor markets...», *op. cit.*
25. Miguel Rodríguez Bugarín, Margarita Novales Ordax y Alfonso Orro Arcay, «Alta velocidad y territorio: Algunas experiencias internacionales», *Ingeniería y Territorio*, 2005, 70, 4-11, p. 11.
26. A. Bonnafous, «The regional...», *op. cit.*, p. 132.
27. Roger Vickerman, «High-speed rail in Europe...», *op. cit.*
28. Véase *El País*, 15/02/2007, «España tendrá en tres años la mayor red de AVE del mundo, según Zapatero». Consulta en línea en www.elpais.com
29. Véase por ejemplo la comparecencia de la ministra Magdalena Álvarez en la Comisión de Fomento del Congreso de los Diputados de 29 de junio de 2005 (*Diario de Sesiones del Congreso*, n.º 239, 29 de junio de 2005, p. 4).
30. Guillaume Pépy, *El País, Negocios*, 7 de febrero de 2010, p. 14.
31. De Rus, Ginés y Concepción Román, «Análisis económi-

co de la línea de alta velocidad Madrid-Barcelona», *Revista de Economía Aplicada*, 2006, 14 (42), 35-80.

32. De Rus, Ginés y Vicente Inglada, «Cost-benefit analysis of the high-speed train in Spain» («Análisis coste-beneficio del tren de alta velocidad en España»), *Annals of Regional Science*, 1997, 31(2), 175-188.
33. De Rus, Ginés y Concepción Román, «Análisis económico...», *op. cit.*
34. En *Expansión*, 22 de enero de 2010, se dan detalles sobre la comunicación de la Comisión Europea.
35. José I. Uriol Salcedo, *Historia de los caminos de España. Vol. II, Siglos* XIX *y* XX, Editorial AC, Madrid, 1992, p. 448.
36. Antonio Gómez Mendoza, «Del ferrocarril al AVE. ¿Los mismos errores históricos?», *Clío. Revista de Historia*, 2005, 45, 44-49, p. 48.
37. Germà Bel y Carme Miralles, «Papá o mamá: ¡ven en tren!», *El País*, 6 de octubre de 2003.

CAPÍTULO 6
LA NUEVA ESPAÑA (II): GESTIÓN DE AEROPUERTOS DESDE EL KILÓMETRO CERO

1. Además de gestionar los aeropuertos, AENA se encarga también de gestionar el control del tráfico aéreo, del que no se ocupa este texto. Procede mencionar que está en curso una reforma que ha de separar la gestión de aeropuertos y la gestión del control del tráfico.
2. Algunos estudios económicos que analizan este impacto son los de Jan Brueckner, «Airline traffic and urban economic development» («Tráfico aéreo y desarrollo económico urbano»), *Urban Studies*, 2003, 40(8), 1.455-1.469; y Germà Bel y Xavier Fageda, «Getting there fast: Globalization, intercontinental flights and location of headquarters» («Llegando rápido: Globalización,

vuelos intercontinentales y localización de sedes empresariales»), *Journal of Economic Geography*, 2008, 8(4), 471-495.

3. Antonio Gómez Mendoza, «Madrid, centro de la red de comunicaciones», *Arbor*, 2001, 169, 343-358 (p. 353).
4. AENA, *Los aeropuertos españoles. Su historia 1911-1996*, Aeropuertos Españoles y Navegación Aérea, Madrid, 1996, p. 51.
5. *Ibid.*, p. 57.
6. *Ibid.*, p. 65.
7. La ley se aprobó el 2 de noviembre de 1940, y se publicó en el BOE del 16 de noviembre de 1940.
8. Diferente es la justificación del modelo centralizado en los países escandinavos —especialmente Finlandia y Noruega— , en los que existe un único aeropuerto relevante y una diversidad de aeropuertos muy pequeños y aislados en el territorio.
9. Un análisis más detallado de las principales tendencias en la gestión aeroportuaria en países de la OCDE puede encontrarse en Germà Bel y Xavier Fageda, «Airport management and airline competition in OECD countries» («Gestión de aeropuertos y competencia entre aerolíneas en los países de la OCDE»), en F. Fichert, Justus Haucap, y K, Rommel (eds.), *Competition Policy in Network Industry,* LIT-Verlag, 2006, pp. 81-98.
10. Michael Kerkloh, «El modelo alemán, y el caso del aeropuerto de Múnich», en Germà Bel y Xavier Fageda (eds.), *Buena práctica sobre gestión aeroportuaria en Europa*, Fundació Catalunya-Europa, Barcelona, 2009, pp. 73-87 (p. 76).
11. Anne Graham, «Airport Planning and Regulation in the United Kingdom» («Planificación aeroportuaria y regulación en el Reino Unido»), en Clifford Winston y Ginés de Rus, (eds.), *Aviation Infrastructure Performance. A Study in Comparative Political Economy*, Brookings Institution Press, Washington D. C., 2008, pp. 100-136.

La página web de BAA ofrece también información detallada sobre su historia.

12. Claude Terrazoni y Jean-Michel Vernhes, «El modelo francés y el caso del aeropuerto de Tolosa», en Germà Bel y Xavier Fageda, (eds.), *Buena práctica sobre gestión aeroportuaria en Europa*, Fundació Catalunya-Europa, Barcelona, 2009, pp. 58-72 (p. 60).
13. *Ibid.*, p. 18.
14. Gordon Mills, «Airports users don't pay enough - and now here's privatisation» («Los usuarios de aeropuertos no pagan suficiente - y ahora llega la privatización»), *Economic Papers*, 1995, 14 (1), 73-84.
15. George Williams y Romano Pagliari, «A comparative analysis of the application and use of public service obligations in air transport within the EU» («Un análisis comparativo de la aplicación y uso de las obligaciones de servicio público en el transporte aéreo dentro de la UE»), *Transport Policy* 2004, 11(1), 55-66; James Nolan, Pamela Ritchie y John Rowcroft, «Small market air service and regional policy» («Transporte aéreo en mercados pequeños y política regional»), *Journal of Transport Economics and Policy*, 2005, 39(3), 363-378.
16. Andrés Ayala, *Comparecencia de la señora ministra de Fomento (Álvarez Arza) para informar sobre las líneas básicas del nuevo modelo de gestión aeroportuaria*, Diario de Sesiones del Congreso de los Diputados. Comisión de Fomento. Año 2008, n.º 177 (16 de diciembre), p. 18.
17. Magdalena Álvarez, *Comparecencia de la señora ministra…*, *op. cit.*, p. 22.
18. Andrés Ayala, *Comparecencia de la señora ministra…*, *op. cit.*, p. 30.
19. Rafael Simancas, *Comparecencia del señor ministro de Fomento (Blanco López), para informar sobre la propuesta del Gobierno de modelo de gestión aeroportuaria,* Diario de Sesiones del Congreso de los Diputados. Comisión de Fomento. Año 2010, n.º 458 (12 de enero), p. 19.

20. *Ibid.*, p. 21.
21. Andrés Ayala, *Comparecencia del señor ministro...*, *op. cit.*, p. 32.
22. Ministerio de Fomento, *Previsión de resultados económicos de los aeropuertos españoles. Ejercicio 2009. Ejercicio 2010*. Documento entregado por el ministro de Fomento en la sesión de la Comisión de Fomento celebrada en el Congreso de los Diputados, 12 de enero de 2010, p. 3.
23. Germà Bel y Xavier Fageda, «Preventing competition because of 'solidarity': Rhetoric and reality of airport investments in Spain» («Represión de la competencia por motivos de 'solidaridad': Retórica y realidad de la inversión en aeropuertos en España»), *Applied Economics*, 2009, 41(22), 2.853-2.865.
24. Por ejemplo, Germà Bel y Xavier Fageda, «Implicacions de la gestió centralitzada dels aeroports a Espanya», *Revista Econòmica de Catalunya*, 2007, 55, 32-44; Germà Bel y Xavier Fageda, «La reforma del model de finançament i gestió dels aeroports a Espanya: lliçons de l'experiència internacional», *Revista Econòmica de Catalunya*, 2008, 57, 11-26.
25. En este punto, procede apuntar que las reformas realizadas recientemente en el control del tráfico aéreo pueden reducir el déficit de AENA, pero en medida limitada. El déficit de la tarifa de aproximación es menos de la mitad del déficit total. En el caso de Madrid-Barajas, el déficit de la tarifa de aproximación supone sólo el 16 por ciento del déficit total del aeropuerto. La información suministrada por el propio Ministerio de Fomento para 2010 prevé un déficit total de 598 millones de euros, de los cuales 176 millones corresponderían al déficit de las tasa de aproximación (en ausencia de la reforma efectuada).
26. Los aeropuertos sin tráfico comercial son Cuatro Vientos, Sabadell y Son Bonet.

27. European Commission, *Study on Competition Between Airports and the Application of State Aid Rules* (*Estudio sobre competencia entre aeropuertos y la aplicación de las reglas de ayudas de Estado*), European Commission, Directorate-General Energy and Transport, Directorate F-Air Transport, septiembre de 2002, p. 5/33.
28. *Expansión*, «Aena es el gestor aeroportuario que más pierde con su negocio», 29 de diciembre de 2009, p. 4. En 2009, BAA ha tenido unas pérdidas superiores a AENA a causa de las minusvalías registradas por la venta de Gatwick. Los resultados ordinarios de BAA han sido mucho mejores que los de AENA.
29. Véase Germà Bel, «Las infraestructuras y los servicios de transporte en la LES», en Jesús Fernández-Villaverde, Luis Garicano y Manuel Bagüés, *La Ley de Economía Sostenible*, FEDEA, Madrid, pp. 102-105 (p. 103).
30. Juan Carlos Martín, Concepción Román y Augusto Voltes-Dorta, «A stochastic frontier analysis to estimate the relative efficiency of Spanish airports» («Un análisis de frontera estocástica para estimar la eficiencia relativa de los aeropuertos españoles»), *Journal of Productivity Analysis*, 2009, 31 (3), 163-176.

EPÍLOGO
Y AHORA, ¿UNA ESPAÑA COMO FRANCIA?

1. Beatriz González López-Valcárcel y Patricia Barber Pérez, *Desigualdades territoriales en el Sistema Nacional de Salud (SNS) de España*, Fundación Alternativas, Madrid, Documento de trabajo 90/2006, p. 46.
2. José Luis García Delgado, «Madrid, capital económica», *Arbor*, 2001, 169 (666), 359-369, p. 361.

ÍNDICE ALFABÉTICO